# 좁은 길로 간 믿음의 사람들

# 좁은 길로 간 믿음의 사람들


초판 1쇄 | 1994년 11월 30일
재판 1쇄 | 2008년 7월 20일

엮은이 | 엄두섭
펴낸이 | 방주석
펴낸곳 | 도서출판 소망

주　소 | 서울 서대문구 충정로 2가 157 사조빌딩 403호
전　화 | 02-392-4232
팩　스 | 02-392-4231

출판등록 | 1977년 5월 11일(제11-17호)
ISBN | 89-7510-038-3　03230


■ 책값은 뒤표지에 있습니다.

# 좁은 길로 간 믿음의 사람들



엄두섭 지음

소망
도서 출판

한국에 기독교가 들어온 지 100주년이 됐습니다. 나는 이 찬란한 역사적인 해에 믿음의 빛과 신앙의 향기를 남긴 위대한 신앙인들의 생애를 간추린 한 권의 책을 기념으로 내놓습니다. 기독교 2천년 역사 속에는 우리가 도저히 다 헤아릴 수 없는 수수만만의 많은 인물들이 마치 넓은 꽃밭에 백화 만발하듯 찬란하게 피어 있습니다.

그러나 나는 기독교 인물사의 상식을 여러분에게 소개하려는 것이 목적이 아니고, 그 중에서 신앙의 향기와 빛으로 실질적으로 우리들이 본 받을 만한 이를 백여 명을 골랐습니다.

인간은 모방성을 가진 존재이고, 특히 종교 신앙생활은 모방에서 실제적 많은 격려와 고무를 얻습니다. 순교자 전기를 읽고 순교자들이 나오고, 성인전을 읽고 성인이 생깁니다. 까다로운 신학적 이론이나 교리논쟁보다 성인의 모방에서 우리는 더 큰 축복을 받는 법입니다.

현금의 한국 기독교처럼 종교의 교세가 너무 밖으로만 커지고, 비

대해지고, 팽창하면 세속화되기 마련입니다. 그 속에는 타락, 부패의
분자들이 들끓게 마련입니다. 나는 선교 100주년을 맞고, 천만 명의
신자를 가진 한국 기독교에 대해서도 이런 징조와 걱정을 금할 길이
없습니다. 이 책에 실린 옛 신앙인들의 경건한 향기가 읽는 분들에게
깊이 심취되기를 기대합니다.

운악산 수도원에서
**엄두섭**

# 차례

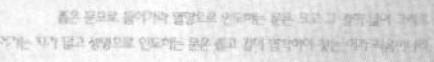

## 동양편 ♛

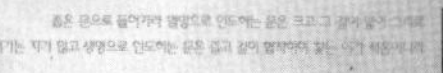

# 서양편

아우구스티누스(354~430)  성 베네딕투스(480?~550?)  성 베르나르드(1091~1153)  성 프란치스코(1182~1226)  성녀 글라라(1193?~1253)  비안네 신부(1786~1860)  스웨덴보리(1688~1772)  그룬트비히(1783~1872)  도스토예프스키(1821~1881)  톨스토이(1828~1910)  요한 프레드릭 오벌린(1740~1826)  알버트 슈바이쳐((1875~1965)  마르틴 니묄러 목사(1892~1984)  야곱 뵈메(1575~1624)  마이스테르 에크하르트(1260?~1327?)  하인리히 수소(1295~1365)  마르틴 루터(1483~1546)  존 후쓰(1369~1415)  진젠돌프(1700~1760)  익나티우스 로욜라(1491~1556)  알퐁소 로드리게스(1531~1617)  토마스 아퀴나스(1225~1274)  쟌드 샹달(1576~?)  엔다너쓰  말가리다 마리아(1647~1690)  시에나의 성녀 카타리나(1347~1380)  젬마 갈가니(1878~1903)  소화 데레사(1873~1897)  곤솔라따(1903~1946)  분도 요셉 라브르(1748~1783)  십자가의 요한 성인(1542~1591)  아빌라의 테레사(1615~?)  성 폴리갑(80~165)  샤를르 드 푸꼬(1858~1916)  파스칼(1623~1662)  요한 칼빈(1509~1564)  단테(1265~1321)  알칸타라의 성 페드로  귀용 부인(1648~?)  크롬웰(1599~1658)  죠지 폭쓰(1624~?)  요한 웨슬리(1703~1791)  리빙스톤(1813~1873)  요한 낙스(1510?~1572)  죤 번연(1628~1688)  허드슨 테일러(1832~1905)  죠지 뮬러(1805~?)  월리암 부스(1829~1912)  토마스 아 켐피스(1380~1472)  로오사  성 다미엔(1840~1889)  마르틴 드 뽀레  프랭크 북맨(1876~?)  카이탄 목사  무디(1837~1899)  찰스 G. 피니(1792~1875)  클라센 목사

# 1

## 아우구스티누스 354~430

## 방탕아를 위한 어머니의 기도가
## 성자로 응답된 초기 신학자

아우구스티누스(Aurelius Augustinus)는 354년 북아프리카 타가스테에서 탄생했다. 그는 젊은 시절에 방탕생활을 하여 32세까지는 도덕적으로 방종했다. 청년 때부터 마니교에 빠져 예수를 안 믿었는데, 진실한 신자인 그의 어머니 모니카는 아들의 회개를 위하여 눈물을 흘리며 계속 기도했다.

그가 이탈리아에서 수사학 교사로 있을 때, 밀라노에서 성 암부로시우스의 설교를 듣고 마음에 감동을 받았고, 또 이집트의 수도사 성 안토니의 이야기를 듣고는 자기도 그렇게 살아야겠다고 마음이 회심하기 시작하다가, 어느 날 정원에서 "성경을 펴 보아라"는 어린이들의 노래 소리에 성경을 펴 읽으니 로마서 13장 13~14절이었다.

"낮에와 같이 단정히 행하고 방탕하거나 술 취하지 말며, 음란하거나 호색하지 말며, 다투거나 시기하지 말고, 오직 주 예수 그리스도로 옷 입고 정욕을 위하여 육신의 일을 도모하지 말라." 였다.

여기서 그는 하나님의 음성을 듣고 회개하고, 387년 부활절 전날 밤 암부로시우스에게 세례를 받았다. 아들이 회개하는 모습을 보고 어머니 모니카는 안심하고 세상을 떠났다.

아우구스티누스는 388년 아프리카 고향에 돌아가 금식과 기도와 자선 사업에 힘쓰면서 하나님을 섬기며, 몇 사람 동지들과 수도생활을 했고, 391년 힙포의 사제가 되어 목회하면서 수도원을 세우고, 경건한 규칙에 따라 공동생활을 하였다.

그는 여자들을 위한 수도원도 세웠으며, 35년간 사제생활하면서 이단과 싸우고, 죽는 날까지 연속설교를 한 번도 쉬지 않았다. 그는 많은 책을 썼는데, 특히 유명한 저서는 『참회록』과 『신국』이다.

429년 5월, 약 8천 명의 반달족과 아라니 민족이 아프리카에도 침입해 들어와서 아우구스티누스가 살던 힙포 거리는 14개월 동안이나 포위됐다. 그 속에서 아우구스티누스는 지상 국가에 대한 실망과 영원한 하나님의 나라에 대한 동경 속에 『신국』을 쓰면서 430년 8월 28일 77세로 세상을 떠났다.

본래 건강치 못한 그는 누구도 자기 방에 출입 못하게 하고 『참회의 시편』을 양피지에 크게 써서 벽에 붙이고, 그것을 누워서 읽으면서 눈물을 흘렸다.

"사랑의 하나님을 품으라. 사랑으로 하나님을 품으라. 사랑만이 모든 착한 천사와 모든 하나님의 종들을 거룩한 띠로 결합하고, 우리와 그들을 서로 결합하고, 우리를 하나님께 복종케 한다. 사랑으로 채워지는 일은 하나님으로 채워지는 일이다."

"하나님은 현재 이대로의 우리를 사랑하시지 않고 미래에 있을 바 우리를 사랑하신다."

"우리는 장소에 의해서 하나님께 가까이 가는 것도 아니요, 또는 장소에 의해서 하나님으로부터 멀어지는 일도 있을 수 없다. 하나님께 가까이 하는 일은 하나님을 본받는 일이요, 하나님으로부터 멀어지는 일은 하나님을 닮지 않는 일이다."

"조물주는 등(燈)이 아니다. 피조물이 등이다. 피조물인 등불은 불멸의 빛에 관여하므로 점화(點火)된다. 피조물이 아무리 이성적이요, 지적이라 해도 결코 스스로 점화할 수는 없다. 다만, 영원의 진리에 관여함으로써만 점화된다."

## 아우구스티누스의 기도문

"나의 하나님! 당신께서 만일 내 안에 계시지 않으신다면 나는 존재하지 않을 것입니다. 전혀 존재하지 않을 것입니다. 혹은 돌려 생각해서 내가 당신 안에 있지 않는다면, 나는 존재하지 않을 것입니다.

만물은 당신에게서 나와서 당신으로 말미암고 당신 안에 있습니다(롬 11:36). 진실로 그렇습니다. 주여, 진실로 그렇습니다. 내가 당신 안에 있는데 어디서 달리 당신을 불러 찾으리이까? 또 어디서 당신은 내 안에 오시겠습니까?"

"하나님! 저는 이제 당신만을 사랑하오며, 당신만을 따르오며, 당신만을 찾으오며, 당신만을 섬기겠사오며, 저는 당신 요구대로만 되기를 바라오니 대저 당신만이 홀로 올바르게 다스리시는 연고니이다.

청컨대, 당신 바라시는 바를 제게 다 일러 주시고 명하시되, 제가 당신 소리를 들을 수 있게 저의 귀를 고쳐 주시고, 열어 주시고, 제가 당신의 눈길을 살필 수 있도록 저의 눈을 고쳐 주시고 열어 주소서!"

내가 당신을 사랑하게 된 일은 너무 시기가 늦었습니다. 옛날부터 있으면서 언제나 새로운 아름다움이여, 당신을 사랑하게 된 일은 너무 늦었습니다. 보소서, 당신은 진작부터 내 안에 계셨습니다. 그런데도 나는 밖에 머물러 거기서 당신을 찾고 당신이 지으신 그 아름다운 것 속에 나는 추하게도 전락했습니다.

당신은 나와 함께 계셨는데, 나는 당신과 함께 있지 않았습니다. 당신 안에 있지 않을 때는 전혀 존재할 수 없는 데도 당신에게로부터 나를 멀리 갈라놓고 말았던 것입니다.

당신은 나를 소리 질러 불러서 나의 귀머거리를 깨치셨습니다. 당신은 번갯불같이 반짝이어서 나의 소경됨을 씻어 버렸습니다. 당신은 훈훈한 바람을 보내셔서 나는 단숨에 그것을 들이키고는 당신을 사모하여 몸부림칩니다.

당신을 맛보고 나서는 당신을 주리고 목말라 갈망합니다. 당신이 내게 접촉하셨기 때문에 나는 당신의 평화에 마음이 불타오릅니다."

"나의 주 나의 하나님이시여, 긍휼하심으로 저에게 말씀하옵소서. 내 영혼에 말씀하옵소서. '나는 너의 구원이라' (시 35:3)고 내가 들을 수 있게 말씀하소서.

주여, 저의 마음의 귀는 당신 앞에 있습니다. 이 귀를 열고 내 영혼에 말씀하옵소서. '나는 너의 구원이라' 고요.

나는 이 소리를 뒤좇아가 당신을 붙잡으리이다. 원하오니 당신의 얼굴을 내게 숨기지 마소서, 저는 죽으리이다. 죽기 위해서가 아니라, 하나님의 얼굴을 뵈옵기 위해서….

나의 하나님, 저에게 당신을 주시옵소서. 저에게 당신을 되돌려 주소서. 저는 당신을 사랑합니다. 만일, 그 사랑이 아직 불충분하시다면 더욱 세차게 사랑하리이다. 저의 생명이 당신의 포옹 속에 뛰어들어가 다시는 거기서 떠나지 않고, 당신 안의 은밀한 곳에 숨게 하소서"(시 31:20).

## 2

## 성 베네딕투스  480?~550?

찔레밭에 몸을 굴리면서
회개한 수도원장

베네딕투스(S. Benedictus)는
480년경 이탈리아 중부 움브리아의 시골마을 누르시아(Nursia)에서
탄생했다. 17세에 법학공부 하려고 로마에 상경하였으나, 그의 눈에
비친 로마 거리는 부패와 타락으로 가득 찬 환멸의 거리였다.

민감한 그는 로마시가 천벌을 받을 것 같은 두려운 생각이 나서 공
부하려던 생각을 중단하고, 로마를 떠나 동쪽 14킬로미터 밖에 있는
엔피디에 가서 경건하게 공동생활 하는 사람들 속에 얼마동안 함께
있었다.

그후, 그는 다시 더 깊이 은둔하고자 스비아코 산 절벽 동굴 속에
들어가 숨어 기도생활을 시작했다. 베네딕투스의 거처를 아는 사람이
라곤 그 산에 은둔해 사는 로마노라는 늙은 수사 한 사람뿐이었다. 로
마노 수사는 자기가 먹는 빵을 나누어서 밧줄에 달아 베네딕투스가

기도하고 있는 굴 앞까지 내리뜨리고 종을 쳐 신호해 주면 굴 속에 있던 베네딕투스가 나와서 받아먹고는 또 혼자 기도와 명상에 잠겼다.

3년이란 세월 동안 동굴 속에서 침묵과 고독과 금욕생활을 계속하던 중에 젊은 그로서는 여러 가지 시험과 육욕의 유혹을 겪었다.

어느 날에는 동굴 밖에 아리따운 소녀가 나타나서 자기와 함께 화려한 로마시에 가서 결혼하여 재미있게 살자고 유혹하기도 했다. 기도하던 베네딕투스가 그 소녀의 유혹에 마음이 움직여 굴 밖에 나가 보니 소녀는 간데온데 없었다.

사탄의 시험인 줄 깨달은 그는 너무도 원통해서 그 자리에서 입고 있던 옷을 홀랑 벗어버리고 곁에 있는 찔레밭에 뛰어 들어가 몸을 굴리면서 애통하며 회개했다. 전신에 상처가 나고 피가 흐르면서, 기도하는 자기 속에 아직 정욕이 있는 것을 통회하였더니 그 후로는 다시 그런 정욕이 동하지 않았다 한다.

그 후 베네딕투스는 카시노 산(Mante Cassino)에다 수도원을 세웠다. 그의 명성을 듣고 수도하려 모여드는 사람들이 점점 많아지니, 그는 자기 신령한 체험을 통해서 수도원 규칙을 만들었다. 이 규칙은 거룩한 규칙이라 해서 그 후 오늘날까지 동서양 모든 수도단체의 표준 규칙이 됐다. 그 규칙의 내용은, 공동생활과 순종, 사유재산 금지, 평생 한 수도원에만 머물러 있을 것, 겸손할 것 등을 자세히 설명하여 명하고 있다.

베네딕투스는 63세 때 자기의 죽을 기한이 가까이 온 줄 깨닫고, 자기보다 먼저 세상 떠난 여동생 스코라스치카 성녀의 무덤 곁에 자기 무덤을 팠다. 그 후 그는 중병이 들어 6일 만에 자기 침상을 성당 안으로 운반케 하여 마지막 성찬을 받고 신의 은혜를 감사하며 여러 수도사들을 축복하고, 두 손을 들고 기도하면서 그대로 운명했다.

# 3

## 성 베르나르드 1091~1153

기도의 능력자, 신비적 체험을 통하여
내적 신앙을 간직한 대 설교가


베르나르드(S. Bernard, 1091~1153)는 시또 수도원의 두 번째 창설자이며 제2십자군을 유설(游設)하여 일으킨 인물이다. 그의 부친도 십자군에 종군하였다가 전사했다.

베르나르드는 어려서부터 독실한 신앙을 가지고 수도원 생활을 갈망했다. 21세 때 영감을 얻고는 자기 자신을 전적으로 하나님께 헌신하기로 결심하고 속세를 떠나 수도생활을 하기로 했다.

1112년, 30명의 귀족 청년들(자기 친형제 4명도 포함)을 인솔하고 시또 수도원에 들어갔다. 그의 수도원 생활은 엄격하고 철저하여 자기 수실(修室) 벽에 쓰기를 "베르나르드야, 너는 무엇하러 여기 왔느냐?"(Ad quid Venisti)라고 써 붙이고, 스스로를 격려하면서 극단적 금욕과 육신 극복의 수도 생활에 정진(精進)했다.

그 후, 그가 알프스 산 중에 있는 끌레르보에 새로 세운 수도원은 조의조식(粗衣粗食)과 야외노동(野外勞動)과 생활규칙이 엄격하여 그 수도원 안에는 높은 종탑도 없고, 성화(聖畫)도 없고, 다만 그리스도의 화상(畫像) 한 장만 걸려 있었다.

본래는 '독충(毒蟲)의 골짜기'라고 부르던 그 산이 후에는 '끌레르보'(광명의 골짜기)라고 불리게 변하였던 것이다.

베르나르드는 끊임없이 기도하여 그의 허리는 기도와 고행으로 구부러져 버렸으나, 얼굴에선 광채가 났다. 그의 설교는 감동력이 커서 한 번 설교에 만 명의 청중이 능히 들을 수 있을 만큼 불을 토하는 열변이었으며, 그는 기도해서 소경을 눈 뜨게 하고, 벙어리를 말하게 하고, 앉은뱅이를 걷게 하기도 했다.

그는 기독교 사상 대신비가로 깊은 신비지경을 체험했다. 그의 감화력 있는 설교를 듣고는 많은 청년들이 세상과 가족을 버리고 수도원에 몰려 들어갔기 때문에, 베르나르드가 어디 가서 설교하게 되면 각 가정의 부모들은 자기네 자녀들이 그를 만나지 못하도록 감추기에 바빴으며, 젊은 아내들은 자기 남편을 숨기려 애썼다고 한다.

베르나르드는 전혀 내적 신앙인이었고, 수도원적인 인물이요, 신비주의적 경건의 대표자였다. 그의 주장은 신은 단지 이지적으로만 인식되는 것이 아니라, 사랑 안에서 경험되고, 감수(感受)되고, 감촉(感觸)되지 않으면 안 된다고 주장했다.

그의 사랑의 신비주의는 하나님과 우리와의 융합일치(The union with God)를 강조했다. 그렇기 때문에 그는 성서 중에서도 특히 아가서를 사랑하여, 이 책을 이용하여 80여 편의 설교를 지었다.

그의 영향력은 너무도 커서, 그의 유설(遊說)로 제2십자군을 일으켰다. 유럽 모든 나라의 군주, 귀족, 수도사들이 그에게 찾아와 정신적 지도를 받아서 움직였을 뿐 아니라, 정치적인 분쟁 문제도 그의 중재로 해결하였다.

# 4

## 성 프란체스코 1182~1226

### 가난을 사랑하며, 소유한 것 없이
### 기쁨과 감사로 살아간 최대의 성자

성 프란체스코(S. Francesco)는 이탈리아 움브리아 지방의 아씨시의 유복한 상인의 아들로 태어나(1181) 25세경까지는 세상 쾌락적 생활에 빠져 살다가 몇 가지 종교적 체험을 겪고는 세속을 완전히 버리고 부친의 집을 나왔다.

어떤 충격적 큰 사건은 그 사람의 일생에 전환점을 이루게 하는 예가 많다. 프란체스코는 전쟁포로 생활에서 귀환하여 병든 몸으로 깊은 생각에 잠기게 되면서부터 변화가 왔다.

그가 성 다미아노 성당에 가서 십자가상 앞에서 기도하고 있을 때, 들려오는 영음은 "프란체스코! 너는 가서 내 집을 세워라. 내 집은 무너져 가고 있다." 이었는데, 이것이 그에게 임한 신의 첫 소명이었다. 그것은 장차 전 세계의 퇴락해 가는 그리스도의 교회를 재건하라는 계시였지만, 처음에는 아씨시 근교의 퇴락한 성당 수리를 하기 위하여 집집마다 다니며 벽돌 구걸을 시작하였다.

1209년 2월 24일, 성 맛디아 축일(祝日)에 프란체스코는 성 마리아 성당에 가서 예배를 드리고 있었다. 그날 사제는 마태복음 10장 6~10절을 낭독하고 있었다. "… 가면서 전파하여 말하되, 천국이 가까이왔다 하고, 병든 자를 고치며, 죽은 자를 살리며, 나병환자를 깨끗하게 하며, 귀신을 쫓아내되, 너희가 거저 받았으니 거저 주라. 너희 전대에 금이나 은이나 동을 가지지 말고, 여행을 위하여 배낭이나 두 벌 옷이나 신이나 지팡이를 가지지 말라 …."

그는 이 성경 본문 말씀을 그날 예수님께서 직접 자기에게 내리시는 말씀으로 영감을 받았다.

"그렇다! 이것이야말로 나의 갈망하던 생활이다. 전력을 다하여 내 평생 이 길을 걸으리라."고 결심하고, 성당을 나오면서 당장 발에 신을 벗어던지고, 맨발로 외투도 벗어버리고, 잿빛 헌옷을 얻어 입고, 성당 마당 구석에 굴러다니는 새끼줄로 허리를 동여매고, 지팡이도 버리고, 머리에는 비바람을 막기 위해 두건을 쓰고, 그런 모습으로 감격된 흥분한 마음으로 아씨시 거리로 나갔다. 그 모습은 오늘날도 프란체스칸들의 풍채로 남아있다.

네거리에 가서는 거기 모여 있는 군중들을 향해, "형제들! 주님께서는 그대들에게 평안을 축복하시기 바랍니다." 했더니 그 소리에 모인 군중들 속에 큰 감동이 일어났다. 즉석에서 몇 사람이 프란체스코를 따라나섰는데, 그는 이들을 중심으로 '작은 형제단'(Minor Frater)이란 것을 조직했다. 이 때가 프란체스코 28세 때였고, 처음 단원은 11명이었다. 그 운동은 나사렛 예수를 본받는 운동이었다.

프란체스코는 세상을 버리고 깊은 산 중에 은둔 수도 하지 않고, 거리 속에 파고 들어갔다. 그리고 십자군 전쟁으로 말미암아 부패타

락하고, 사치풍조에 젖은 당시의 기성교회와 지도자들에게 정면으로 도전하지는 않았지만, 자기 자신은 묵묵히 고난 가운데 청빈한 생활로 나사렛 예수의 자취를 따르는 일에만 충실하였다.

그가 '작은 형제들'을 인솔하고 로마로 가서 교황(인노센트 3세)에게 수도 단체의 허가를 내려 달라고 요청할 때의 요구 조건은, "우리 교단은 아무것도 소유하지 않는다는 특권을 주소서." 함이었다.

얼른 볼 때, 미친 사람 같은 몰골로 거지 옷 차림에 맨발로 교황 앞에 와서 무엇이라 지껄이는 그의 모습 때문에 처음에는 쫓겨났다가 재차 들어 왔을 때, 교황은 그가 보통 인물이 아님을 눈치 채고 문서도 없이 구두로 허락해 주었다.

이렇게 하여 프란체스코는 전혀 새로운 기독교 운동, 새로운 수도단체인 ‘걸식수도단’(Mendicant Order)을 조직했다. 하르낙은 평하기를, “프란체스코는 그 당시 다 무너져가는 로마 교회의 성벽을 와락 헐어버리지는 않고, 그 성벽 밑에 자기의 조그마한 암자를 지었다.”라고 했다.

일생 가난과 독신과 겸손으로 산 프란체스코는 가난을 특별히 사랑하여 그것을 여성화시켜 ‘청빈 양’(Lady Poverty)이라 불러 자기는 청빈 양과 결혼했노라 하였다. 그 수도단은 완전한 무소유, 전적 가난하여 비바람 가릴 집이나 침대도 없었고, 자기네들의 기도할 성당도 없는 완전한 거지 떼들이었다. 생활에 꼭 필요한 의식(衣食) 외에 여분을 가지는 것을 엄금했다.

그러나 이런 생활 속에서도 그들은 기쁨과 감사가 넘쳤다. 어느 날 프란체스코가 이런 모습으로 아씨시 성 귀족의 교회에 가서 설교한 일이 있었다. 그때, 어머니와 가지런히 앉아서 이 이상한 옷차림의 젊은 수도사의 설교에 감동한 귀족의 딸 금발미녀 글라라는 감동을 받고 가출하여 삭발하고 프란체스코의 제자가 되고 말았다.

프란체스코의 넘치는 사랑, 철저한 청빈, 지극한 겸손에 관한 아름다운 일화는 너무도 많다. 그런 이야기는 프란체스코의 전기에서 읽어 볼 수가 있다.

그는 40여 세에 아마 위궤양으로 몸이 점점 병약해 갔다. 그를 따르는 인원수는 증가되어가고, 운영은 복잡하고 해서 자기 본래의 소원인 겸손과 기도생활을 위해 명상생활을 원한 그는, 교단 통솔권을 제자요 법률가인 피에토로 카타나에게 넘겨주면서 그 앞에 부복하여 복종하기를 맹세하면서 울었다. "주여, 당신께서 내게 맡기셨던 이 가족을 당신께 되돌려 드립니다." 하면서.

그후 1224년 알 베트나 산에 올라가 특별기도하다가 성흔(聖痕:다섯 개의 상처)을 받고, 두 손, 두 발과 옆구리 상처의 피와 아픔 때문에 잘 걷지 못하고 죽을 때까지 그 모양으로 고통을 받았다.

그는 불면증으로 잠이 오지 않고, 시력을 잃어 소경이 되고, 위궤양에다 오상(五傷)의 아픔, 밤마다 쥐 떼들이 들락거려 잠을 못 자는 고통 속에서, 어느 날 글라라와 오랜 이야기 끝에 초암(草庵)에서 식사를 시작하려다가 황홀해 지면서, "찬양을 받으실 주여!"(Laudatosia to signals!)로 시작하더니 여기서 그의 유명한 "태양의 노래"가 불려졌다.

1226년 10월 3일, 최후가 가까워지자 프란체스코는 자기 옷을 벗겨 달라 하여 알몸으로 땅바닥에 누워, "오래지 않아 나는 먼지와 재 이외에 아무 것도 아닐 것입니다. 내 임종이 가까우면 나를 흙 위에 내려 뉘여 주십시오. 내가 숨을 아주 끊게 되면 사람이 천천히 걸어서 약 10리 길을 걸을 만한 시간 동안 그냥 뉘여 두십시오." 하고 44세에 이 땅에서의 삶을 마쳤다.

그는 자연의 모든 만물을 사랑하고, 자연을 통해 신을 찬미하였다. 그는 태양을 보고 형제라 부르고, 달을 보고 자매라 불렀던 것이다.

프란체스코 일생의 표어는 "내 주여, 나의 전부여"(Deus meus, etomnia)였다. 그가 일생 예수를 본받기를 갈망하면서 드린 두 가지 기도는 "주여, 당신의 가슴에 우리를 위하여 불타시던 그 사랑을 알게 하소서."와 "주여, 당신의 십자가의 고난에 참여하게 해 주소서." 였다.

그는, 스스로 자기는 하나님의 '피에로'(어릿광대)라 부르면서, 예

수님을 노래하며 다니기도 하고, 그리스도의 사랑이 나를 못 견디게
한다고 울고 다니기도 했다.


## 성 프란체스코의 기도

『하늘에 계신』- "당신은 천사나 성인들 속에 계셔서 그들을 비춰시고
그들에게 자신을 보이십니다. 주여, 당신은 빛이신 까닭입니다."
『지극히 거룩하신 우리 아버지』- "우리의 조물주, 속죄주, 구주, 위로
의 주시여."
『이름을 거룩하게 하옵시며』- "우리가 당신을 확실히 알 수 있게 되도
록, 그리고 당신의 은혜의 넓이, 약속의 길이, 영광의 높이, 심판의 깊
이가 어떠함을 깨닫게 하옵소서."
『나라이 임하옵시며』- "당신이 왕으로 우리를 은혜로 다스리시고, 그
나라에 들어가게 인도하옵소서. 하늘나라에서 당신을 직관하고 완전
히 사랑하고 당신의 생명에 참여하여 한없이 영원히 당신을 즐길 수
있게 되리이다."
『뜻이 하늘에서 이룬 것 같이 땅에서도 이루어지이다』- "마음을 다하
여 당신을 늘 생각하고, 영혼을 다하여 당신을 동경하고 바라고, 정신
을 당하여 우리의 모든 의향을 당신께 향하고, 그리하여 만사에 있어
서 당신의 영광을 구하고, 힘을 다하여 우리 영혼과 육신의 모든 힘과
감각을 다만 당신께 대한 사랑의 봉사에만 사용하고, 그 이외 어떤 일
에도 사용하지 않고, 당신만을 사랑할 수 있게 하옵소서. 또 이웃을 내
몸 같이 사랑할 수 있게 하옵소서. 힘을 다하여 모든 이웃 사람을 당신
의 사랑 안에 인도하고, 그들의 행복을 내 것처럼 즐거워하고, 그들의

불행을 동정하고, 어떤 사람도 결코 중상하지 않고, 사랑하게 하옵소
서."

『우리의 일용할 양식을』- "당신의 사랑하시는 독생 성자 우리 주 예수
그리스도를."

『오늘날 우리에게 주옵소서』- "주 예수 그리스도께서 우리에게 보이
신 사랑과 우리를 위해 가르치시고, 행하시고, 참으신 것들을 기억하
고, 이해하고, 존중하게 하옵소서."

『우리가 남을 사하여 준 것 같이』- "우리가 아직 완전히 용서하지 않는
다면… 주여, 원수를 완전히 용서하게 도와주소서."

『우리의 죄를 사하여 주옵소서』- "말로 다 할 수 없는 당신의 자비와,
예수 그리스도의 고난당하신 공로와, 지극히 거룩한 동정녀 마리아
와, 모든 성인의 전달로 우리 죄를 용서하옵소서."

『우리를 시험에 들지 말게 하옵소서』- "은밀한, 혹은 명백한, 뜻밖의,
혹은 엄한 유혹에 빠지지 않게 하옵소서."

『우리를 악에서 구하옵소서』- "과거, 현재, 미래의 악에서 구하옵소서.
아멘."


"주여! 내 사랑의 사랑 때문에 황송하옵게도 당신이 죽으셨으니, 당신
사랑의 사랑 때문에 나도 죽을 수 있도록, 꿀과 같은 당신 사랑으로 내
마음을 달게 해 주시고, 불같은 당신 사랑의 힘으로 하늘 아래 있는 모
든 것에게서 내 마음을 빼내어 차지하소서."


"지극히 높으시고 영광스러우신 하나님이시여,
내 마음의 어두움을 몰아내소서. 올바른 신앙과 굳은 희망을 주시고,
완전한 사랑을 주소서.

주여, 마음의 엇갈림 없이 당신의 뜻을 실행하도록, 당신 보시는 대로
만사를 보게 하시고, 당신을 알게 하소서. 아멘."

"주 하나님, 이 모든 고통을 당신께 감사하나이다.
내 주님, 당신의 뜻이라면 백 배의 고통을 더 주소서.
당신의 거룩한 뜻의 실행이 나에게는 충만한 위안이 되기에,
용서 없이 주시는 고통을 진심으로 받아들이겠나이다."


병중에 드린 기도

"주여!
나를 당신 평화의 사도가 되게 하소서.
미움이 있는 곳에 사랑을,
모욕이 있는 곳에 인내를,
불화가 있는 곳에 화목을,
오류가 있는 곳에 진리를,
의혹이 있는 곳에 믿음을,
절망이 있는 곳에 희망을,
어둠이 있는 곳에 광명을,
슬픔이 있는 곳에 기쁨을 심게 하소서."

# 5

## 성녀 글라라  1193?~1253

### 그리스도를 위해 모든 것을 버린
### 백합화 같이 순결한 성녀

성녀 글라라(Santa Clara)는 1193년경 출생했다. 그녀의 나이 18세 때, 성 프란체스코가 아씨스의 성 졸죠 교회의 사순절 설교를 위해 왔

었다. 그때 어머니와 함께 예배에 참석했던 글라라는 프란체스코의 설교에 그녀 마음이 불타올라 그녀는 남몰래 프란체스코를 찾아가 거룩한 복음에 따라 자기도 생활할 수 있도록 도와달라고 부탁했다.

그때 프란체스코는 그녀에게 세상에 대한 경멸과, 하나님께 대한 사랑을 말하고, 그리스도를

위해 모든 것을 버리고 싶다는 글라라의 가슴속에 싹트고 있는 소원을 더욱 북돋아 주었다.

그래서 그녀는 1212년 종려 주일 밤, 자기 집에서 성을 지키는 파수병정을 피하여 '죽은 자의 문' 이라는 시체를 내보내는 구멍으로 빠져나가 도망을 쳐서 성에서 10리나 떨어진 곳에 있는 뽀르치운꼴라로 갔다. 그곳에는 프란체스코가 출가한 형제들과 함께 생활하고 있었다.

프란체스코와 그의 형제들은 성당 입구에 서서 횃불을 들고 그녀를 영접했다. 그녀가 그곳 제단 앞에서 입고 있던 화려한 옷을 벗었을 때, 프란체스코는 손에 든 가위로 그녀의 금발 머리를 자르고, 거친 무명옷 허리를 끈으로 매는 참회의 수도복을 입게 했다.

글라라는 얼마동안 베네딕트회의 수도원에 머물러 살 수 있도록 허락받았다. 글라라의 친구와 친척들이 그녀를 찾으러 왔으나 소용이 없었다.

그녀는 머리 수건을 벗어 삭발한 자기 머리를 보여 주면서 강경하게 거절했다. 얼마 후에는 15세가 되는 그녀의 동생 아그네스까지 언니를 따라 집을 나와 글라라에게 왔기 때문에 가정의 박해는 더 심했다.

성 프란체스코는 아씨시 근교에 있는 성 다미아노 교회 부속건물인 허술한 집에서 그녀들을 살게 하고 글라라를 지도자로 세웠다. 훗날, 그녀의 모친과 다른 여성들도 세상을 버리고 그곳에 합세하여 함께 수도생활을 하게 됐다.

이리하여 글라라가 일으킨 수녀원은 이탈리아, 프랑스, 독일 등지에 글라라 생전에 창립되는 것을 볼 수 있게 됐다.

성 글라라와 그의 공동체는 그때까지 여성단체에서는 알려지지 않은 고행을 자기네 수도생활에 부과하고 실천했다. 수녀는 개인적으로나 단체적으로도 재산을 가져서는 안 된다는 하나의 규칙을 만들었고, 그 규칙은 그녀가 세상 떠나기 2일 전에 산 다미아노 수도원을 위해 인노센트 3세에 의해 인가되었다.

성 글라라는 40년 동안 수도원을 돌보며 살았으나, 언제나 모든 사람 밑에서 종의 종이 되고자 갈망하는 것이 그녀의 소원이었다. 그녀는 병으로 고통 중에 있으면서도 놀라운 인내로 긴 세월을 견디었다.

## 글라라의 소원

가난하고 겸손하신 그리스도를 본받으려 노력하면 그만큼 기쁨으로 채워주십니다. 당신의 정신을 영원히 울리는 종 앞에 두십시오. 당신의 영혼을 하나님의 영광의 빛 속에 잠겨 두십시오. 하나님의 본질의 성육신이신 그리스도에게 마음으로 결합하십시오. 이 같은 관상 기도에 의하여 당신을 전적으로 그의 신성을 닮은 모습으로 변하게 하십시오.

이같이 함으로, 하나님의 벗만이 지각하는 바를 느낄 수 있을 것이며, 하나님 자신이 세상 맨 처음부터 하나님을 사랑하는 사람들을 위하여 마련해 두신 신묘한 감미로운 기쁨을 느낄 것입니다.

이 세상일에 매달려 사는 가련한 소경들을 얽어매는 기만적 유혹에는 일체 눈을 팔지 말고, 당신의 존재 전체로 그분을 사랑하십시오. 당신을 사랑하기 위해 그분 자신을 몽땅 주신 그분! 태양도, 달도, 그 아름다우심을 찬양하는 그분을 사랑하십시오.

모든 처녀들 중에 가장 빛나는 처녀(마리아)가 그리스도를 육체적으로 잉태했듯, 당신도 그분의 뒤를 따른다면, 특히 그분의 겸손과 청빈을 따른다면, 당신의 청순한 처녀로서의 몸 안에도 그리스도를 영적으로 언제나 잉태(임재)할 수 있을 것입니다.

당신이 이 세상의 헛된 보화를 소유하는 것보다 가장 현실적으로 가장 결정적으로 그분을 소유할 수 있을 것입니다. 나는 주님 안에서 당신에게 부탁합니다. 아무쪼록 주님을 찬미하기 위해서만 사십시오. 당신이 주님께 바치는 영광과 존귀를 도리에 합당한 것이 되게 해 주십시오. 그리고 언제나 당신의 희생을 지혜의 소금으로 맛나게 하십시오.

나는 나의 건강을 원하는 것과 꼭 같이 당신의 건강을 빕니다. 아무쪼록 나의 자매들과 나를 당신의 기도 속에서 생각해 주십시오.

〈프라하의 동생 아그네스에게 보낸 편지〉

# 6

## 비안네 신부 1786~1860

말보다는 실제로 이웃을 사랑하여
감화를 끼친 성자

장 마리 비안네 신부는 프랑스 리옹 가까운 조그만 마을에서 1786년에 탄생했다. 그는 태어난 지 일년 반이 되었을 때, 벌써 어머니를 따라 손을 모으고 "예수님!"을 부르며 기도했다.

21세 때에 신학교에 입학했으나, 라틴어가 너무 어려워 공부하기에 힘겨워 친구들의 멸시를 받았고, 신학교로부터 퇴학하라는 권유를 받기도 했다. 그러나 그는 열심의 표본이어서 학력이 부족했지만, 후에 신부가 되었다.

1818년, 비안네 신부는 아르스의 본당 신부가 되어 부임했는데, 마을의 성당은 쓸쓸하게 텅 비어 있었다. 주민들은 모두 타락해서 그 마을의 술집이나 춤추는 장소는 언제나 대성황이었다.

주민들이 신부를 찾아오지 않으므로 신부가 그들을 찾아 다니며, 가족들이 다 모이는 점심시간에 모든 가정을 일일이 규칙적으로 방

문하였다. 다행히 그는 농촌 일에 대해 깊은 지식이 있었고, 호의와 친절을 다했기 때문에 농민들과 곧 친해졌다.

고요한 밤에 그는 성당에 엎드려 소리를 내어 기도했다.

"주여, 저의 지방을 회개시켜 주십시오. 저는 모든 고통을 한평생 잘 참아 받겠나이다."

온종일 묵상과 기도하고, 밤중에도 기도했다. 그리고 얼마나 그 영혼들을 사랑했던지 어떤 때는 길을 가면서 뜨거운 눈물을 흘리며 간구하는 소리가 곁에 있는 사람에게까지 들렸다.

그는 늘 "주여, 저의 지방을 회개시켜 주소서!" 하며 길을 걸었다.

그의 생활은 매우 소박하였다. 거실에는 소나무 가구 몇 개뿐이고 침대에는 담요 대신 송판을 깔았고, 옷은 누더기나 조각천으로 만들었고, 음식은 밀가루를 소금물로 반죽해서 손수 구워 먹거나, 감자를 한 솥 삶아놓고 곰팡이가 나도 다 없어질 때까지 두고 먹었다.

그는 자기 자신을 '송장' '늙은 아담' '식충' '농군' 등으로 부르며, 단식과 고행띠, 쇠허리띠, 채찍질 등으로 자기 몸을 괴롭게 했다. 그의 방벽에는 핏자국들이 언제나 남아 있었다.

육신을 너무나 괴롭혔기 때문에 늘 질병과 허약으로 심한 고통을 받았고, 왼쪽 팔의 상처는 몹시 고통을 주었고, 습기 많은 찬 방에서 거처했기 때문에 견디기 어려운 신경통과 두통으로 고생했다.

그는 자기의 성급한 성질과 싸우느라고 누가 그에게 무례한 말을 하면 태연했으나 조금 후에는 온 몸이 떨리곤 했다.

그의 설교는 매우 서툴렀지만, 말보다 앞서 신자들을 진정 사랑했기 때문에 신자들의 마음을 감화시켰다. 또한 말보다 그리스도를 사랑하라면서 청중의 마음속에 벌겋게 불타는 혼으로 파고들었다.

언젠가 포악한 사람이 그의 앞에 왔다가는 그 불같은 시선에 눌리고 비안네 신부의 저 세상에서 오는 것 같은 목소리로 인해 그의 감춰 둔 죄가 일일이 드러나 그만 눈물을 흘리고 고꾸라졌다.

악마는 여러 가지 모양으로 비안네 신부를 35년간 괴롭게 했으나 그의 나이 74세 때, 짚방석에 요 하나 깔고 임종했다.

# 7

## 스웨덴보리 1688~1772

과학자로서 하나님을 체험하고
과학을 버리고 영계 연구로 유명한 신비가


스웨덴보리(Emanuel Swedenborg)는 놀라운 대신비가요 과학자였다. 그는 1688년 1월 29일 스웨덴의 수도 스톡홀름에서 루터교회 목사의 셋째 아들로 태어났다. 아버지도 놀랄만한 신비적 영시를 체험한 분으로 그의 경건한 생활과 신비적 감수성이 아들에게도 전래되었는지 모르겠다.

아들의 이름을 '임마누엘'이라 지은 것은, "내 아들이 언제나 주님 앞에 서 있는 것을 자각하고, 신앙으로 주님과 가까이 하며, 거룩하고 신비스럽게 결합하여 언제나 주님 안에 있기를 바라기 때문이다." 라고 했다.

스웨덴보리는 고금에 드문 천재로서, 11세 때에 웁살라 대학에 입학하여 22세에 졸업하고 철학사가 되었다. 그는 9개 국어에 능통했고, 과학적 창의로 실제 생활에 응용한 많은 발명품이 있다. 렌즈 연마술, 제본술, 피아노 자동주법, 물시계, 공기차, 운하법, 중력법을 이용한 운반, 비행기, 잠수함 등 발명의 선구자이기도 하다.

그의 생애를 연대별로 나눠 보면, 초기 28년은 학창시대 흡수기요, 중기 28년은 연구 저술의 실무기요, 말기 28년은 영적 감각의 원숙기였다.

학문 연구의 계단 진행도 과학에서 철학으로, 그리고 마지막엔 종교로 진행했고, 물질계에서 심령계, 영계 연구로 진행했다.

1745년 4월, 그의 나이 57세 때 이상한 신적 인물이 그에게 나타나 그를 두렵고 놀라게 했는데, 집에 돌아오니 밤에 그 이상한 사람이 또 나타나 말하기를, "나는 주 되신 신이요, 우주의 창조주이며, 속죄주이다. 나는 모든 사람에게 성경의 영적 의의를 밝히기 위해 너를 택하였다. 이 목적을 위하여 기록할 것을 내가 직접 가르치리라." 하였다.

그날 밤 이상한 영계가 그에게 열리어 그는 천국과 영인의 세계와 지옥계의 실상을 볼 수 있게 됐다. 그때부터 그는 세상 사물에 대한 연구는 버리고 날마다 영안이 열려 대낮에 깨어 있을 때에도 영계를 보고 천사들이나 영인들을 만나 똑똑히 서로 대화할 수 있었다.

1759년 7월 말, 토요일 오후 4시에 스웨덴보리는 영국 여행에서 돌아오는 길에 꼬덴버그에 도착하였다. 주인집 초대로 식사를 함께 나누던 그는 6시경에 갑자기 자리를 떠나 밖으로 나가 한참 있더니 얼굴에 수심이 꽉 차서 큰일 났다면서 돌아왔다. 사람들이 그 이유를 물으니, "지금 스톡홀름(꼬덴버그에서 300마일 거리)에 큰 화재가 났는데, 내 친구 집은 다 타버리고 우리 집도 위험하다."고 하였다. 그는 8시경 다시 밖에 나갔다가 돌아오면서는 매우 안심한 듯 기뻐하면서, "불은 꺼졌는데, 우리 집에서 세 번째 집까지 타고 꺼졌다"고 했다. 후에 알아보니 그가 말한 그대로였다.

그는 친구의 죽음도 예언하고, 피터 3세가 옥중에서 죽을 것도 예언했다. 그의 영안은 기도하는 중 영계에 들어가 천국, 지옥, 영계의 세계 등을 실지 출입하면서, 주님과 12사도와 앞서간 친구, 혹은 수천 년 전 인물들이나 저명 인물들을 영계에서 만나 담화하였다. 그가 쓴 대작 『천국과 지옥』은 영계 구조를 신기하게 자세히 기록해 놓은 책이다.

그가 81세 때 나이 많으면서 수행원이 없이 어떻게 여행하느냐 물으니, "나에게는 수행원이 필요하지 않다. 천사가 언제나 나와 함께 하여 말하며 교제를 계속하고 있다."고 했다.

노년에는 모든 정력을 저술에 주력했다. 계속 13시간 일하는 때도 있었고, 명상에 잠길 때는 여러 날 동안 식사도 하지 않고, 움직이지도 않았다. 그는 세상 떠나기 전에는 34시간 동안 이같이 명상에 잠겨 아무 것도 먹지 않았다.

1772년 3월 29일, 그가 미리 예언한 세상 떠날 날이었다. 런던의 가발업자 스미스 씨 집이었다. 일요일 오후 5시경, 곁에 있는 사람에게 몇 시냐 묻고는, "좋습니다. 나는 당신들에게 감사합니다. 하나님이 당신들을 축복하시기를 빕니다." 하고 말하고 나서 10분 지나 평안히 세상을 떠났다. 그의 나이 84세 때였다.


## 영계와 지옥론

영은 상대편의 영의 머리 속에 있는 생각을 마치 자기 자신의 것처럼 감지하는 능력을 갖고 있다. 영들도 모두 인간들과 똑같은 몸을 가지고 있다. 다만, 영계는 인간 세계처럼 물질계 속에 있지 아니하므로 영들이 입고 있는 몸은 인간 육체처럼 물질적 육체라는 껍데기는 갖고 있지 않다.

그러나 영이 무슨 공기나 안테나나 전기와 같은 것처럼 생각하면 그건 오해다. 또 영은 인간 육체의 기능에 해당하는 눈·귀·코 같은 감각도 모두 갖추고 있고, 입과 혀도 있어 말도 한다.

영에는 영적 감각과 영적 능력이 구비되어 있다. 그리고 영계는 인간 세계의 도시나 촌락같이 영들이 여기 저기 집단을 만들어 생활하고 있다. 그리고 영계의 마을과 주민은 자기네와 똑같이 닮은 이웃끼리 한 곳에 끼리끼리 모여 살기 때문에 이 마을과 저 마을 사이에는 차이가 눈에 띄게 보인다.

영계 여행을 하면 거리마다 이집 저집에서 뛰어 나오는 영계 주민들이 둘러싸고 환영하는데, 그들 모두의 얼굴은 벌써 몇 천 년 전부터 친밀히 서로 아는 사이같이 여겨졌다. 그 누구의 얼굴에도 기쁨이 넘치고 마치 내가 오랫동안 자라난 고향 땅에 몇 만 년 만에 돌아온 듯한 기분이었다.

영의 세계에는 수천 억의 무수한 단체가 있고, 이것이 하나하나의 거리나 마을을 이루고 함께 살고 있다. 영은 자기를 기만해서는 안 되고 본래의 성격에 되돌아가지 않으면 생존을 계속할 수 없고, 자기 본래의 성격에 서로 맞는 자들끼리만 한 곳에 모여 집단을 이루고 살기 때문에 그들 성격의 다양함에 따라 이같이 무수한 단체가 생기는 것이다.

영들은 둥글게 원형을 형성하고 살고 있는데, 그것은 영계의 질서를 나타내고 있다. 그 중심에 살고 있는 영은 '중심 영'이라 불려서 그 단체의 질서를 유지하기 위한 책임과 권위와 능력을 가지고 있다.

지옥은 어두컴컴한 동굴의 통로를 통해 아래로 내려간다. 어디서 비

취는지는 알 수 없으나, 지극히 희미한 약간의 빛이 비취고 있다. 지옥
에 내려가면, 그 넓이는 영계와 마찬가지로 광대무변한 넓은 세계이
다. 거기서는 영계와 마찬가지로 수없이 많은 영들이 영원한 삶을 보
내고 있다.

# 8

## 그룬트비히 1783~1872

정신 개혁으로 덴마크를 위기에서 구하고
부요한 나라로 만든 신앙의 개척자

덴마크가 영국과 스웨덴 연합군과의 전쟁에 패전하고, 1864년에는 다시 프러시아와 오스트리아 연합군에게 무참하게 굴복하여 이 전쟁으로 입은 손실은 치명적이어서 전체 국민이 실망에 빠져 있을 때, 그 어둠 속에 큰 횃불처럼 일어난 구국의 애국자가 있었으니, 그가 곧 그룬트비히(N.F.S. Grundtvig)였다.

그는 국회의원이요, 시인이요, 목사요, 역사 교수요, 철학자로서 애국심에 불타 비참한 조국의 운명을 딛고 일어나 덴마크 구국의 영웅이 된 것이다.

그룬트비히는 1783년에 질렌드에서 출생했다. 그의 할아버지와 아버지는 목사였다. 23세 때 다감한 그는 조국의 전통이 자랑하는 덴마크 함대가 영국의 넬슨에게 격멸당하는 것을 보았고, 수도 코펜하겐이 영국군의 포격으로 불바다가 되는 조국의 수난을 몸소 겪었다.

그후 그룬트비히는 영국을 시찰하면서 기계문명으로 공업의 눈부신 발달에 따라 농촌 청년들이 도시로 모여드는 것을 보고 농촌이 피폐해 갈 수밖에 없다는 것을 깨달았다.

그의 머리 속에는 조국이 나갈 길이 번개같이 스쳐지나갔다. "우리 덴마크가 나갈 길은 확실하다. 영국을 비롯한 다른 나라들이 공업국가로 발전하는데 반하여 우리 덴마크는 일치 협동하여 농업국으로 나아가는 길만이 조국을 건지는 길이다." 하고 그는 확신했다.

그리고 그는 "역사적으로 진실하게" "윤리적으로 고상하게" "심미적으로 순미하게" 이렇게 개조된 젊은 국민만이 조국을 이 역경 속에서 구원해 낼 수 있다고 하였다. 그가 일으킨 정신 운동을 개관한다면,

1. 종교 개혁운동 / 그는 덴마크 사람에게 산 정신을 주기 위하여서는 형식화한 교회를 생명있는 '산 말씀' 의 교회로 개혁할 필요를 느끼고, 신학교를 나온 후 28세에 목사가 되어 90세에 세상 떠날 때까지 60여 년간 교회에서 설교자로, 신앙의 자유와 자유로운 교회 설립을 주장하며 기성교회 교권자들과 투쟁했다.

2. 새교육 창안운동 / 그는 교육의 목적을 인격 완성과 일반 백성의 문화수준을 높이는 데 두는 독특한 교육제도를 창안하였다. 이것이 덴마크를 살린 국민 고등학교 교육이었다.

3. 애국운동 / 그는 "먼저 덴마크 사람이 되고, 다음에 크리스천이 되라."고 부르짖었다. 참된 덴마크 사람이 되기 전에는 참된 크리스천이 될 수 없다고 하였다. 그의 국민을 향한 외침은 "하나님을 사랑하라" "조국을 사랑하자" "흙을 사랑하자"이었다.

덴마크 사람에게 덴마크의 혼을 넣어 주기 위하여 덴마크 말을 찾아 애용하게 하고, 덴마크 국사와 북유럽사를 손수 편찬하여 조상의

용감한 정신을 본받게 했다.

　그룬트비히의 정신운동은 마침내 덴마크 국민들의 마음속에 새로운 힘과 소망을 주어 오늘의 부요한 덴마크를 이루게 하는 원동력이 되었다.

## 9

## 도스토예프스키 1821~1881

신에게 반항하는 데서 오는 파멸을
작품으로 구사한 러시아 최대 문인

　도스토예프스키(Feeder Dostoevsky)는 1821년 러시아 모스코에서 의사의 아들로 태어났다. 젊어서 페데로 그라트의 공병학교를 졸업하고 군대 사관이 되었으나, 그 후에 문학에 투신하여 처녀작인 『가난한 사람들』을 써서 일약 문명을 날리게 됐다. 그러다가 사회주의적 정치결사에 관련되어 1849년에 사형선고를 받고 형 집행하는 교수대에 올랐다가 특별한 감형을 받고 시베리아로 추방되는 유형을 받았다. 그가 오무스크 감옥에 4년 간 갇혀 고생할 때, 단 한 권의 성경만을 계속 읽고 지냈다.

　1859년에 사면을 받아 고향에 돌아와서는 형과 함께 「Vremeya-

Epaha」등의 신문을 발행하면서, 한편으로 외국에 여행도 하고, 귀국해서 소설을 쓰기도 했는데, 『죽음의 집의 추억』, 『죄와 벌』, 『학대받는 사람들』, 『백치』, 『악령』들과, 대표작인 『카라마조프의 형제』 등 걸작을 써냈다. 그는 이로써 러시아 최대의 문인이 되었다.

그러나 그의 생애는 비참하였다. 그는 간질병 환자여서 그 수치와 공포 속에서 자기의 비참한 경험을 토대로 해서 『백치』와 『악령』 등을 썼다. 너무나 생활이 가난하여 『죄와 벌』을 쓸 때는 밤낮으로 생활의 격심한 곤궁 중에서 이 소설을 쓰면서 친구에게 보낸 편지에서 "나는 고역에 시달린 죄수처럼 일하고 있다."고 고백하기도 했다.

『백치』에서 그는 그리스도와 같은 완전하고 선량한 인물을 묘사하려 했고, 『악령』에서는 서구적 사회주의 사상을 비판했다. 『카라마조프의 형제』는 도스토예프스키의 전체 창작활동의 총결산이라고 평가된다.

그의 작품의 기조를 이루는 사상은 인간애와 신에의 반항에서 오는 파멸이었다. 그 심각한 심리적 해부 묘사와 병적 심리의 서술 등에 있어서는 그에 비길 사람이 없다. 사상적으로는 보수적이요, 범슬라브주의에 속하고, 그의 소설 속에는 대도시의 음침한 골목길, 허줄한 빈민 마을 등을 배경으로 묘사하기를 좋아했다.

메레쥐코프스키는 도스토예프스키의 문학을 평가하여 말하기를, "그는 투르게네프처럼 시적인 간격을 두지 않는다. 또한 톨스토이처럼 훈계자인 체하는 높은 위치에서 내려다보려 하지도 않고, 가난하고 고생하는 사람들과 함께 공통의 잔으로 마시고, 우리와 함께 위대하기도 하고, 오염되기도 한다."고 했다.

그는 비관론자도 아니요, 허무주의자도 아니요, 언제나 러시아의 재생은 민중들 자신의 힘에 의해 성취되는 것이라고 믿고 있었다. 그는 『죄와 벌』 속에서 신의 사랑을 다음과 같이 말했다.

"모든 인간을 불쌍히 여기시는 신이여, 모든 사람과 모든 사실을 이해하여 주시는 신이여, 그러한 신만이 우리들을 불쌍히 여겨 주신다. 신은 오직 한 분, 그리고 그 분이 또한 심판자이시다. 그는 최후의 심판날에 나오셔서 이렇게 물으신다.

'심술궂은 폐병장이 계모와 나이 어린 데리고 온 자식을 위하여 자기와 자기 몸을 판 여자는 어디 있느냐? 이 세상에서 자기의 부친 주정뱅이 방탕자에게 그처럼 흉폭한 행동도 두려워하지 않고 동정을 한 그 여자는 어디 있느냐?'

신은 우리들을 향하여 이렇게 말씀하신다.

'너희들도 이리로 나오너라! 술주정꾼도 나오는 것이 좋다. 비겁한 자도 나오는 것이 좋다. 뻔뻔스러운 자들도 나오는 것이 좋다' 고 말씀하신다. 그래서 우리들은 일동이 주저 없이 신 앞에 나아가 선다.

그때 신은, '돼지들아! 짐승의 상과 표식을 띤 자들아. 그러나 너희들도 오라!' 하신다. 그리고 신은 우리들을 보시며 손을 내밀어 주신다.

그래서 우리들은 땅에 엎드린다 … 눈물을 흘린다 … 그리고 모든 것을 깨닫는다."

# 10

## 톨스토이 1828~1910

인생의 행복은 신의 섭리에 있음을
문학으로 구사한 인도주의자 문인

톨스토이(Lyov Nikolaievitch Tolstoi)는 1828년 러시아 야스나야 폴랴나의 백작의 가정에서 태어났다. 젊어서 대학을 중퇴하고는 1851년 지원병이 되어 한 견습사관으로 군대생활을 하다가, 1853년 의 크리미야 전쟁에 종군하고 코카사스 토벌군에 근무하면서 소설 『유년 시대』, 『소년 시대』, 『청년 시대』를 집필하여 일약 그 비범한 재능이 세상에 알려졌다.

전쟁 경험에서 『코잣트』, 『세바스토폴』의 소설 재료를 얻었다. 1863년부터 러시아의 대위기 시대의 역사를 배경으로 하여 『전쟁과 평화』라는 세계적 위대한 작품을 쓰기 시작했다. 뒤이어 『안나 카레 니나』와 『부활』을 써서 이 세 가지 작품은 그의 3대 걸작으로 그가 예 술적 천재임을 완벽하게 나타냈다.

이 작품들은 사실주의적 소설이 도달할 수 있는 최고 표준이라고

추앙된다. 그의 작품의 많은 부분은 자서전적인 요소를 포함하고 있어 톨스토이 자신의 주아적(主我的) 소질과 박애적 경향의 모순에서 생기는 정신적 동요와 삶의 의의 탐구에 대한 끊임없는 그의 노력을 반영하고 있다.

톨스토이는 인도주의자요, 인간의 목적은 자기 완성을 노력하는 데 있다고 보고, 사치 포식하는 귀족생활을 미워하고, 피상적인 물질문명을 저주하여 그 자신이 가난한 농민들의 단순하고 순박한 노동 생활을 동경했다. 그의 나이 50세가 되어, 인생의 위기에 직면하여 심각한 고민을 거쳐 정신적 전환을 성취할 수 있었다.

그의 『참회록』은 자기 과거의 생활태도와 작품을 일체 부인하고 유일하신 하나님께 대한 신앙에의 복귀를 천명하고, 그리스도의 거룩한 교훈에 따른 인류사회에의 봉사와 주아적 욕망의 부정, 악에 대한 무저항을 '하나님께 이르는 바른 길' 이라고 고백한 것이다.

1880년경을 전환기로 삼아 그는 해갈이 어려운 의혹적 인생 문제를 해결하려고 하여 그 해결의 열쇠는 예수 그리스도의 복음서에서 찾았고, 원시적 기독교의 신앙에 돌아갈 것을 부르짖었다.

거기서 나온 기록이 『참회록』이요, 『나의 종교』, 『종교란 무엇인가』 등인데, 이는 그의 갈등의 고백이다.

그는 다시, 『우리는 무엇을 할 것인가』, 『인생론』, 『나의 신앙』 등을 써서 일체의 정권, 폭력(군대), 금권(私有財産), 정권에 아첨하는 기성종교 등을 부정하고, 종교적 무정부주의의 본질을 밝혔다. 그의 눈에 비친 이런 우상들에 대하여 그는 우상파괴자였다.

말년의 톨스토이는 자기의 이상을 몸소 실천하지 못하는 데 대하여 고민하고, 자기 이상을 실현하고자 재산과 지위를 버리고 일개 농민으로 살면서, 무저항주의, 사해(四海) 동포주의를 표방하고, 종교가, 사회 개량가로 활동했다.

이같은 톨스토이의 높은 사상에 대하여 그의 아내 소피야는 남편을 이해하고 협력할 수 있는 현모양처가 못 되었다. 톨스토이는 자신이 아내를 사상적으로 감화시킬 수 없는데 고민하다가 유서를 써 놓고 정처 없이 가출했다.

늙은 몸으로 여기저기 방황하며 여행하다가 병을 얻어 1910년 아스타 포보의 조그만 역에서 쓸쓸히 세상을 떠났다. 임종이 가까왔을 때, 톨스토이는 혼자 말소리를 했다. "저 구름 속에서 붉은 옷을 입은 천사가 손짓하고 있다. 나보고 어서 오라고 하는 것이야. 저곳에는 아름다운 세상이 있지! 내가 저곳까지 가려면 얼마나 걸릴까? 아, 나는 저곳으로 빨리 가고 싶다. 저 무지개 빛 구름을 타고 천사와 더불어 이 세상을 내려다보며 영원히 방랑한다면 얼마나 행복할까?"

그의 마지막 말은, "진리를 … 나는 … 사랑한다 … 왜 저 사람들은 …"

이것이 그의 최후의 말이었다. 그의 나이 82세였다.

그의 아내 소피야는 소크라테스의 아내와 요한 웨슬리의 아내와 더불어 세계 3대 악처의 하나로 꼽힌다. 소피야가 특별한 악처였다기보다 톨스토이의 이상이 너무 높아서 아내가 도저히 따르지 못한 것이리라. 그녀는 자기와 48년간이나 함께 살아 온 남편의 가출에 슬픔과 분함을 참지 못하여 연못에 스스로 몸을 던졌다.


톨스토이가 남긴 말


"인간의 눈을 숨길 수 있어도 하나님의 눈은 숨길 수 없다."
"행동을 할 수 없는 신앙은 신앙이 아니다."
"후회를 했댔자 소용이 없다지만, 후회한다고 이미 때가 늦은 것은 아
니다."

## 11

# 요한 프레드릭 오벌린 목사 1740~1826

## 교인 한 사람 한 사람을
## 자식같이 사랑한 모범적 목회자

오벌린(John Frederic Oberlin) 목사는 나이 80세가 되어 교인들의 집집으로 심방을 못하게 되자, 그는 인쇄실에 들어가 손수 활자를 골라서 판을 짜서 많은 돌림편지를 찍어 집집으로 보내주었다. 그러다가도 고단하여 자리에 누우면 그는 혼자말로 "오, 프릿즈야! 네가 게으름뱅이 됐느냐? 이게 웬일이냐!" 하고 자책했다.

그는 교적부를 자리에 놓고, 한 사람 한 사람 이름을 부르면서 그 것이 정말 자기 친아들인 것 같이 손으로 만지면서 기도하였다. 현재도 남아 있는 왈더스바흐 전도관에 보관돼 있는 그가 기록한 교적부에는 교인들의 혈통 · 전통 · 사상 · 경향 등 특징과 일상생활에 드러난 자세한 행동이 일일이 기록되어 있다.

경제생활에 있어서 그는 전 수입의 십분지 삼을 헌금으로 바치기도 했고, 작은 궤짝 셋을 만들어 첫째 궤에는 하나님께 드릴 십일조,

둘째 궤에는 사회사업을 위한 십일조, 셋째 궤에는 순전한 구제사업
을 위한 십일조를 넣어 가난한 형제를 도왔다.

그렇게 엄격하면서도 담배를 끊지 못하고 지내다가, 하루는 담배
넣어 둔 궤짝을 지붕에 갖다 두고 문을 잠그면서, "이제는 네가 나를
유혹할 기회는 없어졌다. 네가 이기나 내가 이기나 보자."고 했다.

이와 같은 위대한 목회자였기 때문에 그의 감화력은 컸다. 마을 사
람들이 싸움을 하여 누가 말려 줄 이 없을 때도 오벌린 목사가 달려가
중간에 서기만 해도 싸우던 이들은 스스로 그만 두었다고 한다.

# 12

## 알버트 슈바이처 1875~1965

인간을 사랑하여 아프리카에서
일생을 헌신한 사랑의 불사조

20세기 3대 성자 가운데 하나로 꼽히는 알버트 슈바이처(Arbert Schweitzer) 박사는 뛰어난 사상가요, 음악가요, 저술가요, 목사요, 과학자요, 대학교수요, 바하의 연구자요, 천재적인 파이프 오르간 연구자였다.

신학과 철학과 음악을 함께 공부하여 23세에 철학박사, 25세에 신학박사가 됐다. 그를 가리켜 '20세기의 슈퍼스타' '이상의 별' '정신의 상록수' '사랑의 불사조' '이상주의의 거인' '봉사의 천재' '람바레네의 성인' 등으로 부른다.

슈바이처는 1875년 1월 4일 독일과 프랑스 문화가 혼합된 국경지대인 알사스카이저 스베르크에서 목사의 둘째 아들로 태어났다.

어려서는 좋은 환경 속에서 자라났지만, 21세 때 깨달은 것은 자기 주위에 불행한 사람이 많은데 자기만 행복할 수 없다고 느껴, 뜻을 세

우기를 자기는 30세까지는 학
문과 예술을 위해 공부하고,
30세 이후에는 남을 위해 봉
사하기 위해 인격완성에 노력
하기로 결심했다.

　어느 날 교회에서 내는 작은
팸플릿을 보다가 열대지방의
불행한 환자들을 위한 의료선
교사를 구한다는 기사를 읽고,
그는 이것이 자기에게 내린 하
늘의 음성으로 생각하고 하나

님의 부름에 응하고자 의학공부를 하여 7년 만에 의학박사가 되었다.

　1915년, 그의 나이 40세 때 9월, 아프리카 오고웨 강을 항해하는
도중 물소떼들이 헤엄치는 광경을 바라보면서 '생명외경'(生命畏敬)
이라는 사상을 느끼게 되었다. 그의 철학은 '다른 사람의 생명을 존
중하는 것'이다. 사람만이 아니라, 살려는 의지를 가진 모든 생명들
을 존중하라는 것이다. 그는 세계 인생긍정과 윤리라는 2대 진리를
깨닫고, 그것을 생명 외경(Reverence for life)이라는 말로 집약했다.

　1913년 38세 때에 하나님의 소명을 받고 원시림이 우거진 아프리
카의 가난한 마을 람바레네에 가서 흑인들에게 기독교 복음을 전하
면서 그들 육체의 병을 고쳐주는 거룩한 봉사로 50여 년 동안을 실천
하였다. 자기가 깨달은 생명외경의 진리를 전심전력을 바쳐 일생동
안 몸소 실천한 것이다.

　그는 풀 한 포기, 나무 한 그루, 개미 한 마리도 공연히 짓밟아서는
안 된다고 말했다. 누가 나뭇가지에 그네를 매었더니 슈바이처 박사

는 "나무가 괴로워 할 것"이라며, 그네를 풀라고 했다. 병원 마당의 잡초도 함부로 뽑지 못하게 했다. 병원 건물을 짓다가 개미집이 터져 개미떼들이 몰려나오니 건축을 중지시켰다.

그는 빈부귀천 국적과 피부색깔을 초월하여 인간을 사랑한 사랑의 불사조였다. "누구든지 제 목숨을 잃으면 찾으리라"는 예수님의 말씀을 항상 실천했다.

그는 1953년 노벨 평화상을 받았다. 박사는 침묵 중에 꾸준히 노력하며 겸허했고, 모든 일에 무척 꼼꼼했다. 누가 그를 만나 좋은 충고를 해 달라고 부탁하니, "우물을 파려면 한 우물만 파게. 그러나 물이 나올 때까지"라고 했다.

90세에 별로 고통이 없이 평화스럽게 임종하여 오고웨 강변에 있는 먼저 세상 떠난 부인 무덤 곁에 안장되었다. 흑인들이 부르는 찬송과 통곡하는 흑인 여자들의 눈물 속에서.

# 13

## 마르틴 니묄러 목사 1892~1984

### 히틀러 나치스에 대항해 싸운
### 불굴의 목회자

마르틴 니묄러(Martin Niemoeller)는 독일의 유명한 신학자 칼 바르트의 친구였고, 함께 나치스 히틀러에 저항해 싸운 독일 교회의 지도자이다. 칼 바르트는 니묄러를 평하여, "그는 우리 정통주의자들 사이에 있어서는 너무도 현실적 인물이요, 자유주의자들에게 대해서는 너무도 영적 인물이요, 사회주의자들 사이에선 너무도 전투적 인물이요, 또 우리 모두에 대해서는 너무도 프로이센적이다."라고 평했다.

그의 투쟁에 대하여 사람들은 여러 가지로 평한다. 혹은 '불타는 사나이' '독일의 간디' '현대의 예레미야' '전투적 프로테스탄트주의의 상징' 등등으로 말했다.

그의 일생은 파란 많은 극적 일생으로, 그는 본래 독일 U보트의 함장이었다. 공격적인 정신의 투사인 그는 히틀러 강제수용소에 갇혀 있으면서도 "복음은 공격이다"라고 부르짖었다.

수용소 안에서 각 교파 사람들로 구성된 세계 교회적 색채를 지닌 청중들을 향하여, '다하우 설교집' 이라 불리는 유명한 설교를 하면서 "세계는 나의 교구"라고 말했다. 사실 그는 1961년 인도 뉴델리의 세계 교회회의에서 명예로운 의장으로 추대 받았다.

그는 1892년 1월 14일, 독일에서 목사의 둘째 아들로 태어났다. 독일 제국시대 18세 때 해군에 입대하여 사관이 되고, 그 후 독일의 비밀무기인 잠수함 U보트의 함장이 되어 전쟁 중에 바다에서 만나는 적군의 함정이나 심지어는 중립국의 수송선에게도 공격하여 침몰시켰다.

전쟁은 니묄러의 전사로서의 명예심을 만족시켰으나, 10년 동안 그는 열심 있는 해군 장교로서 활약하다가 일대 방향 전환을 하여 전쟁이란 것에 죄악을 느끼고, 신학공부를 하고 목사가 되어 'U보트에서 교회 강단으로' 의 길을 선택하고 전쟁 반대하는 반전주의자가 되었다.

독일이 히틀러의 손 안에 들어가고, 히틀러의 제3제국의 꿈에 열광하던 나치스 치하에서 독일의 프로테스탄트 교회들마저 나치스의 술책에 휘말려 혼돈에 빠져, 소위 '독일적 크리스천' 이란 과격파가 일어나 독일 교회를 철저히 지배하려 하는 와중에서 니묄러는 정면으로 그런 어용(御用) 교회에 대항해 싸우다가, 1937년 7월 1일 아침 비밀 경찰에 체포되어 재판을 받고, 총통 히틀러의 명으로 자크센하우젠 강제수용소에 갇혔다.

한때, 성경·찬송·시계도 빼앗겼으나 도로 찾았다. 강제수용소에 갇혀있는 동안, 그의 부친 하인릿피·니묄러 목사는 세상을 떠났다. 니묄러는 그 후 다하우 강제수용소로 옮겨 특별 수용 감실에 22개국 거물급 죄수들과 함께 수용되었다.

    제2차 세계대전 말기 1945년 4월, 150명의 특별 죄수들은 12명의 히틀러 친위대의 인솔을 받으며 집단 살해장으로 끌려가다가 미군을 만나 석방되었다.

    니묄러의 유명한 말로 오늘날 전해지고 있는 것은, 그가 체포되어 감옥에 끌려 갈 때 "하나님을 대항할 자는 누가 있는가?" 했고, 그가 풀려 나와 자유의 몸이 되었을 때는, "하나님의 은혜를 감당해 낼 자 누가 있는가?" 하고 부르짖은 말이다.

    그가 다하우 수용소 안에서 죽음의 공포에 떠는 함께 갇혀있는 사람들에게 설교한 감동적인 설교는 『그러나 하나님의 말씀은 매여 있는 것이 아니다』란 제목의 설교집으로 나왔다.

## 14

## 야곱 뵈메 1575~1624

놀라운 영적 시력으로
신비한 체험을 가진 독일의 신비가

뵈메(Jacob Boehme)는 1575년 독일 아르트 자이덴 베르히에서 농민의 아들로 탄생했다. 그를 독일 프로테스탄트 신비가로 인류역사의 기적이라 부르지만, 어려선 불행하게 자라나 14세 때부터 구두점 직공으로 일하다가 그후 자신이 친히 구두점을 경영했다.

그는 결혼하여 가정을 이루고 살면서 별로 외부적 감화를 받은 일은 없었지만, 그의 타고난 천성으로 종교적, 철학적 능력이 신속히 발달해 가면서, 1600년 어느 날, 그는 광명한 빛 속에서 자기 영혼의 문이 열리는 것을 친히 볼 수 있었다. 그런 체험은 일찍이 그 어떤 책에서도 찾아보지 못한 신기한 체험이었다. 하나님과 세계에 관해 신비적 견신(見神) 체험을 가지고 가끔 환상과 계시를 받았고, 때로는 며칠 동안씩 신의 광명 속에 파묻혀 지내기도 했다.

그는 별로 배운 학식은 없었지만, 타고난 종교적 천재성을 나타내어서 자기 사상을 집필하여 『태초의 새벽』이란 원고를 친구들에게 돌림편지로 분배해 읽게 했는데, 그의 종교 사상이 새롭고 독특하여 기성교회 교직자의 비위를 건드려 1612년 그의 저작을 중지시켰다.

뵈메는 5년간 글을 쓰지 못하였으나, 그 후 다시 붓을 들어 대소 30여 종의 저작을 하면서 자기 신비적 사상을 발표했다. 뵈메는 주장하기를, 자기는 신의 계시에 의해서 자신이 친히 본 것만을 글로 썼노라고 했다.

그의 체험은 독특하여, 어떤 사상이라도 그것은 시각적 상을 이루어 자기에게 이해되었다. 즉, 논리적 과정이 산 사진처럼 상을 이루는 신기한 마음을 소유하고 있었다. 그는 또 사물의 핵심을 투시해 낼 수 있었고, 심지어 신의 본질까지도 자기의 영적 시력에는 열려져 있다고 말했다.

그의 사상을 받은 두 세 친구가 『감각 이상의 생명』『참된 참회』라는 책을 출판했는데, 교회 성직자와 그 밖의 사람들이 합세하여 뵈메를 박해하여, 시의 행정관은 뵈메를 시에서 퇴거하라고 추방을 명했다. 추방당한 그는 드레스덴과 시레시아 등을 돌아다니다가 병이 심하여 고향에 돌아 와 세상을 떠났다.

그의 사후, 친구들이 뵈메의 저작한 글을 수집하여 출판하고, 독일과 영국 등지에서 많은 사람들이 그것을 애독했다. 뵈메의 신비설의 특색은 독일 신비파의 흐름에서 찾을 수 있는 일종의 종교적 철학에다가 자연계의 비밀을 탐구하는 경향을 겸한 특색이 있다.

뵈메는 하나님과 세계에 대해 설명할 때, 존재의 법칙은 대우(對偶; 對照; Antithesis) 관계라는 점을 고조했다. "만물은 옳다(是)와 아니다(非)로 성립되었다."면서 밖으로 나타나지 아니한 신성의 숨겨진 생명 안에서조차 그는 인력(引力)과 거기에 대한 반발력이 대립해서 역사하는 것을 발견했다.

그는 "이 두 개의 힘이 합치는 것으로 말미암아 신성 중에서 느껴지는 현현 요구가 생기고, 이 요구를 느끼는 것으로서의 신성은 '암흑'이 된다. 이런 암흑을 비추는 이가 '아들'(子)이다. 이 두 개가 합쳐서 '성령'이 된다. 이 성령 안에 창조의 원형(原型)이 생긴다."고 했다.

야곱 뵈메는 1624년 11월, 그의 나이 49세 때 주일 오전 2시, 이 세상 것 아닌 아름다운 음악 소리를 듣고, 아들에게 말했다. "토피야스야, 네게도 저 아름다운 음악 소리가 들리느냐?" "제게는 안 들립니다." "저기 문을 열어 놓아 보렴. 잘 들릴 것이다." 하고 잠시 후, "지금 몇 시냐?" "세 시입니다. " "내 시간은 아직 안 되었다. 오, 전능하신 만군의 아버지 하나님이시여! 당신의 뜻대로 나를 구원하소서. 오, 십자가 위에 못 박혀 돌아가신 예수여! 나에게 긍휼을 베푸소서. 나를 당신 나라로 인도하소서." 하고 기도했다.

그는 아침 6시가 되자, 가족들과 마지막 작별을 하면서, "나는 지금 이 곳을 떠나 낙원으로 간다." 하고 세상을 떠났다.

# 15

## 마이스테르 에크하르트  1260?~1327?

### 신(神)과 신성(神性)을 구별한
### 독일의 신비학파의 조상


에크하르트(Hoister Eckhart)는 1260년 독일 튜링겐에서 출생한 독일 신비학파의 시조이다. 도미닉회 수도사로 쌕소니에 있는 도미닉 에르푸르트 수도원의 원장이었고, 보헤미아의 감독 대리가 되어 파리에 가서 가르친 적이 있었고, 스트라스부르그에 이주해 사는 동안 거기서 '자유의 영의 형제'들과 알게 되어 후에 프랑크푸르트로 이사하여 그곳 도미닉 수도원장이 되었다.

그의 설교는 세상 보통 성직자들의 설교와는 판이하게 달랐기 때문에 로마교회 당국의 의심을 받고 이단으로 몰려 고소당했다. 그동안 한 번은 무죄선고를 받았지만, 코론의 대감독 헨리에게 재차 베니스 회의에서 고소되었다.

로마교회는 스트라스부르그의 니콜라스로 하여금 에크하르트를 심문하라는 명령을 내렸으나, 니콜라스 자신이 그의 신비설을 신봉하고 있었기 때문에 에크하르트의 무죄를 선고했다. 그러나 헨리 감독은 그것을 시인하지 않고, 에크하르트와 니콜라스 두 사람을 함께 이단으로 고소하여 종교재판에 회부하였다.

두 사람은 교황에게 상소해 보기도 했지만 끝내 유죄선고를 받았다. 그러나 에크하르트의 제자들은 스승을 경애하기를 극진히 하여 스소(Suso)는 에크하르트를 '거룩한 스승'(Holy master)이라 불렀고, 그의 설교는 모든 수도원에서 등사해 가졌다.

결국, 에크하르트 사후에 로마 교황은 그에 대한 이단선고를 취소했다.

에크하르트는 토마스 아퀴나스의 사상적 영향을 많이 받았다. 에크하르트는 신비학설에서 태초에 만물의 원시 근원은 상(想)과 물(物)을 초월한 이름 지을 수 없는 것으로서 '무'(無)라고 이름 지을 수밖에 없으며, 다른 표현은 못할 성질의 것이라고 했다.

에크하르트는 '신'(神; God)과 '신성'(神性; Godhead)을 구별하여 태초의 '무'(無)가 곧 '신성'인데, 이 '신성'이 실제로 활동하는 '신'(神)이 되려면, 스스로를 아는 지식에 의하지 않으면 안 된다고 했다. 즉 만물의 태초 근원이 '신성' 안에서 스스로를 알려는 활동이 일어났고, 따라서 여기에서 실재(實在)가 시작하였다고 했다.

스스로를 알고자 하는 활동이 일어나기 이전의 '신성' 자체는 '무'(無)라고 밖에는 달리 이름 지을 수 없다고 하면서, 따라서 창조 작용이란 것은, 결국 '신성'의 자의식 작용에 지나지 않는다고 했다.

'신성'은 아직 개발하지 않은 영원한 가능성에 지나지 않은 것으로서 지식이나 예배의 대상이 되지 못하는 것으로 '암흑'이요, '무형'이다. 삼위일체 하나님은 이 '신성'에서 나온다고 했다.

그러므로 실재란, 그 근저에 있어서는 자의식 작용이다. 이같은 자의식 작용으로 말미암아 주관과 객관이 나뉜다. 주관은 곧 아버지 되신 '천부 하나님'이시요, 객관은 곧 아들 되신 '성자 하나님'이시다. 그리고 아버지의 말씀으로서 말씀 현현된 바 아들이 다시 아버지에게로 되돌아가는 곳, 다시 말하면, 아버지와 아들의 양자(兩者)가 서로 떨어지지 않는 곳을 '성령'이라고 한다. 그러므로 아버지 되신 하나님과 아들 되신 하나님은 나뉘어 있으면서도 하나이며, 성령을 통하여 스스로를 사랑하는 분이시다. 그리고 하나님의 창조 작용은 하나님이 스스로를 알고 자기 자신을 현현하는 작용이다."라고 했다.

그렇기 때문에 하나님 이외에 실재가 없고, 하나님을 제외한다면 아무 것도 독립자존해 낼 자가 있을 수 없다고 했다.

그는, "만물은 다만 하나님 안에서만 실재한다. 하나님과 구별할 수 있는 것은 다만 그 개성뿐이다. 그러므로 진리의 본체를 알려 하거든 만물의 차별상에서 눈을 돌려 하나님에게로 귀입(歸入)하지 않으면 안 된다. 인간이 하나님을 보는 눈과 하나님이 인간을 보는 눈은 같다(同一不二)"고 했다.

에크하르트의 윤리학에 있어서 가장 현저한 점은, 내재론에 새로운 중요성을 둔 것이다.

그는 말하기를, "인류의 심령은 작은 우주다. 어떤 의미에서 그 속에 만물을 포섭하고 있는 것이다. 사람의 마음은 신비스러운 것으로서 마음에는 소지(素地)가 있고, 마음의 정점(頂點)이 있다. '마음의 정점'에는 신적인 '불티'(Spark)가 있어서 그것은 신과 아주 닮은 것으로, 그것으로 신에 합일할 뿐만 아니라, 그것 자체가 신과 하나이다. 이것을 '심령의 근저'(根底) (혹은 마음의 素地)라고도 하는데, '이 불티, 이것이 신이다' 라고도 말하고, 이 불티가 신과 영혼의 신비적 합일을 하는 곳이요, 인간의 일체생활의 목적인 신인식의 극치가 여기에 있다."고 주장했다.

## 16

## 하인리히 스소 1295~1365

### 육체보다는 정신적 십자가를 지고
### 실행적 생애를 산 신비적 체험자

스소(Henry Suso)는 1295년 독일에서 태어났다. 그는 사상적으로는 독일 신비가 에크하르트의 제자요, 그의 생애와 품성은 스페인의 신비가들, 특히 십자가의 요한을 닮은 데가 아주 많았다.

수도원 생활을 하면서 처음 16년 동안은 준엄한 고생을 했으나, 그후 그의 정적이고 다감한 성품이 주님의 새로운 계시가 육체보다 정신적 십자가를 지라고 하여 난행 고행을 그만 두고 실행적 생애에 들어가게 되었다.

이 시절에 그는 정신적으로 지기 어려운 무거운 십자가를 짊어지고 있었다. 사람들에게는 오해와 박해를 받았고, 옛날 고행 난행하며 애쓰던 시절에는 그를 위로 격려해 주던 이들조차 그를 떠났다.

스소는 놀라운 문학적 소질을 타고 나서 그의 전기는 모든 자서전 중에서도 매우 흥미진진한 데가 있었다. 아우구스티누스를 닮아서

스소의 성품은 정신적 신앙적 사랑의 대상을 필요로 했다. 그의 상상은 구약 잠언에서 사랑에 가득 찬 여성으로 인격화된 '영원의 지혜'에 집중했다.

"실제 너 같은 난만한 젊은 가슴은 연인이 없이는 살 수가 없으니 네가 지난 날 듣기만 하던 이 아름다운 여성이 너의 연인이 될 수 있는가? 네 운명을 걸고 시험해 보라."

그는 환상 속에서 빛나는 모습의 지혜와 사랑에 가득 찬 그녀를 보았다. 그녀는 스소에게 "내 아들아, 너의 마음을 내게 달라."고 하였다.

이 무렵 스소의 심령에는 강렬한 영적 불길이 불어 들어와 그의 마음은 하나님의 사랑으로 불타고 있었다. 그는 그리스도께 대한 '사랑의 증거'로서 자기 가슴에 칼로 깊이 예수님의 이름을 아로새겼다. 그 글자는 일생동안 그의 가슴에 손가락 관절만한 길이로 그 흔적이 남아 있었다.

한 번은 환상 중에 천사를 보았다. 그는 천사에게 부탁하기를, "하나님께서 은밀하게 우리 안에 임재하시는 모양을 보게 해 달라."고 요구했다.

천사는 "그렇다면, 너는 자기 속에 기쁨의 시선을 던져 보라. 그때 하나님의 사랑에 넘치는 영과 그의 사랑과의 연극을 볼 수 있을 것이다.”라고 했다.

그는 자기 마음을 덮는 육체가 수정같이 투명하고 그 중에는 고요하고 사랑스러운 모습을 한 ‘영원한 지혜’가 앉아 있고, 그 곁에 하나님 옆에 기대어 앉은 종인 자기의 영이 하나님 품에 안겨 있는 것을 볼 수 있었다.

스소는 어떤 때, 먼저 세상 떠난 축복받은 스승 에크하르트의 환상을 보기도 했다. 스승은 더 이상 없는 영광 중에서 그의 영이 전적 변화되어 하나님 안에 하나님처럼 되어있는 모습을 보았다.

스승은 “이 세상 떠난 사람들이 하나님 안에 사는 모습은 말로는 형용할 수 없다. 세상 버리는 길은, 자기에게 대해 죽고, 모든 사람에게 대해 흔들리지 않는 인내를 갖는 데 있다.”고 말했다.

스소가 한 말 가운데 유명한 것은, “내가 있는 곳에 내 종도 있을지니라.”(그리스도의 고난에 충분히 참여한 자라야 비로소 그리스도와 합일할 수 있다는 뜻), “십자가 없는 곳에는 면류관도 없다.” 등이다.

나이 늙어 그는 자기의 전기를 쓰고 1365년 세상을 떠났다.

# 17

## 마르틴 루터 1483~1546

부패한 교황과 속죄권 판매를
반대함으로 종교개혁을 일으킨 신학자

루터(Martin Luther)는 1483년 11월 10일, 독일 쌕소니아주 아이스레벤 시골집에서 조상 대대로 농부의 가문에서 탄생했다. 아버지 한스는 고향을 떠나 광산에서 광부 노릇도 하고, 후에는 시의회원까지 출세하기도 했다.

그의 어머니는 독실한 기독교인으로 자녀교육에는 엄격한 분이어서 루터가 어렸을 때 남의 호도 열매 한 개를 훔친 벌로 피가 나도록 매를 때려, 그 결과 어머니가 무서워서 수도원에 도망쳤다고 고백하기도 했다.

18세에 독일 최고학부인 에르푸르트 대학에 입학하여 철학과 고전

연구에 열심을 냈다. 그는 부친이 법률공부를 원했기 때문에 할 수 없이 두 달 동안 하다가 취미가 없어 그만두었다.

루터는 웅변가인 동시에 음악을 잘해서 '음악가'라는 별명을 들어 학생들 사이에 인기가 높았다. 학생시절 그가 거리로 지나가며 부르는 노래 소리는 듣는 사람을 감동시켰다고 한다.

어느 날, 에르푸르트 교회에서 친구와 함께 길을 가다가 갑자기 소나기를 맞아 천둥 치는 중에 혼비백산한 그는 땅에 엎드려 그가 존승하는 광부의 수호 성인을 부르며, "거룩하신 안나여, 구원하소서! 좋은 수도사가 되겠습니다." 하고 서원한 일과, 또한 친구가 벼락 맞아 곁에서 죽은 일이 있어 인생의 허무를 느끼고 아우구스티누스회 수도원에 들어갔다고 한다.

수도원에서 노동·탁발·고행 등을 하면서 원장 슈타우핏즈에게서 "사람은 신의 은총이 아니면 자기 힘으로는 구원 얻지 못한다."는 사상을 배워 마음에 위로를 받았고, 안수를 받고 교직자가 되었으며, 후에 신학박사 학위도 얻었다.

1508년 어느 날, 그가 아우구스티누스회 수도원 밀실에서 독서와 명상하는 중 로마서 1장 17절의 "오직 의인은 믿음으로 말미암아 살리라"는 말씀에서 그리스도에 대한 절대신뢰의 진리를 깨달았고, 이 깨달음이 루터 일생의 메시지로 느껴져 오랜 고민에서 벗어나 광명을 얻었다.

1511년 10월에는 처음으로 로마에 순례 차 갔다가, 유명한 빌라도의 계단 28개 층을 남들이 하는 대로 자기도 무릎으로 올라가다가 중도에서 "의인은 믿음으로 산다"는 마음의 깨달음을 느끼고 벌떡 일어서서 올라가기를 중단했다. 이 계단에서 일어선 사람은 역사상 루터 한 사람 밖에 없다.

　　그때 로마 교황 레오 10세는 성 베드로 교회를 증축하는 데 필요한 막대한 비용으로 인해 유럽 일대에 수도승들을 파견하여 속죄권을 팔아 교회 건축 비용에 보충하려 했는데, 도미닉회 수도사 요한 테첼이 비텐베르그에 와서 속죄권 판매하는 것을 보고 루터는 분개하여 1517년 10월 31일 12시에 비텐베르그 교회 대문에다 교황과 속죄권을 반대하는 95개조 선언문을 써서 붙이고 정면으로 도전했다.

　　이 소식은 삽시간에 전 독일에 퍼져 종교개혁의 기운을 부채질했다. 로마교 당국자는 루터를 순교자 후스와 같은 이단자로 몰아 그를 보름스 의회에 호출해서 그의 저서를 취소 철회하라고 강요했는데, 이때 루터는 "나는 양심을 어기고 아무것도 취소할 수 없다. 나는 이곳에 섰다(Here I Stand). 하나님이여, 도우소서. 아멘"이라고 했다.

　　그때 루터의 생명은 풍전등화같이 위태로웠지만, 색손 후작이 루터의 생명을 보호하여 기마무사를 보내어 구출했다. 그후 루터는 왈트부르그 성에 숨어 있으면서 이미 불타오른 종교개혁 기운을 의식하면서 여러 가지 저작을 하였고, 그 중에서도 3개월 동안에 신약전서를 통속적 독일어로 번역한 일은 그의 큰 공적이었다. 이로써 독일어에 항구적 문학적 형식을 주게 되었고, 또한 그 시대 지방 사투리의 혼란을 공통한 표준어로 통일시킬 수 있는 기반을 세웠다.

　　그후, 그는 다시 구약 성경을 히브리어에서 번역하기도 했다. 이로써 루터의 명성을 더욱 높였다.

　　루터는 그의 복음운동에 자극받고 수도원에서 탈출한 9명의 수녀 중에서 보라와 결혼하고, 5남매를 낳았다. 그의 복음운동은 북 독일 전부와 프랑스, 스웨덴에까지 퍼져 갔다.

　　그는 최후까지 문필로써 로마 교황청과 싸우다가 1546년 2월 18일 63세로 세상을 떠났다. 임종하는 머리맡에서 요나스가 "스승이여, 당신은 그리스도의 가르침과 스승 자신의 교리를 고수합니까?" 하고 물었을 때, "그렇다!" 하고 눈을 감았다. 그의 유해는 95개조 항의문이 게시되었던 비텐베르그 교회에 매장되었다.


## 마르틴 루터의 임종기도


"오!나의 하나님 아버지. 홀로 하나이신 하나님이시요, 우리 주 예수 그리스도의 아버지, 모든 위로의 주이신 하나님이시여! 저는 당신이 저를 위하여 독생자 예수 그리스도를 주신 것을 감사드립니다. 저는 그리스도를 믿고, 그를 고백하고, 선교하고, 사랑하며, 또한 찬미하옵니다. 그러나 사악한 교황과 모든 불신자는 그리스도를 욕되게 하고, 박해하고, 또한 모독하였습니다.

사랑하는 주 예수 그리스도시여! 저의 영혼을 당신께 부탁드립니다. 오!하나님 아버지시여! 만일 제가 이 육체를 버리고 떠나가게 되면, 저는 영원무궁토록 당신과 함께 살고, 결단코 나 스스로를 당신의 손에서 떨어지게 할 수는 없을 줄 확신합니다.

'하나님이 세상을 이처럼 사랑하사 독생자를 주셨으니 누구든지 저를 믿는 자는 멸망하지 않고 영원한 생명을 얻으리라.' 〈세 번 외우고〉 아버지여, 내 영혼을 아버지 손에 맡깁니다. 당신께서 저를 구속하셨습니다. 당신, 참되신 하나님이여! 아멘."

## 18

## 존 후스 1369~1415

### 속죄권은 불법이라고 교황에게
### 대항하다가 순교한 개혁주의자

존 후스(Jean Huss)는 종교개혁시대의 보헤미야의 개혁자로서, 1369년 출생해서 1415년 세상을 떠났다. 그는 프라하 대학을 나온 뒤, 1404년 동 대학의 총장이 되어 일찍부터 영국의 개혁자 위클리프를 사모하고, 그의 저술을 연구하면서 대학에서 개혁사상을 강의했다.

그러나 그 지방 대감독이 그를 로마 교황에게 고소하여 더 이상 개혁사상을 가르치지 못하게 했다. 그러나 후스는 조금도 굴복하지 않고, 계속 자기의 소신을 선포하니 대감독은 마침내 후스를 파문해 버렸다.

1412년에 십자군 동원의 유설대가 유럽을 돌아다니며 교황의 속죄권 판매 선전이 있자, 후스와 함께 개혁사상을 가진 동지들은 크게 격분하여 공개 토론회를 열고 반박을 하면서 "교황이나 감독은 칼을 잡을 권리가 없다." 하고 "돈은 사죄의 조건이 될 수가 없다. 다만, 회개

만이 사죄의 조건이며, 구
원 얻을 자는 택함을 받은
자뿐이므로 교황도 이것을
알 수는 없다. 더구나 교황
에게는 아무런 오류가 없다
는 주장은 참람하다."고 공
격하며, 군중들은 대감독의
저택 앞에서 시위를 하며,
교황의 명령서를 시장 가운
데서 불에 태워버렸다.

　그러나 황제는 군중들의 로마 교황에게 대한 모욕적 행위를 금지
시키고, 속죄권을 미친놈의 짓이라고 선동한 세 청년을 체포하여 사
형에 처했다.

　이 소식을 듣고, 후스는 학생들을 거느리고 가서 그 시체를 거두어
자기가 목회하는 교회 안에서 장사했다. 이로 인해 황제가 후스에게
퇴거명령을 내리니, 후스는 『대심판자 그리스도에게 고소함』이라는
저서를 쓰고, 각지로 다니면서 군중들에게 설교하고 『교회론』이라는
큰 저술도 내놓았다.

　이같이 하여 보헤미야의 종교개혁 운동이 결국 온 유럽을 진동시
키게 되자, 교황청은 1414년 12월에 후스를 체포하여 심문을 시작했
다. 특히, 영국 개혁자 위클리프와의 관계와 후스가 쓴 『교회론』에 대
하여 심문을 했다. 후스는 주저하지 않고 위클리프는 경건한 인물이
라 답변했다. 네 주 동안이나 심문하면서 후스의 주장을 취소케 하려
하였으나 허사였다.

　1415년 7월 6일, 마침내 후스는 이단자로 단정되고, 그의 몸과 그

의 저서를 불에 태워 버리라는 선고를 받았다. 순교장에서 후스는 무릎을 꿇고 손을 들어 하늘에 호소하면서 자기를 사형에 처하는 적을 위해 기도했다.

후스의 성직은 박탈을 당하고 주위에 모인 자들이 일제히 부르짖기를, "우리는 그대의 영혼을 악마에게 넘겨주노라." 할 때, 후스는 대답하기를, "나의 영혼은 거룩한 주 예수께 맡기노라." 했다.

쇠사슬로 목을 매어 끌어내어 형틀에 올려놓고 불을 지르면서 그 주장을 취소하라고 강요했지만 그는 거절했다. 그는 "그리스도여, 살아계신 하나님의 아들이시여, 나를 불쌍히 여기시옵소서." 하는 노래를 부르면서 임종했다. 그를 태운 재는 라인강에 뿌려 흘려보냈다.

# 19

## 진젠돌프 1700~1760

다만, 그리스도의 이름과
그 영광만을 위해 산 모라비안교의 지도자

진젠돌프(Ludwig von Zinzendorf)는 1700~1760년 어간에 살았다. 그는 작센 공화국의 고관의 집안에서 탄생했는데, 부친은 그의 출생 얼마 후 세상을 떠나고, 모친은 어린애를 할머니께 맡기고 다른 데 재혼했기 때문에, 어린 진젠돌프는 할머니 손에서 자라나서 어려서부터 인생의 적막함을 아는 사람이 되었다.

할머니는 독일 경건파 지도자인 스페너의 열심 있는 신봉자였기 때문에 그는 어려서부터 경건한 신앙 분위기 속에서 성장했다. 따라서 당시의 귀족사회의 부패한 풍속에 물들지 않고, 전심으로 그리스도를 사랑하고 그리스도에게 올리는 고백의 글을 쓰기도 했다.

10세부터 17세까지 경건파 프랑케가 창립한 학교에서 교육을 받았으며, 그로 인해 프랑케의 감화를 많이 받았다. 그 시절부터 그는 동창의 소년들과 함께 '겨자씨단'이란 단체를 조직하여 그곳에서 신앙적 우두머리 역할을 했다.

복음 전도를 위하여 일생을 주께 바치려는 것이 그의 본 뜻이었지만, 할머니와 가족들의 권면에 못 이겨 장차 공직에 나설 준비로 비텐베르그 대학에 입학하여 법률공부를 했다. 그러나 그는 틈만 있으면 신학 연구에 몰두하였다.

1719년부터 화란과 프랑스에 두루 여행하는 도중에 '얀센파'(예수회와 대립한 엄격한 도덕 주장) 사람들과도 교제를 가졌다. 특히 이 여행에서 진젠돌프의 생애의 큰 전환의 계기를 가져온 유명한 이야기가 있는데, 그가 쥬셀돌프의 미술관에서 '엑케호모'(이 사람을 보라)라는 성화를 구경한 일이다.

십자가에 달려 피를 흘리는 예수님의 거룩한 화상을 쳐다보며 그 옆에 "나는 이 모든 일을 너를 위해 겪었다. 너는 나를 위해 무엇을 했느냐?"라고 쓴 글을 읽고는 진젠돌프는 발이 떨어지지 않고 그 그림 앞에 엎드려 가슴이 찢어지는 듯 감동하며, 그 성화 앞에서 회개하고 자기의 남은 생애를 완전히 주님께 바치기로 결심했던 것이다.

"산 신앙의 씨앗 하나는 역사적 지식 한 파운드보다 더 가치있는 것이요, 사랑의 한 방울은 과학의 태평양보다 더 낫다."는 말대로, 그는 신앙과 사랑에서 살기로 결심하고, 다만 그리스도만 믿고, 그리스도만 사랑하고, 그리스도와 사귀고 봉사하는 기쁨을 느껴, 일체 모든 것을 다만 그리스도의 이름과 영광만 위해서 살기로 했다.

여행에서 돌아왔을 때, 뜻하지 않게 보헤미야와 모라비아에서 망명해 온 두 가족을 진젠돌프는 친구의 권면으로 자기 소유지에 받아들여 정착케 했다. 그들은 루터의 개혁 이전의 개혁자인 존 후스의 정신과 신앙을 따르는 사람들로서 신앙의 자유를 위해 친척과 고향을 버리고 이웃 나라로 망명했는데, 그들이 진젠돌프 소유지 '헤른홋'이라는 마을을 건설했다. 따라서 자연히 진젤돌프는 이들 모라비안파의 지도자가 되었다.

그들의 조직은 수도원적이고, 한 사람 감독 밑에 12명의 장로가 있었다. 이 단체를 움직이는 정신은 예수님과의 친밀한 융합 일치요, 특히 그리스도의 고난과 죽음에 생각을 집중했다.

진젠돌프의 "나의 신학은 피의 신학이다. 우리 교회는 십자가의 교회다. 다른 사람들은 피 없는 은혜를 받았지만, 우리는 피 있는 은혜를 받았다."는 정신에 따라 그들은 열렬하였다.

조직은 10명씩 조를 짜서 한 지도자 밑에 살고, 자녀는 육아원에서 기르고, 세속과 타협하지 않고, 주의 부르심이면 세계 어디나 복음 선교를 위해 떠났다. 그 후 헤른훗에서 파송한 선교사는 10년 동안 6백 명이나 되었다. 그들은 벌의 둥지 같이 헤른훗에 모여 왔다가는 흩어지곤 했다.

# 20

## 익나티우스 로욜라 1491~1556

부패한 교회를 영성 훈련으로
구한 눈물의 사자인 예수회 창설자

익나티우스 로욜라(Ignatius Loyola)는 스페인의 피레네 근처 비스카야의 로욜라 성에서 1491년경에 귀족의 아들로 출생한 성인이다. 젊어서 기사로 전쟁에 나가 1521년에 팜푸로나 방어전에서 포탄에 다리를 부상당하여 절뚝발이가 되었다. 이로써 그의 기사로서의 짧은 경력에 종지부를 찍은 셈이다.

익나티우스는 부상한 다리를 여러 번 수술하고 고통 중에서 영웅적인 인내를 하면서 그 기간 병상에서 『그리스도의 생애』와 『성인전』을 읽었다. 이 책을 통한 감동은 그에게 중대 결심을 일으켜서, 병중에서 나아 일어나게 되면 보속과 고행의 생활을 보내리라 다짐했다.

그 후 만레사에서 1년 가까운 세월을 보내면서 영혼의 깊은 평안과 하늘의 풍성한 위로를 얻으며 즐겁게 지냈다. 그러나 그것은 잠깐 동안이요, 곧 뒤이어 두려움과 의혹과 큰 시련이 그를 시달리게 했다.

그것들과 싸우는 중 끝끝내 심령의 안정이 회복되고 그의 영혼에는 영적 기쁨이 넘쳤다.

1523년 성지순례를 하고나서부터 그는, '사람들의 영혼을 위해 활동할 준비'로서의 학문연구를 시작하여, 처음엔 바르셀로나에서 라틴어를 공부하고, 뒤이어 대학에 진학했다. 그 동안 두 번 감옥에 갇혔는데, 한 번은 42일 동안, 또 한 번은 21일 동안 감옥에 갇혔다가 무죄로 판명되어 석방되었다.

1528년에는 파리 대학에 가서 철학부를 졸업했는데, 그 당시 신학부에 학적을 둔 6명의 학생이 익나티우스의 지도 밑에서 '영조'(靈操)

를 행하며 '예수회'를 조직했다. 유명한 동양선교의 선구자 프란체스코 자비어도 6인 동지 중의 한 사람이었다.

익나티우스는 1556년 세상 떠날 때까지 예수회(제슈이트)의 총장으로 활동하며, 점점 커지는 방대한 사업 때문에 로마에 머물렀다. 회원들에 대한 그의 신중함과 사랑의 감화로 모든 회원들의 마음이 총장에 대한 사랑을 품게 하였다.

익나티우스의 가장 저명하고 효과적 활동은 '영조'이다. 처음 이것은 만레사에서 시작했다. 그는 본래 군인 출신이기 때문에 예수회를 군인처럼 훈련시켰다. '영조'는 영적 훈련을 위한 실제적 지침서이다 (양심 성찰, 기도, 숙고, 묵상, 겸손, 고난, 선정 등).

예수회는 군인처럼 계급 구별을 엄격하게 하고 절대 복종해야 하며, 금욕적 고행과 노역을 해야 했다. 회원은 자체 구원보다 남을 위해 전력한다. 익나티우스는 눈물의 사자로서 미사나 기도할 때마다 하염없이 흐느껴 울었다. 그의 일기는 눈물의 일기로 40일 동안 175회 울었던 기록이 있다. 너무 울어서 의사들에게 건강에 해롭다고 경고를 받기까지 했다.

당시 마르틴 루터의 종교개혁의 영향으로 가톨릭교회가 만신창이가 되어 허덕일 무렵, 익나티우스의 운동이 일어나 로마 가톨릭교회 자체의 생존과 통일을 위해 잘못과 부조리를 자가정비 개혁하면서 소위 개혁으로 개혁에 대응하는(Counter Reformation) 운동으로 가톨릭을 혼란에서 건졌다.

예수회 운동으로 유럽사회는 교육사업이 크게 진흥했고, 그들의 외국 전도사업은 놀랄만한 공적을 이루었다.

"그리스도의 혼은 나를 성화하소서. 그리스도의 몸은 나를 구원하소서. 그리스도의 피는 나를 취하게 하소서. 그리스도의 옆구리 물은 나를 씻겨 주소서. 그리스도의 고난은 내게 힘을 주소서.
오, 인자하신 예수여! 내 소리를 들어 주소서. 당신의 상처 속에 나를 감춰 주소서. 당신과 갈라지지 말기를 허락하소서.
해치는 원수로부터 나를 보호하시며, 내가 죽는 시간에 나를 불러 주시며, 당신께로 가기를 내게 명해 주시어 당신의 성인들과 더불어 내가 당신을 영원히 영원히 찬미하게 하소서."

"주여, 나의 자유는 모조리 빼앗아 가십시오. 나의 기억, 나의 지혜, 나의 의지를 전적 받아들이옵소서. 내가 가진 것은 모조리 당신의 것입니다. 나는 이것들을 모조리 당신께 반납해 드리고 당신의 뜻과 명령에 맡깁니다.
그러나 원컨대 당신의 사랑과 은총은 나에게 주소서. 그것으로만 나는 만족 하겠사오며, 그 이상 더 아무것도 원치 않겠나이다."

# 21

## 알퐁소 로드리게스 1531~1617

일생 천한 문지기였던
신앙의 실천자인 성자

알퐁소는 스페인 세고비아의 부유한 모직물 상인의 가정에서 1533년 출생했다. 일찍이 결혼하여 가정생활을 하였으나 불행하게 아내와 두 자녀가 일찍 세상 떠나고, 1571년에 그는 예수회에 보조 수도사로 들어갔다.

6개월이 지나 그는 스페인에서 마요르카 섬에 있는 몬테즈오네 학교에 파송받아 그 학교에 문지기로 임명받았다. 천한 말직이었지만, 그는 나이 늙어 몸이 쇠약해질 때까지 그 임무를 꾸준히 수행하였다. 매일 자기 맡은 문지기로서의 직책을 충실히 감당하면서 일터에서 해방되는 남은 시간은 모조리 기도생활에 바쳤다.

그의 기도는 영성이 깊어 놀라운 잠심기도로 하나님과 일치하는 지경에 도달했고, 오랜 세월 극심한 고행 금욕 생활로 자기 육체를 지배해 와서 이런 생활이 습관화 되었지만, 그러면서도 그는 오랜 기간에 걸쳐 심령에는 무미건조하고 영적으로 거친 황량함과 격심한 유혹과 시험에 계속 시달려 지냈다. 그런 속에서도 알퐁소는 하나님께서 좋게 여기시는 기회면 사랑의 탈혼, 입신과 영적 기쁨에 자신이 사로잡히는 체험이 있었기 때문에 결코 실망하지 않고, 자기 맡은 모든 의무를 완전히 규칙적으로 완수했다.

그와 사귀면서 40년 동안 그의 생활을 자세히 알고 있던 교회의 사제들은 알퐁소에게는 말이나 행실에 있어서 비판할 만한 점이라곤 한 가지도 없었다고 증언했다. 학교의 천한 문지기로 일생을 보내면서 그는 성자가 된 것이다.

1605년에 알퐁소는 그 학원에서 공부하고 있는 베드로 크라벨을 하늘의 빛을 받으면서 감화시켰는데, 크라벨의 열렬한 신앙심을 아메리카 흑인들을 위한 봉사에 헌신하도록 이끌기도 했다. 이로써 크라벨은 흑인의 사도가 되었고, 후에 성인이 되었다.

알퐁소의 기도는 우리 마음에 큰 감격을 준다.

## 성 알퐁스 로드리게스의 기도

"아! 나의 영혼의 집, 나의 마음의 중심이 되시는 가장 감미하신 예수여.
아! 주여, 당신께서 우리를 위해 그처럼 많이 참으신 것을 알고야 그 누가 당신을 위하여 슬픔과 고난 겪는 일을 바라지 않고 견딜 수 있겠습니까?
그리스도를 위하여 고난 겪는 일은 나의 위로요, 나의 기쁨입니다.
나의 만족, 나의 즐거움은 나의 주님만 따르는 일입니다. 십자가에 달리신 위로의 주로 말미암아 위로 받는 일입니다.
예수와 함께 살고, 예수와 함께 걷고, 예수와 함께 말하고, 예수와 함께, 또는 예수를 위해 고난 겪는 일입니다."

# 22

## 토마스 아퀴나스 1225~1274

### 하나님의 계시 앞에 자신의 지식을
### 지푸라기처럼 여긴 스콜라 신학자

토마스 아퀴나스(Thomas Aquinas)는 1225년경에 이탈리아에서 출생했다. 5세 때 벌써 부모는 그를 몬테카시노 수도원에 데려다 맡겨 13세까지 거기서 살도록 했다.

그는 1239년경에 나폴리 대학에서 5년 동안 문예와 과학을 배웠다. 19세경에 나폴리에서 도미니꼬회 수도원에 수도사로 들어갔는데, 이 일이 가족들의 분노와 반대를 일으켜 그의 형제들은 토마스 아퀴나스를 강제로 데리고 와 2년 동안 출입 못하게 집에 가두어 놓았다. 그러나 그의 수도생활에 대한 끈질긴 갈망에 가족들도 지쳐 다시 내놔주어 1245년에는 수도원에 되돌아가는 것이 허락되었다.

그는 독일 케룬에서 대 성자 알벨투스를 스승으로 모시고 공부했는데, 알벨투스는 공개시험을 해 보고 나서 토마스 아퀴나스의 천재성에 감탄하여 말하기를, "우리는 토마스 수사를 지금 울지 않는 황소라고 불러 주고 있습니다만, 나는 그가 장차 지구의 구석구석에 그

부르짖음을 울리게 될 날이 오리라고 생각합니다."라고 했다.

토마스의 신앙심은 그의 학문적 지식보다 더 능가했고, 후에 사제로 임명되어, 그때부터 그는 하나님과 더 한층 친밀한 일치의 생활을 하게 되었다.

1252년 그는 프랑스 파리 대학에서 교수하라는 명을 받았으나 못 가고 교황청에 소속한 특정의 학자들의 학교에서 가르치는 일 때문에 이탈리아에 초청되어 가 있어 1268년까지는 파리에 못 갔다. 1266년 경부터 그는 그의 유명한 대 저작 『신학대전』을 쓰기 시작했다.

1272년 이탈리아에 가서 이듬해 성 니콜라오 축일 미사를 집행하다가 하늘의 계시를 받았다. 그는 이 체험에 크게 감동과 충격을 받고 나서는 너무도 가슴이 벅차 그가 쓰고 있던 대저작 『신학대전』을 미완성 상태로 버려두고는 다시 더 글을 쓴다든지 구술한다든지 하는 일을 중지할 정도였다.

그의 저작에 대한 태만에 대하여 레지날드 수사가 충고하니 대답하기를 "나의 일의 끝이 왔다. 내게 내리신 계시를 받고 난 뒤에는 그 동안 내가 쓴 모든 저작은 지푸라기 같이 여겨질 뿐이다."라고 말했다. 그러나 토마스는 그가 받은 그 큰 은사에 대하여 지극히 겸손했다.

레지날드 수사는 말하기를, "토마스의 놀라운 지식은 그의 천재보다도 그의 기도의 효과 때문이다."라고 했다.

1274년 3월 7일 리용 공의회에 가던 도중 그는 세상을 떠났다. 교황 레오 13세는 토마스를 모든 학교의 보호자라고 선언했다.

# 23

## 쟌 드 상달 1576~?

### 모든 만물을 무(無)라고 선언한
### '성모 방문 전도회'를 창시한 성녀

쟌 드 상달(Jan de Sangdal)은 '성모 방문 전도회' 창립자의 한 사람이다. 처음에는 가정생활을 하다가 1601년 남편이 사고로 세상을 떠났다. 젊어 과부가 된 그녀는 28세 때(1604년), 자기 고장에 와서 설교하던 성 프랑쏘아드 살에게 감동되어 그에게 자기 신앙 지도를 위탁했다. 성인은 그녀에게 '성모 방문 동정회' 창립 계획을 말해 주고 그녀가 협력해 주기를 요구하자 그녀는 기쁘게 승낙했다.

그녀가 가정을 버리고 수도원에 들어가려 할 때 늙은 아버지는 슬퍼하였고 더구나 어린 자녀들은 맹렬히 반대했다. 새로운 삶을 출발하려는 그에게 가족의 문제는 큰 장애가 되었다.

그러나 큰 결심으로 모든 장애를 뛰어넘어 수도원에 가던 날, 아이들은 울면서 "아버지도 없는 저희들을 버리고 어머니는 어디로 가십니까?" 하고 항의했다. 더구나 막내둥이 아들은 어머니가 나가는 문턱에 드러누워 길을 막으며, "우리를 버리고 못 가요!" 하고 울부짖었다.

그녀는 그 아이들에게 발이 묶여 한참 비장한 마음에 우두커니 서 있었다. 그 때 수도원에서 온 이가 곁에서, "이만한 일에 주저하면 어떻게 수도하겠소?"라고 촉구했다.

"예, 그러나 저는 아이들의 어머니가 아닙니까 … 그러나 이 어려움을 이기겠어요." 하고 눈물을 삼키며 누워 길을 막는 막둥이 아들의 허리를 넘어 집을 떠나 수도원으로 갔다.

1610년 그녀는 성 프랑쏘아에게서 집 한 채를 얻어 최초의 수도원을 시작했다. 신비생활의 길에서 현저한 진보를 이룬 그녀는 하나님 앞에서 가장 완전한 일을 언제나 행하라는 소원을 세우는 허락을 얻었다. 그녀는 수도회 창립자와 지도자의 정신에 따라, 자기 공동체를 충실하고 현명하게 거느리고 나아갔으나 아이들의 문제와 새 수도원 창립을 위해 가끔 수도하고 있던 아누시를 떠나지 않으면 안 되었다. 1622년에는 지도자 성 프랑쏘아가 세상을 떠나고, 5년 뒤(1627년)에는 아들이 죽고, 다시 1632년에는 자부마저 죽었고, 그 외에 가까운 사람들의 죽음의 슬픔 속에서 그녀는 내면적 고민과 암흑과 영적 건조가 가중되었다.

이같은 내적 시련을 그녀는 때로는 두려울 정도로 경험했다. 그러나 그 모든 고통 속에서도 그의 얼굴은 결코 평온한 모습을 잃지 않았고, 하나님께 대한 충성을 게을리하지 않았다.

기어이 그녀는 성녀가 되었다. "모든 피조물은 하나님 앞에서 '무'에 지나지 않는다." 이 세상도 나라들도 모든 사람들도 전면적 '무'(無)라고 그녀는 말했다.

'성모 방문 전도회'는 '방문의 느뜨르담'이라고도 부른다. 각 가정을 방문하여 병자와 불쌍한 이들에게 봉사하기 위해 다른 수도회처럼 봉쇄(封鎖)가 없고, 성대한 서원(誓願)이 없는 수도회다.

# 24

## 엔다너쓰

### 신앙의 지조 때문에
### 새들의 먹이가 된 영원한 성녀

초대 교회 박해가 격심하던 때, 예수 믿는 여자들 중에 자기의 신앙의 지조와 함께 육신의 순결을 끝까지 지킨 '영원한 처녀'라고 부르는 동정녀들이 많았다.

그들은 자기를 그리스도의 깨끗한 신부로 바치고, 이 세상에서 어떠한 남자에게도 시집가지 않고, 정신과 육체의 순결을 영원히 지키기로 결심한 처녀들이었다. 이 같은 마음의 결심을 나타내는 표식으로 그녀들은 자주 옷감으로 만든 작은 관을 머리에 쓰고 지냈다.

교회 박해 때 이런 여성들이 많이 순교했다. 시도포리스의 엔다너쓰라는 처녀도 그 중 한 사람이었다. 그가 잡혀서 재판에 끌려가서는 마게시쓰라는 잔인하기로 유명한 악평의 호민관에게 말할 수 없는 고문을 당했다.

채찍으로 사정없이 매를 때린 후, 이 성녀의 옷을 벗겨 나체를 만들어 많은 구경꾼들이 보는 성중으로 끌고 다니며 가죽 채찍으로 매질을 했다. 이런 참혹한 모양으로 가이사랴 성 거리를 돌았다. 불쌍한 그녀의 몸에서는 피가 흘렀다. 잔인한 군중들은 좋은 구경거리가 생겼다고 손바닥을 치며 갈채했다. 그래도 그녀는 자기 신앙 지조를 조금도 굽히지 않았다.

거리를 일주한 후에 그녀는 다시 법정에 끌려 되돌아 왔으나, 그녀의 태도는 조금도 비굴하지 않고 씩씩했다. 재판관들도 할 수 없이 그녀를 화형에 처하라고 선고했다. 그러나 그녀는 오히려 그것을 기뻐했다.

이렇게 신앙을 지키며 순교한 순교자들의 시체는 매장되지 않고 들짐승의 밥이 되도록 들에 버리게 했다. 그리고는 믿는 자들이 훔쳐 가지 못하게 밤낮 지키기도 했다. 그래서 들짐승들이나 개나 새들이 시체를 뜯어 먹고, 송장의 손과 발 등이 여기저기 흩어져 굴러다녔다. 심지어 시내에까지 그런 순교자들의 머리나 장부뼈들이 수두룩했다. 그리스도인을 미워하던 불신자들조차 그 잔인한 행동을 증오했다.

이런 박해가 계속되던 어느 날, 하루는 온 하늘이 유달리 명랑해지며 허공에 둥근 기둥 같은 것이 보이더니 거기서 눈물 같은 물방울이 쏟아져 내렸다. 비 오는 것은 아닌데 사람들의 옷이 젖는 듯 했다.

포악무도한 박해자들 행동에 우주가 참을 수 없어 슬피 우는 것이라고 사람들은 깨달았다. 이 기록을 쓴 역사가 유세비우스는 말하기를, "이것은 지어낸 이야기가 아니라 확실한 사실이다."라고 했다.

# 25

## 말가리다 마리아 1647~1690

## 기도 중에 불덩이 같은
## 주님의 가슴을 전달받은 성녀

말가리다는 프랑스 오둔에 있는 작은 마을 로뜨끄르에서 1647년 6월 22일에 태어났다. 성격은 본래 활동적이며 쾌활했고, 얼굴도 미인이었다. 처녀로 한창 나이 때 각처에서 청혼이 쏟아져 왔지만 모조리 거절하고 22세 때 빠레 수녀원에 수녀로 들어갔다.

1673년 12월 27일, 프랑스의 성녀 말가리다 마리아는 성당 제대 앞에서 기도하고 있었다. 그때 이 수녀는 성심의 묵시를 받았다. 시간이 지나가는 줄도, 장소가 어디인 줄도, 자기 자신도 잊어버리고, 그녀는 기도의 깊이에 빠져 있었다. 깊은 사랑의 감각과 말할 수 없는 영적 즐거움 속에서, 마치 최후의 만찬 때에 사도 요한에게 하듯이 예수님께서는 그녀를 향해, "내게 가까이 와서 나의 가슴에 기대라."는 음성을 들려 주었다.

주님은 "내 마음은 모든 사람들, 특별히 너를 깊이 사랑한다. 나는 이 이상 더 뜨거운 사랑의 불길을 내 마음속에 품고 있을 수 없어서 너로 하여금 그것을 전하고, 사람들에게 이 성심(예수님의 거룩한 마음)을 드러내 주려고 무지하고 무가치한 너를 선택하였노라." 하셨다.

그리고 나서 주님은 말가리다 마리아에게 "네 마음을 달라"고 요구하셨다. 말가리다 마리아가 승락하니 그 때 주님과 마리아 사이에 신비로운 '마음의 교환' 이 시작되었다.

주님은 그녀의 가슴에서 그녀의 마음을 꺼내서 주님 자신의 성심 속에 넣으셨다. 그 때 꺼낸 마음의 모양은 마치 타오르는 도가니 속에서 불에 타 없어지는 미분자같이 보였다.

다음에는 주님의 가슴에서 심장 모양을 한 불덩어리 같은 타는 마음을 꺼내서 그녀의 가슴속에 넣어 주시면서 말씀하시기를, "내 사랑의 귀중한 표를 보아라. 작열하는 불길처럼 타오르는 내 사랑의 불꽃의 한 부분을 지금 네 가슴에 넣어 주어 네 마음이 되게 하여 일생 동안 너를 타오르게 하겠다. 이 뜨거운 열은 결코 끊어지는 일이 없을 것이고, 다만 피를 흘림으로써만 겨우 조금 가벼워지는 외에는 이 고통을 없이 할 수는 없을 것이다."라고 했다.

이 신비한 체험은 한갓 환상이나 상상에 지난 것이 아니라, 현실적인 증거로 말가리다 마리아의 가슴에는 그 뒤로부터는 타는 듯한 고통이 언제나 남아 있었다 했다.

"가난하고 비참하게 허무한 나는 내 하나님 대전에서 주 요구하시는 대로 나를 봉헌하고 희생하옵니다. 주님의 영광을 드러내고 그 자비에 의지하는 것 외에는 아무것도 구하지 않고, 주님의 뜻대로 남김없이 내 마음을 봉헌하옵니다. 몸이나 마음이나 생명의 일각이라도 모두 주의 것으로 삼겠나이다. 나는 사랑하는 임금의 노예로, 또 종으로, 주님의 손으로 지음 받은 자로 속하여 있나이다.

내 임금은 온전히 내 것이요, 나는 주님께로부터 났고, 아무것도 나 스스로 난 것은 없으며, 모든 것을 주님께 돌리고, 무엇이든지 내게 돌리지 아니하오며, 모든 것을 주를 위하여 하고, 무슨 일이든지 나를 위하여는 하지 않겠나이다."


"말가리다 마리아 동정녀는 세상에 대하여 죽습니다. 모든 것은 하나님께 받은 것이지, 그 무엇도 내 것은 없습니다. 모든 것은 하나님께 속한 것이지, 아무 것도 내게 속하진 않았습니다. 모든 것은 하나님을 위한 것이지, 아무 것도 나를 위한 것이 아닙니다."

# 26

## 시에나의 성녀 카타리나 1347~1380

### 6살 때 주님을 만나 기독교사에
### 가장 뛰어난 여성으로 칭송받는 성녀

성녀 카타리나(S. Catharina Senensisv)는 시에나에서 1347년에 출생했다. 그녀는 25인의 형제 중에 막내로 태어났다. 겨우 여섯 살 되었을 때 벌써 주님이 나타나 그녀를 축복해 주시는 시현을 받았다. 그리고 그 때부터 그녀는 전적으로 주님의 소유가 됐다.

가족들의 반대를 무릅쓰고 자신이 주의 부르심을 받은 줄로 느껴, 기도와 고행생활을 보낼 허락을 기어이 얻었다.

카타리나는 하늘의 계시와 위안을 받는 은혜를 자주 받았다. 그러나 또한 자주 격심한 시련도 겪었으며, 1366년에 체험한 그리스도와의 영적 결혼은 고독과 준비의 해의 끝이 됐다.

주님께서는 카타리나에게, "이웃 사람에게 대한 사랑에 의하여 나는 그대와 가장 친밀히 일치하고 싶다."고 하셨는데, 카타리나의 공적생활은 결코 주님과의 일치를 이루는 데 방해가 되지는 않았다.

세월이 지나가게 되면서 그녀의 주위에는 서서히 그녀를 '어머니'

라고 부르는 친구들과 제자들의 그룹이 생겼다. 시에나에서 전염병
이 유행했을 때, 그녀는 환자를 돕기 위해 자기를 전적으로 헌신했
다. 그녀를 잘 아는 친구 한 사람은 그녀에 대해 쓰기를, "카타리나는
언제나 전염병 환자들과 함께 있었고, 즐겨 그들을 간호하고 있던 모
습과 그녀의 훈계가 많은 사람을 개심시킨 감탄스러운 효과를 목격
했다."고 했다.

1375년, 카타리나는 피사에서 성흔(聖痕)을 받았는데, 그것은 그녀
생존시에는 그녀 이외의 다른 사람 눈에는 보이지 않았고, 그녀 사후

에야 비로소 다른 사람들 눈에도 명확히 나타났다.

1376년에는 아비뇽에서 그녀의 중재로 쫓겨났던 교황이 74년만에 다시 로마에 거처를 정할 수 있었다. 카타리나의 활동은 당시의 여러 도시 사이의 분쟁을 평화적으로 해결하는 데 공헌했다.

1378년에는 로마와 아비뇽 사이에 교황 문제로 큰 대립이 벌어졌을 때, 카타리나는 교황 우르바누스의 초청에 응해 로마에 가서 살면서 거기서 기도하고 격려하고 편지를 써서 참된 교황을 위해 새로운 지지자를 얻기 위해 노력하였다. 카타리나는 교회를 위해 자신을 희생으로 바쳤다. 그녀는 1380년 4월 21일, 33세로 세상을 떠났다.

카타리나가 성령의 영감 속에서 구술한 책이 있는데 유명한 『대화』란 책이다. 그밖에 4백 통 가량의 그녀의 편지가 보존되어 있다. 카타리나는 기독교사에 나타난 가장 뛰어난 여성으로 스페인의 아빌라의 테레사와 함께 칭송을 받는다.


## 시에나의 성 카타리나의 기도

"아! 영원한 삼위일체시여, 심연이시여, 영원한 신성이시여, 밑바닥이 없는 태양이시여, 당신은 당신 자신을 주시는 일 이상의 것을 나에게 주실 수 있었으리까?

당신은 항상 불타며 결코 꺼지지 않는 불이십니다.

당신은 영혼의 자애심을 태워 없애는 불이십니다.

당신은 모든 얼음 덩어리를 녹이는 불이십니다.

당신은 조명하십니다.

당신의 불꽃에 의하여 나는 진리를 깨달았습니다.

당신은 풍성하고 완전한 빛으로 신앙을 맑게 하시고, 지혜의 눈을 초자연적으로 비춰주시는 모든 빛을 초월한 빛이십니다.

이 믿음 안에서 나는 나의 영혼이 생명을 가지고 있는 것을 봅니다.

그리고 이 빛 속에서 나는, 아 아 빛이시여, 당신을 받아들입니다.

신앙의 빛에 의하여, 나는 말씀의 지혜에 있어서 지혜를 가집니다.

신앙의 빛에 의해서, 나는 희망을 가지고 도중에서

힘을 잃지 않습니다.

이 빛은 나에게 참 길을 가르쳐 줍니다.

이 빛이 없으면 나는 어두움 속을 걸어갈 것입니다.

그러므로 영원하신 성부여,

지극히 거룩하신 신앙의 빛으로 나를 비춰 주시기 간원합니다."

## 27

# 젬마 갈가니 1878~1903

## 극히 검소한 생활 속에서도
## 천사 같았던 성녀

젬마(S. Gemma Galgani)는 1878년 3월 12일 이탈리아 가밀리아 노에서 출생했다. 어려서 부모를 여의고 동생들과 함께 고모집에서 살면서 어려서부터 고생을 많이 했다. 젬마 자신도 여러 번 중병을 치루었지만, 그의 용모는 매우 아름다웠고, 그 자태와 일거일동이 조용했다.

그러나 젬마는 다른 여자와 달라 한평생 얼굴을 다듬거나 몸을 단장하는 법이 절대로 없었고, 의복도 극히 검소한 검은 무명옷 밖에는 입지 않았다. 그렇지만, 그의 맑고 빛나는 눈은 항상 정숙한 태도로 내리뜨고 있어 천사 같은 그 모습은 모든 사람의 마음을 이끌게 되었다.

젬마를 연모하는 청년이 고모의 집에 드나들었기 때문에 젬마는 자기는 평생 예수님께 몸 바쳐 수절하려는 결심을 세우고 그 모든 유혹을 거절하고 고모의 집을 떠나 가난한 자기 본집으로 되돌아 왔다.

집에 돌아온 후 젬마는 어려운 병에 1년 이상 신음하며 사경을 헤매다가 9일 기도를 하는 중에 밤마다 자기 이마를 짚어주는 성인의 환상과 동시에 예수님께서 나타나 "젬마야, 네가 낫기를 바라느냐?" 하시자, 그 즉시 병은 기적으로 완치되었다.

예수님은 "내 딸아, 나는 오늘 아침에 네게 허락한 은혜보다 더 큰 은혜를 장차 베풀겠다 … 누구든지 자기를 내 손에 맡기는 자에게는 아무 부족함이 없으리니 비록 네게서 이 세상의 모든 의탁과 안락을 내가 빼앗을지라도 네게는 아무 것도 부족함이 없을 것이다."라고 했다.

젬마의 여러 덕행 중에도 가장 뛰어나게 빛나는 것은, 그의 천진스러움과 순박한 성향이었다. 젬마는 무엇을 생각할 때에도 아주 단순하여 남에게 관한 일을 보고 들을 때도 결코 악으로 해석하거나 판단하지 않았고, 얼굴에는 항상 평화롭고 명랑하고 침착한 빛이 흘렀다.

그녀는 누구에게 칭찬이나 책망을 들어도 그 때문에 조금도 영향을 받지 않았다. 또 누구에게 은혜를 받으면 극진히 감사했고, 누구에게 수모를 당해도 원망하거나 분노나 불평하는 일이 절대 없었다. 젬마가 기도할 때는 마치 어린 아이가 아버지께 말하듯 천진스럽고 친밀한 태도였고, 그의 눈에는 가끔 자기를 지키는 수호천사가 보였다.

어느 때, 대주교로부터 상을 받게 되어 그날 처음으로 새 옷을 입고 목에 장식품을 걸고 나갔더니 집에 돌아오자 자기 수호천사가 엄한 얼굴로 "십자가에 못 박히신 임금의 정배는 가시와 십자가로써 자기 몸을 꾸미는 법이다." 함으로 그녀는 엎드려 잘못을 회개했다.

젬마의 의복은 여름이나 겨울이나 평일이나 축제일이나 항상 같은 것이었다. 소유물이라곤 홑이불과 세수수건 몇 개와 십자가 고상 묵주 하나와 헌 공책 몇 권 넣은 궤짝 하나뿐이었다.

젬마는 일부러 죄를 범한 일은 한 번도 없었고, 죽는 날까지 세례 받을 때의 순결을 온전히 보존했다. 성당 안에서라도 누구를 유심히 보는 일이 없었고, 대개는 두 눈을 감고 깊은 묵상에 잠겼다. 임종하면서도 "내 몸은 예수님께 바친 정배니 죽은 뒤 시체에도 세속인의 손을 대지 못하게 해 주시오." 하고 유언했다.

# 28

## 소화 데레사 1873~1897

오직 하나님에 대한 사랑과
겸손한 신뢰로 산 성녀

'예수 영해(아기)의 성녀' 라고도 부르고 '소화' 라고도 부르는 데레사(S. Theresiae a Jesu Infante)는 나이 어려 수녀가 되었고, 일찍 세상을 떠난 분이지만, 가장 유명한 성인 중의 한 분이었다. 그녀는 특히 절대 사랑, 겸손, 순박, 의탁(신뢰)의 생애로 짧은 인생을 빛냈다.

소화 데레사가 출생한 것은 1873년 12월 2일 리쥬의 알랑송에서이다. 나이 겨우 두 살 때부터 수녀가 되겠다고 생각했다고 한다. 어려서부터 매우 깊은 신심의 생활을 보냈고, 14세 되던 해 크리스마스 전날 밤에 신비스런 체험을 했다. "나는 그때부터 힘에서 힘으로 나아가고, 거인같이 달리기 시작했다."고 스스로 고백했다.

나이 겨우 15세 때에 깔멜 수녀원에 입회했다. 어려운 병중에서 성모 마리아가 나타나 미소하는 것을 체험하고 기적적으로 병이 나았고, 1895년에는 사랑의 상처를 받는 은혜도 체험했다. 수녀가 되어

착복식을 하고 나서는 곧바로 부엌의 천한 일을 맡아 보면서 스스로 자애심을 죽였다. 그로서는 큰 덕행을 닦기는 쉽지 않았으므로 작은 덕행을 닦고 고행에도 힘썼다.

소화 데레사의 갈망은 예수를 미칠 듯이 사랑하려는 일이었다. 『십자가의 요한』의 저서에서 "이제는 사랑이 오직 나의 일이라"는 구절에 감동을 받고, 그대로 자기도 실천했다. 자기가 부르심을 받은 거룩한 성소는 사랑임을 깨달았다. 그가 애독한 책은 성경과 토마스 아 켐피스의 『그리스도를 본받아서』뿐이었다.

자기는 작은 꽃이니 일찍 꺾이고 다른 언덕에 옮겨 심겨질 것이라고 여기며 자기 죽음을 각오했다. 소화 데레사가 세상 떠나기 18개월 동안은 육체적 고통과 영적 시련이 극심했다. 예언의 영이 그녀 위에 내린 듯, 전 세계에 장차 영향 줄 세 가지 발언을 했다.

"나는 선하신 하나님께 사랑 이외에는 다른 아무 것도 바치지 않았습니다. 하나님은 사랑으로 갚아 주시겠지요. 내가 죽은 뒤에는 장미꽃 비를 내리지요."

"나는 지상에다 선을 행하면서 천국에서 지내지요."

"나의 작은 길은 영적 아기의 길이어서 신뢰와 절대 위탁의 길입니다."라고 했다.

1897년 9월 30일 저녁 7시 20분에(24세) 그녀는 사랑의 탈혼 상태

속에서, "아! 하나님, 나는 당신을 사랑합니다."는 마지막 말을 하면서 임종했다.

소화 데레사가 수녀로서 허원식 날에 품에 지니고 있던 글에는 "하나님이신 나의 정배 예수여! 내 성세의 두 번째 옷을 영원히 잃지 말게 하시고, 아무리 가벼운 죄라도 일부러 범하기 전에 나를 거두어 주소서. 나로 하여금 당신만을 찾고 얻어 만나게 하시며, 피조물이 내게는 아무 것도 아닌 것이 되고 나도 피조물들에게 아무 것도 아닌 것이 되며, 오직 예수 당신만이 '모든 것'이 되어 주소서. 예수여! 나로 하여금 당신을 위한 순교자로 마음이나 육신의 고통! 그보다도 차라리 두 가지 순교를 합쳐 당하여 죽게 하소서." 하는 감격스러운 기록이 있었다.

## 데레사의 소원

예수 아기의 데레사 성녀는 "나의 소명은 사랑입니다."라고 하면서 하나님께 최대의 사랑을 바치고 싶다는 갈망을 가졌다. 그는 산 복음이었다. 그녀는 "나는 하나님께 사랑 밖에 바친 일이 없습니다."라고 고백했다.

데레사의 생애는 단순하고 순수한 믿음의 생애였으며, 복음이 우리에게 요구하는 그대로의 믿음, 우리에게 대한 하나님의 사랑을 믿는 신앙의 생애였다. 그녀에게 있어서 성성(成聖)이란, '하나님을 사랑하고 싶다는 열망' 그것도 끝없이 번져간 열망의 사랑이었다.

데레사는 죽기 전 날 이별의 말을 청했을 때, "이제는 다 말했어요. 오직 사랑만이 가치 있다고 생각해요."라고 대답했다.

데레사에게서 우리가 배울 또 한 가지 덕은, 그녀가 지극히 겸손했다는 사실이다. "네! 하나님, 나는 당신 앞에서 작고 연약한 아이라고 느껴지는 것이 기쁘고, 마음은 평화스럽고 그윽해 집니다."라고 그녀는 고백했다. 그녀는 단순하고 솔직한 눈으로 자기의 비천함과 가련함을 바라보았다.

데레사는 세상 떠나기 몇 주 전에 말하기를, "죽음이 임박한 이때에도 내가 아직도 이처럼 불완전하니 그만큼 하나님의 자비가 필요한 것을 앎은 얼마나 기쁜 일인지요!" 했다.

그녀는, "예수님의 것이 되기 위해서는 작지 않으면 안 됩니다."라고 하면서, "나는 사업은 우리에게 금지되어 있습니다."라고 말했다. 그녀는 마지막으로 말하기를, "나는 내 작은 허무와 헛됨을 보기 위한 빛 밖에 가지지 않았습니다. 전능하신 하나님께서 내게 주신 최대의 은혜는 내가 작은 자이며, 모든 선에 대하여 무력한 자라는 것을 알려 주신 일입니다."고 했다.

그리고 또 한 가지 배울 점은, 데레사는 하나님께 대하여 절대 신뢰를 하였다는 것이다. "나는 항상 성실하지는 못했습니다 … 하지만, 실망하기는커녕 도리어 예수님의 팔 안에 나를 맡겨 드렸습니다 … 그리고 내가 잃은 모든 것, 그것도 잃은 것 이상으로 찾아내는 것은 거기서 입니다."고 말했다.

그 조그마한 병든 처녀 데레사의 연약성 속에서 놀라운 강한 힘을 끌어낸 것은 주님께 대한 신뢰에 의거해서였다. 참으로 굳은 신뢰, 끈기있는 영웅적인 신뢰에 의거함이었다.

나의 정배 예수님!

나로 하여금 내 성세의 두 번째 옷을 더럽히지 않게 하시고, 작디작은 잘못이라도 일부러 저지르기 전에 나를 거둬 가소서.

언제나 주님만을 찾고 주님만을 뵈옵게 하시며, 피조물은 나에게 있어선 아무것도 아니고, 나도 또한 그들에게 아무것도 아닌 것이 되기가 원이로소이다.

예수님! 주님만이 홀로 나의 모든 것이 되어 주소서.

예수님! 세속 일이 내 마음을 어지럽게 하지 못하게 하시고,

아무것도 내 평화를 앗아가지 못하게 하옵소서.

오직 나는 평화만을 주님께 청하나이다.

그리고 또 사랑을, 한계를 모르는 끝없는 사랑을,

이미 내가 아니고 홀로 주님만인 그 사랑말입니다.

예수님! 주님을 위해 순교할 수 있도록 마음의 순교이든지,

아니면 육신의 순교를, 아니 그보다 차라리 두 가지 다 주옵소서.

내 서원을 완전히 다 할 수 있게 하시고, 주님 정배로서 내가 할 바를 깨우쳐 주옵소서. 절대로 내가 수도원의 짐이 되지 않게 아무도 내게 마음을 쓰지 않고, 주님 당신의 조그마한 모래알처럼 잊혀진 채 발 길에 짓밟히게 하소서.

내 안에 주님의 뜻만이 이루어지고, 주님이 이미 날 위해 마련하신 거기까지 이르게 하소서.

예수님! 나로 하여금 많은 영혼을 구하게 하소서. 오늘도 지옥에 떨어지는 영혼이 하나도 없게 하시고, 앞서간 영혼도 모조리 구원되게 하소서. 주님께 기쁨을 드리고 위로해 드리는 것만이 나의 소망이로소

이다."

"아아! 임종하는 이를 위해 얼마나 기도가 필요한지. 그것이 어떤 것인지 사람들이 알고 있다면, 하루의 마지막 예배 종과 때의 '밤의 망상에서 우리를 구하소서' 라는 이 기도가 얼마나 필요한지요.
악마는 나에게서 인내와 신앙을 앗으려고 몹쓸 고통으로 유혹할 허락을 받은 듯 합니다.
아아! 정말 하나님의 아름다움이 보고 싶어, 땅 위의 것은 무엇이고 내 마음을 이끄는 것이 없습니다.
아아! 진정 나는 천국을 원합니다. 하나님, 녹아나는 이 만남의 휘장을 찢어 주소서."

## 소화 데레사의 임종기도

"아아, 하나님! 나는 사랑합니다. 당신을!
좋으신 어머니, 오셔서 나를 도와주소서. 만약 이것이 임종이라면 죽음은 또 어떻겠습니까?
아아, 어머니. 고통의 잔은 가득 찼습니다. 그래도 주님은 나를 버리지 않으실 겁니다. 주님이 나를 버리신 적은 여태 한 번도 없었습니다.
예, 하나님. 원하시는 대로 하소서. 하지만 나를 불쌍히 여기소서.
좋습니다. 아아, 그래, 그래, 아 나는 고통의 시간이 줄어지기를 원치 않습니다.
아아, 하나님, 당신을 사랑합니다. 하나님 나는 당신을 사랑합니다."

# 29

**곤솔라따** 1903~1946

아무도 사랑치 못할 만큼
예수님을 사랑하고자 다짐한 수녀

곤솔라따는 1903년 4월 6일에 이탈리아 사룻소 마을에서 탄생했다. 그녀는 어려서부터 기도하기를 좋아했는데, 13세 때 '마리아의 자녀회'라는 신앙적 단체에 가입했는데, 그 날 곤솔라따에게는 신비스런 예수님의 음성이 들려왔다. "너는 온전히 내 것이 되어라." 하는 것이었다. 곤솔라따는 곧 대답하기를, "예! 예수님, 그렇게 하겠습니다." 했다.

1924년, 요한 보스꼬 성인의 유해가 안치된 유리관에 구경 가서, "부름을 입은 자는 많으나, 택함을 입은 자는 적다"는 기록을 읽었다. 그 순간 갑자기 하늘에서 번개같이 번쩍이듯 하나님의 빛이 그녀의 마음을 비추일 때, 지금이야말로 용감히 수녀원에 들어가기 위해 결심할 때라고 깨달았다.

다음날, 소화 데레사의 『어떤 영혼의 일기』라는 책을 읽다가 "나는 예수님을 열렬히 사랑하고 싶다. 지금까지 아무도 사랑치 못한 만큼 격렬하게 예수님을 사랑하고 싶다."는 구절을 읽고, 자기도 그렇게 하기로 표어를 세우고 실천했다.

이듬해 1월, 활동 수도회인 '도움의 성모회'에 수녀로 지원해 들어갔으나, 일 년 후 집에 되돌아갔다가 3년 지나 관상 수도회인 '까뿌친회' 수녀원에 들어갔다.

곤솔라따는 지도 신부의 지도에 따라 마음을 항상 예수님과 일치하게 하기 위하여 세 가지 점을 힘썼다. 첫째, 끊임없이 사랑하는 마음을 발할 것. 둘째, 누구에게서든지 예수님을 보고 그 사람을 예수님 같이 대우하여 적극적으로 사랑의 미소를 던질 것. 셋째, 만사에 감사하는 마음을 가지고 그것을 하나님의 은혜로 알 것 등이었다.

예수님께서는 곤솔라따에게 끊임없이 사랑의 마음을 발하는 사랑의 기도를 가르쳐 주셨는데, 그것은 "예수 마리아, 당신을 사랑합니다. 영혼을 구하소서." 였다.

곤솔라따는 예수님의 여러 가지 많은 현시를 받았다. 그녀는 그 상황을 일기에 기록했다. 그 기록은 여러 해 계속되었다. 예수님은 곤솔라따에게, "곤솔라따, 나를 믿으라. 지옥에는 정말 가고 싶은 사람만 가는 것이다. 아무도 내 손에서 영혼 하나도 빼앗을 수 없지만, 나를 거역하고 부정하고 자유의지대로 사탄 밑으로 도망가는 영혼뿐이다." "곤솔라따, 결코 불안한 생각을 가져서는 안 된다. 정말 결코 안 돼! 네가 불안해 지면 악마는 만족해하고 승리를 얻을 것이니 말이다." "네가 한 번이라도 사랑의 마음을 발한다면 나는 천국을 창조하리라." "영혼의 성화가 얼마나 나를 기쁘게 해 주는지 네가 알았으면 좋겠다." "곤솔라따, 너는 기도할 때 침묵에 싸여 있을 필요가 있다. 나와 일치하려면 정신 속에 깊숙이 잠겨 있으며 침묵이 지배할 필요가 있다.” “사랑과 반대되는 것을 멀리 피할 뿐 아니라, 주께 자기를 완전히 봉헌하는 데 방해되는 것은 무엇이나 제거해 버려야 된다.”라는 말씀 등을 주셨다.

곤솔라따는 1946년 7월 18일, 43세 때 고요히 세상을 떠났다.

## 성녀 곤솔라따의 기도

“아아! 예수님, 저는 사랑의 노래를 불러 보겠어요. 언제나 끊임없이 노래 부르겠어요. 싸울 때나, 사랑할 때나, 즐거울 때나, 괴로울 때, 노래 부르면서, 사랑하면서, 희생하면서, 저의 생명 다할 때까지 주님 향하여 나아가리이다.

이같은 저의 사랑 노래와 작은 희생이 주님 성심을 통하여 영원한 가치를 얻으리라 믿습니다. 그것은 사랑과 위로와 자비의 비가 되어 하늘나라에, 이 땅에, 그리고 저승에 있는 영혼들에게까지 내리리이다.

아 아! 이 곤솔라따는 언제나 영원히 주님 성심의 자애의 사도가 되리이다. 예수님, 당신이 그렇게 말씀하셨나이다.

아! 예수님, 내 예수님.

저는 믿어요. 당신을 믿어요. 그리고 신뢰합니다.

내 예수님, 저는 당신을 사랑해요.

예수님!

저는 당신의 희생제물이오니 원컨대 당신의 자유대로 저를 써 주옵소서. 저는 당신께 신뢰하면서 모든 것을 각오하고 있습니다.

예수님, 바라오니 아무 염려도 마시고 저를 희생 제물로 받아 주시고, 조금도 저를 위로하여 주지는 마십시오. 저의 사정은 아무 것도 걱정

마시고 저의 형제자매들만 돌보아 주옵소서.

당신의 사제들과 정배들이 당신의 자비하신 성심에 돌아오게 하기 위해서 무조건 저 자신을 바치옵니다. 원하오니 매 시간, 일 분, 일 초, 어느 순간이나 저를 고통으로 채워 주소서. 저는 고통을 목말라 갈망하면서 어떤 일이 닥쳐오더라도 각오하고 있습니다.

예수여! 형제자매들 하나도 지옥에 떨어지지 않게 해 주옵소서. 지금 저는 또다시 그들을 위하여 저를 희생의 제물로 바치고, 다시 기쁜 마음으로 모든 고통을 짊어졌사오니, 만일 저에게 맡기신 형제자매 중에 하나라도 지옥에 떨어지는 일이 있다면, 예수님, 그것은 당신의 책임입니다.

그들이 반드시 귀화하고, 또 당신의 무한한 공덕과 필요한 은혜를 받기에 필요한 고통을 왜 저에게 충분히 주시지 않으셨습니까?"

## 30

## 분도 요셉 라브르 1748~1783

사치와 향락에 빠진 시대에
스스로 거지가 된 거지 성인


분도 라브르(S. Benedictus J. Labre)는 거지 성자로 유명한 분이다. 그는 1748년 3월 26일, 프랑스 아메드 작은 마을에서 태어났다. 그가 태어날 무렵의 18세기 전 유럽 상류 사회는 신앙심을 잃고, 사치와 향락에 빠졌던 시대였는데, 하나님께서는 라브르 같은 거지 성인을 일으켜 그 시대를 반성케 하셨다.

라브르는 수도사가 되기 위해 수도원에 들어가고자 일곱 번이나 애썼지만, 거절당하자 할 수 없이 자기 혼자서 거지 순례자로 나섰다. 세상과 모든 쾌락을 버리고 거칠고 긴 수도복을 입고 다리의 반은 살을 드러낸 채 노끈을 허리에 묶고, 가슴에는 십자가를 걸고, 자루 하나를 얻어 그 속에 성경책, 준주성범책, 성무일과, 바늘, 실, 빵 등을 넣어 지팡이 끝에 걸어 어깨에 메고 다녔다. 때로는 일부러 무겁게 하려고 자루 속에 돌을 넣고 다니기도 했다.

이 모양으로 걸어가면서 성가를 부르고 기도를 하였다.

그의 기도는 "오소서, 내 주여! 오소서. 나 당신을 고대고대 하나이다. 나 당신만 탐합니다. 당신 기다리는 잠시가 내게는 천 년과 같습니다." 하였다.

13년 동안, 프랑스, 스페인, 독일, 스위스, 이탈리아 등 여러 나라를 3만 킬로미터나 도보로 순례했다. 한 번 떠나 고향엔 다시 돌아가지도 않았고, 편지 한 장 부치지도 않았다. 춘하추동 언제나 단벌옷을 입고, 땅바닥에서 자고, 돌베개를 베고 대부분의 밤은 철야기도로 보냈고, 추운 겨울에도 불을 쬐지 않았다.

때로는 큰 나무로 십자가를 만들어 메고 다니며 예수님의 골고다를 연상했고, 춥고 궂은 날이면 더 여행했다. 하루 한 끼만 먹었고, 구걸하여 좋은 빵을 주면, "거지에겐 너무 좋은 것입니다." 하여 남에게 주고 자기는 사람들이 먹다 버린 것이나 밟혔던 것을 먹었다.

쓰레기통을 뒤져 실과껍질, 구역질나는 것을 잘 먹었다. "거지가 목마른 데 해갈을 위해선 개천물이면 넉넉합니다."면서 필요 이상의 것은 받지 않았다. 그러면서도 언제나 하나님 현존 안에서 살고, 하나님과 대화를 하였다.

어두운 밤에 성당에서 불 끄고 기도할 때면, 그의 몸과 머리에서는 광채가 났다. 여자들이 그가 성인인 줄 알고 예배드릴 때 그의 곁에 가서 앉으려 해도 일생동안 목욕하지 않은 몸에서 나는 악취 때문에 곁에 앉을 수가 없었다. 그의 가슴은 예수님을 너무 갈망하기에 불타서 실제 추운 겨울에도 앞가슴을 헤치고 다녔다.

1783년 4월 16일, 그의 나이 35세 때 극도로 쇠약한 몸으로도 끝까지 골고다의 주님 따라간다고 성당에 가서 예배드리고 나오다가 쓰러져 죽었다. 성인이 죽었다는 소식은 삽시간에 거리거리에 퍼졌다. 시신의 옷을 벗기니 전신에 스스로 채찍으로 때린 자국과 벌레에

물린 자리가 낭자했고, 피부의 땀구멍마다 이가 끓었다.


분도 라브르의 기도

"오소서 내 주여, 오소서!
나 당신을 갈망합니다.
나 당신을 고대합니다.
나 당신만을 탐합니다.
당신을 기다리는 잠시 동안이 내게는 천 년과도 같습니다.
오소서 주 예수여, 지체하지 마소서."

## 31

## 십자가의 성 요한 1542~1591

## 하나님과의 친밀은 기도와
## 억제라는 신비사상가

십자가의 요한(S. Juan De La Cruz)은 1542년 스페인 카스티리아에서 출생했다. 21세 때 깔멜 수도회에 들어가 1567년에 사제가 되었다. 그 무렵 성녀 데레사는 깔멜회의 개혁 수도원을 창립하였는데, 메지나에 와서 요한과 만났다. 그녀는 자기가 남자 깔멜회의 두 개의 개혁 수도원을 세울 허가를 받고 있다고 이야기하여 요한이야말로 이 위대한 사업을 위한 그릇이 되지 않으면 안 된다고 설득하여, 얼마 후 남자선족(맨발) 깔멜회 수도원이 드루체로의 형편없는 조그만 집에서 발족했다.

그러나 하나님께서는 요한 성인을 가장 깊은 내면적 시련과 함께 외면적 시련을 겪게 하셨다. 1577년 그가 메지나에 있는 본래의 수도원에 되돌아가기를 거절했을 때, 그는 깔멜회 수도사들에 의해 감옥에 갇혔고, 그들의 공적 집회에 끌려 나가 피 흘리도록 매 맞기도 하고, 냉혹한 취급을 받았다.

그러다가 9개월이 지나서 그는 기적적으로 성모 마리아가 나타나 그 지시를 따라 도망쳤다. 그 후, 요한 성인은 신학원 원장도 되고, 수도원 원장도 되면서 그의 신비신학을 쓰기 시작했다.

1591년에는 평수사의 지위에 도로 내려가 그 후 병에 걸렸다. 수도원 원장은 요한에게 대해 호감을 못 가졌기 때문에 잔혹하게 대우했다. 그는 3개월 동안이나 매우 고생하다가 세상을 떠났다.

그는 가장 깊은 신비적 사상가요, 『영혼의 어두운 밤 갈멜 산길』 등의 유명한 책을 써 남겨 놓았다. 우리가 하나님과의 친밀을 얻는데 가장 적절한 방법은 두 가지가 있으니 '기도'와 '억제'라고 그는 말했다. 억제라는 것은 자아 포기, 극기, 희생이다. 이승의 것에서 마음을 떼어주면, 하나님께 나아가는데 방해되는 모든 위험에서 우리를 해방시켜 준다고 그는 말했다.

## 십자가의 요한의 시

어둠 캄캄한 밤중에 사랑에 타 할딱이며
좋을시고 아슬아슬 알이 없어 나왔노라
꽃스런 내 가슴 다만 그분 위해 지켜온 그 안에
거기 내 님이 잠 자실 때 나는 그를 고여 드리고
잣나무도 부채련듯 바람을 알고

## 영혼의 어두운 밤

"하나님께서 우리 영혼과의 '만남' 에 오시는 방법은, 우리 영혼 안에 하나의 위기인 '건조' (乾燥)라는 괴로운 위기를 일으키시면서 하신다. 그건 불완전의 비참이요, 모든 능력과 지각의 공허, 암흑 속에 던져 넣는 영혼의 유기(遺棄)이다. 이 암흑 속에서 영혼은 정화된다.

영혼의 건조는 행복감, 마음에 깃든 고요, 만족, 영적 위로, 경험의 상실, 기도가 어둡고 주님과의 즐겁게 밀담하는 습관이 든 사람에게 어느 날 갑자기 뜻밖에 전혀 딴 상태로 변한 것을 깨닫는다.

어쩐지 하나님을 뵈올 수 없는 것 같고, 하나님과 전혀 접촉할 수 없게 된다. 차디찬 맥 풀린 상태, 하나님께 사랑을 표시하려 하나 서먹서먹하고, 용기가 없어지고, 유혹이 따르고, 마음은 무미건조하여 꽃 피던 봄이 어둡고 음산한 겨울로 변한 듯하다."

## 32

## 아빌라의 테레사  1615~?

## 수도생활의 개혁과 신비체험이
## 많은 최대의 성녀

테레사(S. Theresa)는 1615년 스페인의 아빌라에서 귀족의 가문에
서 태어났다. 어려서부터 그녀의 성질은 매우 정열적이어서 순교자
가 되기를 원하였다. 과단성과 강인한 성격이 있었고, 영적 높은 이
상을 안고 20세 때에 아버지의 반대를 무릅쓰고 아빌라에 있는 깔멜
수녀원에 들어 갔다.

본래 테레사의 성격은 단순하고 쾌활하고 자주성과 자유를 좋아했
고, 머리가 수재였고 능변가였으나, 이 모든 것을 수도생활 속에서
성화시켰다.

어느 때, 성 어거스틴의 『참회록』을 읽고는 자기도 통회의 생각이
깊어졌다. 당시 깔멜 수녀원의 규칙이 해이해졌는데, 27년간이나 거
기 있으면서 수도생활 개혁에 뜻을 두고 실행하여 개혁 깔멜 수녀원
을 각처에 설립하였다.

테레사 성녀와 영적으로 친한 십자가의 요한 성인과 알칸타라의

성 베드로는 서로 신앙과 수도 생활을 격려하는 동지 사이였고, 깊은 기도생활과 신비체험이 많은 테레사는 그들과 함께 여러 가지 오해와 박해를 받으면서도 같이 수도생활의 개혁과 신비도의 발전에 힘을 썼다.

어떤 때는 감옥에 투옥되기까지 했으나 그럴수록 더욱 용기를 냈다. 그는 수도원 생활을 통해 깊은 관상기도와 하나님의 현존을 느꼈다. 현시와 황홀을 자주 체험하며, 주께서 자기 옆에 계시다는 것을 직접 보는 것보다 명백하게 느꼈다. 그는 많은 독서와 저술을 하였는데, 그녀는 말하기를, "만일, 하나님께서 친히 나를 가르치시지 않으셨다면 독서도 나를 별로 지혜롭게 만들지 못했을 것이다." 했다. 그녀가 독서하려면 독서가 변하여 즉시 기도가 되었다.

관상 생활과 활동 생활의 조화합일을 노력하여 관상기도는 활동을 결실케 하고 빛나게 하여 활동하는 관상을 실현시켰다. 테레사가 자기의 새 수도원을 세우고 이사 갈 때 가지고 간 소유는 고행의 쇠사슬과 군데군데 기워 맨 헌옷과 맨발이었다. 말년에는 영혼의 천상적 깊은 휴식을 끊임없이 누리며 지냈다.

그녀가 세상 떠난 것은 10월이었는데, 복숭아꽃이 만발했고, 그의 무덤을 열 때마다 그 시신은 부드러웠고 향기를 발하였다고 한다.

## 그대 위해 생겨난 몸

1. "그대 위해 생겨난 몸, 난 그대의 것. 나로 하여금 무얼 하라시나이까. 엄위하신 지존 영원하신 슬기시여, 내 영혼 어여삐 보시는 님이여, 지존이여, 지선이여, 굽어보소서. 더럽고 더러운 이 몸 오늘 이렇

듯 그대에게 사랑을 노래하리니 나로 하여금 무얼 하라시나이까."

2. "저를 지어 주셨기에 그대의 것, 저를 속량해 주셨기에 그대의 것, 저를 참아 주셨기에 그대의 것, 저를 불러 주셨기에 그대의 것, 저를 기다려 주셨기에 그대의 것, 내 절개를 꺾지 않았기에 그대의 것, 나로서 무얼 하라시나이까."

3. "좋으신 님이여, 미천하기 짝 없는 이 피조물에게 무얼 하라시나이까. 죄 많은 이 종에게 하라고 맡기시는 일이 무엇이오니까. 보소서. 내 사랑이여, 여기 이 몸을 보옵소서. 내 님이여, 여기 있사오니 나로서 무얼 하라시나이까."

4. "제 마음 보고 계시오니 제 몸, 제 목숨, 제 영혼을 제 마음 깊은 정까지 그대 손에 드리옵니다. 좋으신 님, 내 구원이여. 그대 것으로 날 바쳤으니 나로서 무얼 하라시나이까."

5. "죽여 주소서. 살려 주소서. 성케 하소서. 앓게 하소서. 명성을 주시든, 깎아 주시든, 싸움 아니면 평화를 주소서. 힘을 주시든, 약함을 주시든, 무엇에든 '예' 아뢸 뿐이오니, 나로서 무얼 하라시나이까."

6. "가멸함이나, 가난이나, 위로거나, 아니거나, 눈물 아니면 웃음을 주소서. 지옥 아니면 천국을 주소서. 느긋한 삶 구름 없는 햇살, 그대에게 통째로 바친 몸, 나로서 무얼 하라시나이까."

7. "기도를 주시려거든 마음대로, 냉담도 또한 좋사옵니다. 싱싱한 열성을 마다할까, 메마름인들 싫으리이까. 엄위하신 지존이여, 그래도 평화만 있사오리니, 나로서 무얼 하라시나이까."

8. "슬기를 제게 주사이다. 사랑 탓인 무지를 주사이다. 풍년을 내게 주사이다. 주리는 흉년을 주사이다. 흐린들 어떠리이까, 개인들 어떠리이까, 이리로 저리로 굴리움도 좋사오니 나로서 무얼 하라시나이까."

9. "다볼 아니면 갈보리, 사막 아니면 기름진 땅, 고난 속의 욥도 좋고,
   품 안에 쉬는 요한도 좋고, 주렁주렁 포도밭이든, 복 밭이든, 맘대로
   하소서. 나로서 무얼 하라시나이까."

10. "사슬에 묶인 요셉이거나, 애굽의 재상도 좋고, 욕을 당하는 다윗
    도 좋고, 임금님된 다윗도 좋아. 물에 빠진 요나 되든, 물에서 나온
    요나이든, 나로서 무얼 하라시나이까,"

11. "말해도 그만, 안 해도 그만, 열매 맺거나 아니 맺거나, 율법이 내
    상처 열어 뵈거나, 복음의 기쁨에 즐겁거나, 괴로워도 반가워도 그
    대 내 안에 숨 쉴 뿐이니, 나로서 무얼 하라시나이까. 그대 위해 생
    겨난 몸, 난 그대의 것, 나로 하여금 무얼 하라시나이까."

    "아아! 나는 이 거룩한 피가 헛되이 흐르게 내버려 둘 수는 없습니
    다. 내 한평생 고스란히 바쳐 영혼들을 위하여 이 성혈의 방울을
    모으겠습니다."

# 33

## 성 폴리갑 80~165

### 이제껏 은혜 주신 주님을
### 저주할 수 없어 화형당한 순교자

폴리갑은 예수님이 가장 사랑하시던 사도 요한의 제자였다. 로마 시대 소아시아에서는 신자들이 박해를 받아 순교하는 이가 많았다. 서머나에서도 12명의 신자가 붙잡혀 그 중 한 명만 배교하고는 나머지는 모조리 사나운 짐승의 밥이 되어 순교했다.

군중들은 "폴리갑을 끌어내어 죽여라!"고 소리 질렀다. 폴리갑이 끌려 나가 원형 극장에 서니, 재판관은 말하기를, "네가 지금 이 자리에서 예수를 저주하고 로마 황제를 경배하면 너를 놔 주리라."고 했다. 폴리갑은 정색을 하면서 대답하기를, "나는 오늘까지 80여 년 동안 예수 그리스도를 섬겨 왔습니다만, 예수님은

단 한 번도 내게 손해 되는 일을 하시지 않으시고, 도리어 가지가지의 은혜를 주셨습니다. 그렇게 큰 은혜 받은 주님을 내가 어떻게 저주할 수가 있겠습니까?" 했다. 그리고 나서는 오히려 재판관에게 예수 믿으라고 전도했다.

거기 있던 많은 유대인들이 장작을 주워 오고 늙은 폴리갑의 옷을 벗기자, 그는 스스로 장작더미 위에 올라가 섰다. 큰 기둥에 폴리갑의 몸을 동여 매고 불을 질렀다. 그는 타는 불 속에서 "하나님 아버지, 저 같은 것을 순교자의 반열에 서게 해 주시고, 예수님의 고난의 잔에 참여시켜 주시는 이 날을 감사 찬송 드리나이다." 하고 기도했다.

이때 이상한 것은 불길이 폴리갑의 몸을 태우지 않고 좌우로 갈려 그의 몸을 보호하는 듯 했다. 놀란 병사 한 사람이 창으로 그의 몸을 찌르니 피가 흘러 마치 큰 비를 맞은 듯 불이 꺼졌다. 그리고 폴리갑은 찬란한 순교를 하였다.

### 폴리갑의 기도

"항상 사랑과 축복을 받으시는 성자 예수 그리스도, 우리에게 당신에게 대한 지식을 주신 예수 그리스도의 아버지시여.

천사와 모든 능력과 모든 창조물과 당신 앞에 살아있는 모든 의로운 족속의 아버지시여.

나는 당신이 나를 이 날 이 때에 합당한 자로 생각하사, 순교자의 반열에 넣어 주시고, 그리스도의 잔에 참여케 하시며, 몸과 영혼이 아울러 성령이 주시는 썩지 않는 축복 가운데서 영원한 생명으로 부활시켜 주시기를 비나이다.

충실하시고 참된 하나님이신 당신께서 준비하시고 성취하신 것처럼,
오늘날 나를 높은 주의 뜻에 맞는 제물로서 주님 앞에 영접하여 주옵
소서. 이 일로 말미암아, 또는 모든 이들을 위하여, 영원하신 대제사장
당신의 지극히 사랑하시는 아들 예수 그리스도로 말미암아 당신을 찬
미하나이다.
성령 안에서 그리스도와 함께 계신 당신께 이제로부터 영원까지 계시
옵소서."

# 34

## 샤를르 드 푸꼬 1858~1916

### 귀족의 신분을 숨기고 수녀원의 머슴으로
### 예수님의 생활을 본 받은 성인

샤를르 드 푸꼬(S. Hugo)는 프랑스 사람으로 귀족이요, 사관학교를 나온 장교였고, 생활이 넉넉하여 제멋대로 살던 사람이었지만, 예수 믿고는 나사렛 예수를 철저히 본받아 살기로 했다.

예수님 33년 생애 중에 공적 생애보다 숨겨진 30년 생활처럼 살려고, 푸꼬는 성지 나사렛에 가서 예수님처럼 3년 동안이나 살았다. 그는 그곳에 있는 글라라 수녀원에서 자기의 신분을 숨기고, 그리스도를 위하여 가장 비천한 봉사를 하려고 자청하여 머슴노릇을 했다.

수녀원 농기구를 넣는 창고에서 자면서 시키는 대로 일을 했다. 그는, "나의 하나님은 이와 같이 가장 비천한 자리를 택하셨으므로 아무도 하나님으로부터 그것을 빼앗을 수가 없었다."는 유브랑 신부의 교훈을 자기 좌우명으로 삼아 예수님을 본받아서 가장 비천한 자리를 찾는 것 이외에는 아무 것도 원하지 않았다. 그리스도와 가장 가까이 있을 수 있는 길은 그곳뿐이기 때문이었다.

얼마 후에는 수녀원 원장에게 신분이 발각이 되고 말았다. 원장은 수녀들을 모아 놓고, "우리들 집에는 지금 성인이 와 있습니다."고 말했다.

푸꼬는 그 후에 예수를 따르는 몇몇 사람을 모아 나사렛의 거룩한 가족을 이루어 살려는 이상을 품고 사하라 사막 속에 들어가 수도원을 세우고 일생을

그곳에서 지냈다. 처음에는 아무도 없이 혼자였다. "나는 전도를 해서 예수님의 공적 생활을 본받을 만한 소질을 타고 났다고는 느끼지 못했습니다. 그러므로 나는 나사렛의 비천하고 가난한 일꾼의 숨은 생활을 본받아야만 했습니다."고 그는 말했다.

그는 누구의 도움도, 기부도 받지 않고, 오직 자기 노동으로만 살아갔다. 그는 누구에게도 자기 운동을 알리는 편지 한 장 보내지 않았다.

"나 자신이 고통을 겪지 않고서는 좋은 일을 할 수 없다. 좋은 일을 많이 하기 위하여서는 많은 괴로움을 받아야 한다. 모든 영혼들에게 유익한 일을 많이 하기 위해서는 극도의 고통으로 죽어야 한다." 강조하며 그는 늘 순교의 각오를 했다.

# 35

**파스칼** 1623~1662

## 과학자인 그는 동생을 따라
## 수도원에서 영원의 위안과 유명한 『팡세』를 저술

브레즈 파스칼(Pascal)은 프랑스 중부 지방 크레르본 페란의 세무 원장 아들로 1623년 6월 19일 출생했다. 어머니는 경건한 자비 깊은 부인이었으나, 28세 때 어린 세 자녀를 남겨 두고 일찍 세상을 떠났다.

파스칼의 누이는 그보다 세 살 위였는데, 결혼했으나 동생 파스칼의 건강을 늘 염려하여 그가 병이 들면 그의 곁을 떠나지 않고 간호하면서 어머니 역할을 대신했다. 파스칼이 말년 임종한 것도 그 누이 집에서였다.

아버지는 사랑하는 아내를 잃은 뒤로는 자녀들이 불쌍하여 집을 비울 수 없어서, 세습적 공직을 팔아서 세 자녀를 거느리고 대도시 파리로 나왔다. 부친은 학문을 좋아하는 학자로서 많은 학자들과 교제가 있었고, 아들 파스칼의 교육을 자기 손으로 친히 맡아 하려고 결심하였기 때문에, 파스칼은 일생동안 학교생활을 경험하지 못했다.

파스칼은 어려서부터 무엇을 보고 들어도 꼭꼭 그 원인과 이유를 질문하는 습관이 있었다. 파스칼의 부친이 얼음판에서 미끄러져 한 쪽 다리를 다쳤는데, 얀센파 귀족들의 간호를 받으면서부터 그 교파에 가담하게 되었다.

이 얀센파(Jansenistes)는 구원의 예정설을 주장했는데, 로마 교회에서는 이단 사설로 배척당하고 있었다. 특히 얀센파의 엄격한 도덕은 세속적이고, 타협적인 예수회의 도덕과는 맞지 않았다.

파스칼도 얀센파 교리에 접하면서 깊은 감동을 받았고, 이 파의 적이 된 예수회의 세속적이고 지나치게 타협적인 도덕이 싫어졌다. 그래서 파스칼은 얀센파 교리야말로 참 기독교라고 생각하여 이 교파를 받아들이고 자기 일생을 하나님을 위해 바칠 마음이 생겼다.

그동안 파스칼은 여러 가지 학문상의 실험과 논의도 했다. 그가 23세 때였다. 1651년 9월, 파스칼의 부친이 세상을 떠났고, 다음해 1월 4일, 여동생 쟉크린은 26세 나이로 폴 로와이얄 수도원에 들어가 종신 수녀의 검은 옷을 입었다. 그녀는 본래 아름다운 얼굴에 명랑하고 시를 좋아해서 왕비·왕녀나 궁정 귀녀들 사이에 인기가 있었으나, 13세 때 천연두를 앓아 얼굴이 미워졌지만, 결코 인생을 비관하지는 않았으며, 그것을 하나님의 뜻으로 생각하고 청정한 수녀 생활을 동경해 왔었다.

결국 부친의 별세와 여동생의 수도원 가는 일 때문에 파스칼은 너무도 고독해 졌고, 병약한 몸으로 과학적인 연구를 계속해 가므로 육체가 점점 쇠약해져서 지팡이를 짚고 다닐 형편이었다.

한때는 사교 생활에서 위안을 얻으려 했으나, 그의 고귀한 영혼은 거기서 위안을 찾을 수 없었다. 파스칼은 여동생의 수녀원을 찾아가 그녀의 검은 수녀복 모습에 감격하고, 1654년 11월 어느 깊은 밤에 신을 체험하는 견신의 기쁨을 얻고 감격의 눈물에 젖었다.

자기 여생을 하나님께 바치기로 결심했으나 세속의 인연을 끊지 못해 고민할 때마다 동생 쟉크린이 상담역을 했다. 이듬해 1월 육신의 인연의 줄을 아주 끊고, 그는 여동생의 폴 로와이얄 수도원에 들어가 은사(隱士)가 되었다. 그의 나이 31세 때였다. 그곳에서 그는 '기독교 변호론' 을 쓰기로 결심하고, 그때그때 감상을 써 둔 것이 그의 사후에 발견되어 유명한 『팡세』 명상록이 되었다.

본래 병약한 그는 고통을 잘 참아 결코 신음 소리를 내지 않았다. 설사가 계속 되고, 심한 두통이 그를 괴롭히는 중에 자기의 죽을 때가 가까운 줄 짐작하고 사제를 불러 참회를 고백하고, 최후의 성찬받기를 구했다.

사제가 성체를 받들고 병실에 들어 왔을 때, 파스칼은 창백한 얼굴에 기쁨을 띠고 반신을 일으키려고 노력했다. 사제가 신앙의 교의를 물으니 분명하게, "나는 모든 교리를 믿습니다."고 대답했다.

임종의 의식이 끝나니 병자는 가느다란 목소리로, "주여, 저를 버리지 마옵소서." 하고 기도했다. 이것이 그의 마지막 말이었다. 1662년 8월 19일, 그의 나이 39세였다.

# 36

## 존 칼빈 1509~1564

장로교회의 제도적 체계를
이룩한 개혁 신학자

존 칼빈(Calvin, John)은 1509년 7월 10일, 북부 프랑스 피칼디주 노와이온 시에서 교회의 서기와 회계 맡은 제랄코반의 아들로 태어났다.

칼빈은 아버지에게서 지식욕과 조직적 두뇌를 물려받았고, 어머니는 매우 경건한 여성이어서 그 영향을 많이 받았다. 살림이 넉넉한 가정이었으므로 어려서 칼빈은 행복하였다. 귀족의 자녀들이 공부하는 데서 함께 사귀며 공부하여 칼빈의 성격과 품위는 다른 개혁자 루터나 쯔빙글리와는 다른 점이 있었다.

그가 파리에 유학 가서도 귀족의 자제들과 같은 대학에서 공부했다. 칼빈

이 몬케그 대학에 옮겨 가서 철학을 4년간 전공하고 문학사의 학위를 받았는데, 그곳에서 우연히 제수이트 교단의 창설자로 유명한 익나티우스 로욜라와 만났다.

그러나 그들은 후에 하나는 가톨릭 절대 옹호자로, 하나는 개혁신학자로 적대의 길로 갈라졌다.

1532년 칼빈은 오를레앙에 이전하여 대학의 학사 감사의 대리직을 1년 동안 맡아 보았는데, 그 동안 그는 전혀 자신을 하나님께 헌신할 결심을 하였다. 자기의 필생의 사업은 인문주의 학문도 아니고, 법학도 아닌, 다만 하나님께서 지시하시는 것을 무엇이나 할 용의를 갖추는 회심의 기간이었다.

이듬해부터 그는 열렬한 복음주의 신앙을 공표하며 행동했다. 그는 로마교회를 기만과 동착과 모순된 기관이라고 보고, 따라서 그 교회와 갈라지는 것이 불가피하다고 느꼈다.

당시, 국왕 프랑소아 1세가 신교의 박해자로 변절한 이래로 칼빈은 프랑스 국경을 넘어서 스위스의 바젤로 피신했다. 그 동안 프랑스에서는 많은 충직하고 거룩한 신도들이 화형에 처해 순교를 당했다.

1586년 3월, 칼빈의 나이 27세 때 그는 유명한 대작 『기독교 강요』(Institutio Christianae religionis)를 쓰기 시작했다. 『기독교 강요』는 그가 체득한 깊은 신앙 경험에 준하여 이루어진 것이다. 이 책이 프랑스 왕 프랑소아 1세에게 헌정되면서 신교도에 대한 정치적 관용을 호소하는 데 매개가 된 사실은 의미 깊은 일이었다.

칼빈은 이 책 출판 후에 더 숨어서 공부하려고 스트라스부르크에 가던 도중 제네바에서 하늘로부터 내리는 힘에 붙잡히고 말았다. 이 소명의 날로부터 칼빈에게는 전투가 맡겨져 있었다. 그는 고요히 숨어 은거하기를 사랑하는 평화의 사람으로 싸움을 피하고 꺼려했지만, 그러나 이 같은 성격임에도 불구하고 전투는 부단히 계속되지 않을 수 없었다.

제네바 공화국은 칼빈을 성서교사로 초빙하여, 그는 매 주일 설교하고, 『기독교 강요』를 프랑스어로 번역하면서 제네바 시민들의 일상 생활이 신조에 부합하도록 지도 노력했다.

불경건한 시민은 징계하고, 사교댄스는 엄금하고, 도박장을 경영하는 자는 골패를 목에 걸고 거리로 끌려 다녔고, 사치한 화장을 시킨 미용사는 감금당하고, 간음한 남녀는 함께 끌려가 거리를 돌고 시외로 추방당했다.

그러나 이 같은 일이 처음에는 환영을 받았으나, 후에는 반동 세력이 강해서 칼빈은 동지들과 함께 추방당했다. 칼빈은 유랑 생활 중에 이델렛타 데 부레와 결혼하고 가정의 위로를 받았다. 그 여자는 친구의 미망인으로 남매의 자녀를 거느리고 칼빈과 결혼하였으나 정숙하고 경건한 내조자였다.

1541년, 칼빈은 한 때 추방당했던 제네바 정부와 시민의 열광적 환영을 받으며 다시 돌아왔다. 그의 나이 32세의 청년이었다. 제네바에 돌아 온 후 교회의 조직과 훈련, 치리에 힘쓰는 한편, 신학적 대적과 논쟁을 했다.

셀베드와의 신학적 논쟁을 하다가 셀베드는 불에 태워 사형을 당했다.

셀베드 처형 후, 제네바는 극히 평온하여 칼빈의 교리와 그 교회조직으로 지배되는 질서 있는 도시가 되어, 유럽 각국에서 망명객들이 복음주의 신앙의 피난처로 몰려와 그 수가 날로 더했고, 그들에게 특수한 보호와 특권을 부여하는 법령도 제정되었다.

1564년 4월, 칼빈은 과로와 중첩된 질병으로 병상에 누워 다시 일

어날 수 없을 것을 알고, 유언서를 진술하고, 28일에는 제네바 교직
자 전부를 모으고 "자기 사후에 그 사업을 굳게 지속하라" 부탁하고,
5월 27일 고요히 눈을 감고 하나님 나라로 갔다.

# 37

## 단테 1265~1321

세상에 대한 생각을 단념하고
신의 은총에 매달리며 『신곡』을 쓴 문학가

　불후의 세계적 명작 『신곡』(神曲; Divine Comedy)을 쓴 단테(Dante)는 1265년 이탈리아 피렌체 시에서 태어났다.

　단테의 일생에 두 가지 큰 숙명적인 사건이 있었다. 그 하나는 그의 『신곡』을 쓴 동기가 되는 유명한 처녀 베아뜨리체에 대한 첫사랑이요, 또 하나는 고향에서 추방당하고 19년 동안이나 겪은 우울한 방랑생활이다.

　이 두 가지 사건이 이 시인으로 하여금 『신곡』에서 천국, 연옥, 지옥을 쓰게 하였다. 단테가 애련한 소녀 베아뜨리체를 처음 본 것은, 1274년 꽃피는 5월, 화려한 피렌체 거리 어느 길목에서였다.

　그때, 조숙한 이 시인의 나이는 9세, 그 소녀도 9세 때였다. 그후 단테는 브로니아와 파도와 대학에서 공부하고, 처음으로 시를 쓰기 시작했다. 당시 고향 피렌체는 정치적 혼란 속에 있었다.

처음 베아뜨리체를 보고 연정을 느낀 지 9년 지나 단테가 이미 성숙한 멋진 청년이 된 어느 봄날, 우연히 아르노 강 다리목에서 꿈에도 잊을 수 없었던 옛날의 처녀 베아뜨리체를 보게 된다. 그녀 역시 이미 묘령의 숙녀가 다 된 아리따운 모습이었다.

단테는 그녀에게서 우아한 인사를 받았다. 그 순간 한없는 행복감이 단테의 심혼을 사로잡았다. 그후 그는 그녀의 꿈만 가슴에 안고 사는 짝사랑의 사람이 되고 말았다.

단테는 좀 무뚝뚝하여 과묵하고 가슴속에 깊은 감동을 간직하고 있으면서도 밖으로 쉽게 표현 못하는 인물이었다. 그래서 그가 한 번 받은 감동이나 충격은 오래도록 가슴속에 설레게 되고, 그런 체험은 심각한 인상을 남기게 되었다.

단테는 게으르고, 놀러나 다니는 그 당시의 타락한 일반 청년과는 달랐다. 어려서부터 공부에 열심하고, 문학을 좋아하면서도 강한 실천적 의지를 가진 청년이어서, 당시 도시국가가 대립하고 있던, 1289년 6월에 있었던 피렌체 시의 겔프 당과 아렛조 시의 기베린 당 사이의 전쟁에 자신도 지원병의 한 사람으로 출전하여 용감하게 싸운 일이 있었다.

이런 단테가 천사같은 베아뜨리체의 모습을 한 번 보았을 때, 그의 가슴속에는 고상한 소원이 떠올라 자기는 그녀에게 부끄럽지 않은 위대한 존재가 되리라고 스스로 마음에 다짐했을 것이다.

그러나 그의 나이 25세 때, 1290년 6월 9일 첫 사랑 베아뜨리체는 꽃피는 젊은 나이에 홀연히 세상을 떠나고 말았다. 그로 인해 다감한 젊은 시인의 비탄은 말할 수 없었다.

그후, 단테는 1300년 6월 15일, 피렌체 시의 최고의 행정 기관인 6인의 참사관의 한 사람으로 뽑혔다. 정치계에 존재를 나타내 유명해지기는 했으나, 이것이 그의 일생의 화근이었다. 그는 다시 북이탈리아의 소용돌이 치던 격렬한 정치 싸움 속에 말려들어 2년 못 가서 1302년 4월 4일, 적당(흑당)에게서 수뢰, 사기, 독직, 반역 등의 근거 없는 죄목을 뒤집어쓰고 영원히 고향 피렌체에서 추방당하고 말았다.

여기서부터 그의 인생의 밑바닥을 헤매는 방랑생활이 시작되었다. 초라하고 지친 그는 이탈리아뿐만 아니라, 멀리 파리에까지 헤매고 있었다.

해 저무는 어느 저녁, 산 중 어느 수도원의 대문을 두드리는 나그네가 있었다. 수도사가 문을 열고 보니 초라한 방랑객이었다. "무엇을 요구하는가?" 하고 물으니, "평화요!" 한마디 대답하고 거기 서 있는 이가 방랑자 단테였다.

단테는 영영 다시 고향 피렌체에 돌아갈 희망이 없었다. 이 세상에서의 출세, 성공, 영광, 행복에 대한 모든 기대를 완전히 잃은 그는 세상에 대한 생각을 단념하고, 피안의 영원한 세계, 신의 은총에 매달리며 회개하는 겸손한 순례자로 변했다.

이같은 비참한 방랑 생활의 일생 속에서 그는 유명한 장편 서사시 『신곡』을 써 갔다. 그리고 첫 사랑의 잊을 수 없는 깨끗한 처녀 베아뜨리체는 그의 작품 속에서 단테에게 하늘의 계시와 신학과 천국의 길을 안내하는 상징적 표상으로 승화했다.

단테는 철저히 신앙에 사는 성자에 가까운 사람이었다. 9세 어린 나이 때 느낀 첫 사랑은 순결하게 그의 가슴에 간직되어 57세에 세상을 떠날 때까지 그를 구제하는 길로 인도하는 별이 되었다.

단테는 『신곡』에서 자기의 정치적 원수나 타락한 교황까지 여지없이 지옥에 떨어뜨렸다. 『신곡』의 첫머리 '지옥편'에 보면, 그가 『신곡』을 쓰기 시작한 것은 35세 때인 듯 하다. 그는 지옥 구조를 3구분하여 '지옥권 외'(지옥문전) '상부지옥'과 '하부지옥'으로 나누고, 중죄인은 하부지옥에 떨어지되, 하부지옥은 다시 9개 지옥으로 구분되고, 매 지옥마다 다시 세분 되었다.

가장 큰 죄인들이 떨어지는 지옥 밑바닥은 반역죄였다. '연옥'(煉獄)의 정죄산(淨罪山)도 7층으로 되었다. '천국'은 제9천 '원동천'(原動天)까지 있고, 그 위에 '지고천'(至高天)이 있었다.

# 38

## 알칸타라의 성 베드로

### 40년 동안 한 시간씩 자며
### 기도로 생애를 보낸 수도사

그는 아빌라의 테레사와 같은 시대인이요, '성 프란체스코 작은 형제단'에 가입하여 고행과 수도에 정진한 사람이다. 그는 20년 동안이나 얇은 철판으로 만든 고행복을 입고 지냈고, 40년 동안을 매일 한 시간 이상은 잠자지 않았는데, 그것도 자기 수도실 벽에 말뚝을 박아 놓고 거기 다 머리를 기대고 앉은 채로 잠을 잤다. 대부분은 방안에서 무릎을 꿇고 혹은 선 채로 지냈다.

그의 수도실은 길이가 불과 4척 반 밖에 되지 않는 좁은 방이었다. 의복은 폭을 좁게 만든 거친 옷에 맨발로 다녔다. 식사는 3일에 한 끼씩 먹었고, 특별한 기도 중에는 8일간이나 식사를 폐지하고 기도생활에 도취되어 큰 황홀과 하나님의 사랑의 정열을 경험하며 지냈다.

그가 3년 동안 살던 어느 수도원에서는 베드로가 누구 앞에서도 결코 눈을 올려 뜨고 바라보지 않고 지냈기 때문에 다른 수도사들의 목소리는 분별해도 얼굴은 몰랐다. 어느 때나 이성을 쳐다보는 일이 없었다.

고행 때문에 신체는 나무뿌리처럼 바싹 야위었어도, 그는 덕이 높고 친절하며 거의 말이 없었다. 그가 세상을 떠날 때는 시편 122편을 외우며 "주의 집에 가자"면서 무릎을 꿇고 임종했다.

그가 임종할 때 먼 거리에 떨어진 곳에 사는 테레사 성녀에게 환상 중에 나타나 "저는 이제부터 쉬러 갑니다." 했다고 한다.

## 39

## 귀용 부인 1648~?

긴긴 시련을 통해 참다운 신앙을
깨달은 정적주의 신비가

귀용 부인(Madame Guyon)은 1648년 프랑스 파리 남쪽 소도시 몬타르기에서 탄생했다. 어려서부터 신심이 두터워 늘 성서를 읽었다. 얼굴도 재주도 뛰어나게 잘난 그녀는 일찍이 어떤 부자에게 시집을 갔으나, 그 남편은 재산만 많을 뿐, 무식하고 인격이 덜 된 사람이어서, 부인은 많은 고통을 느꼈으나 기도 중에서 위로를 받았다.

그녀는 말하기를, "하나님과 사귀려는 갈망을 억제할 수 없어서 나는 기도하기 위하여 매일 새벽 4시에 일어났다. 내게 있어서 기도하는 일보다 더 쉽고 즐거운 일은 없었다. 기도하는 여러 시간이 내게는 순간처럼 여겨졌고, 기도하는 일 외에 다른 일을 할 수 없었다. 내 속에는 신을 사랑하는 마음이 불타올라 쉴 줄 몰랐고, 그 기도는 기쁨의 기도였고, 몰아 황홀 지경이었다. 그 때 신을 맛보는 즐거움이 신묘하여 순결하고 쉼 없이 심령의 능력을 흡수하여 나를 신비의 깊음에 들어가게 했다.”고 고백하였다.

그러나 그녀는 재산이 많고, 꽃 같은 어린애 셋을 낳아 키웠으나 자기 얼굴이 너무 미모였기 때문에 매일 경대 앞에 앉아 화장하는 시간이 더 많았고, 아름답게 단장하고는 할 일 없이 파리 거리로 나가 돌아다녔다.

그의 신앙은 톱질하듯 전진했다가는 후퇴하며 일진일퇴 하였다.

그러나 하나님은 그녀의 그런 생활을 그냥 두시지 않고, 그녀에게 어려운 시련을 겪게 했다. 남편이 사업에 실패하고 일조에 파산하여 재산이 날라가 버렸다. 고민하던 남편은 병들어 죽고, 귀용 부인은 28세 젊은 나이에 과부가 되고 말았다.

시련은 계속되어 부친도 죽고, 어린애들도 하나 둘 병들어 모두 죽어 버렸다. 그녀의 환경이 단순하게 되어 스스로 시를 쓰고 저술하고 기도하면서 위로를 삼았으나, 시련은 그것으로 끝나지 않았다. 어느 때 천연두를 몹시 앓고 난 후 거울에 자기 얼굴을 비쳐보니 그 자랑스럽던 얼굴이 얽어져 있었다.

이때, 그녀는 “하나님은 그 사랑하는 자에게 희생을 구하시는구나.” 깨닫게 되었다.

그러나 이런 시련보다 더 크고 긴긴 기간의 시련을 겪었는데, 1674년부터 ‘황폐와 고난의 상태’ 라 부르는 심령상의 건조기를 7년간이나 계속 겪었다. 그 기간 동안 종교적 기쁨이나 평화도, 어떤 종류의 종교적 정서도 전혀 얻지 못했다.

아무리 기도해도 응답은 없고, 다만 믿음으로만 걷지 않으면 안 되게 되었다. 그때 그녀에게는 하나님께서 멀리 떨어진 것 같이 느껴졌다. 그러나 이 기간 중에 그녀는 그 이전의 종교생활에서는 감정만을 찾았고, 주님 자신보다 정서를 더 찾았는데, 그 잘못을 깨닫고 믿음으로 행하는 길을 깨달았다.

진정한 기쁨과 평화는 감정에 의한 것이 아니라, 믿음에 의한 것임을 알았다. "소망의 하나님이 모든 기쁨과 평강을 믿음 안에서 너희에게 충만하게 하사 성령의 능력으로 소망이 넘치게 하시기를 원하노라"(롬 15:13) 하신 말씀과 같이.


## 귀용 부인의 기도

"나의 사모하는 님이여! 제가 만일 당신이 예정하신 제물이옵거든, 어서 당신의 희생제물을 죽여 태울 불을 준비 하소서. 당신의 은혜의 깊음에 저의 몸을 던져 죽게 하소서. 당신을 사랑하는 영이라면 누구나 사모하는 죽음을…….

저는 저의 삶의 세월을 지켜보며, 덧없이 흘러감을 보나이다. 이 세상에서 할 일 없이 허송하는 세월의 지리함이여.

그러나 저의 생각은 모조리 당신의 뜻만을 따르나이다. 기뻐 성심으로 주저하지 않고 따르나이다.

저에게 있어선 사는 일이거나, 죽는 일이거나, 당신이 명하시는 바가 고통이든, 또는 즐거움이든, 그것은 한결같이 님께서 제게 주시는 것. 저의 영은 고통 속에서도 그것을 악이라 인정치 않는 동시에 평안과 건강이라 해서 선이라 보지도 않습니다.

저의 영혼이 갈망하는 단 한 가지 선, 저로서 그것만을 소원해야 할 것은, 변덕스러운 저의 욕망을 버리고, 다만 당신의 뜻만을 따르고 옥좌에 앉는 것보다 돌베개를 택하고, 위로보다 근심을 바라는 것입니다. 이것이 만일 당신의 뜻이라면…….

이 세상에 대해선 죽고, 십자가를 지고 자기를 버리라고 님께서 말씀하셨습니다. 비록 저의 일생이 눈물겨운 운명의 시달림에 허덕인다 해도 태연하고, 거친 물결 위에 난파한다 해도, 평안한 육지에 있을 때와 마찬가지로 기뻐할지로다."

"사모하는 주여! 제가 만일 당신께서 예정하신 희생제물이옵거든, 지금 당신의 생축인 저를 태울 당신의 불을 준비 하옵소서. 저로 하여금 당신의 은혜의 깊음 속에 몸을 던져서 죽게 하세요.
주님을 사랑하는 모든 영들이 누구나 사모하는 그 죽음을……
지금 저는 나의 삶을 묵상하며 세월이 흘러감을 봅니다. 이 세상에서 헛되이 지나간 세월의 지리함이여, 이제 나의 생각은 오로지 당신의 뜻을 따릅니다. 기쁨과 성심으로 주저함이 없이……
삶이건, 죽음이건, 고통이건, 쾌락이건, 그리고 당신께서 명하신 것은 무엇이나 내게 있어선 마찬가지 반가운 것.
나의 영은 고통 속에서도 참된 악을 느끼지 않고, 평안과 건강 속에서도 참된 선을 느끼지 않습니다.
지금 내 영혼이 갈망하는 건, 단 하나의 '선' 뿐입니다. 버르장머리 없는 내 사사로운 뜻은 버리고, 다만 당신의 뜻만을 택합니다. 당신의 뜻이라면 나는 보좌보다 돌베개를, 위로보다 고통을 선택하리라.
'이 세상에 대해선 죽으라', '십자가를 지라', '자기를 살리지 말라'는 것이 당신의 계명이었나이다.
저로 하여금, 야속하고 거친 운명 아래서도 태연하며, 난파선 안에서도 안전한 육지인양 기뻐하게 하소서."

# 40

## 크롬웰 1599~1658

### 하나님 외에 누구도 무서워하지 않았던 믿음의 장군

1616년 4월 23일은 영국의 유명한 문호 셰익스피어가 50세를 일기로 세상을 떠난 날이다. 이날 올리버 크롬웰(Oliver Cromwell)은 캠브리지의 시드니 상섹스 칼리지에 입학하였다.

1618년, 영국 중흥의 최대의 공신인 써 워터 로리가 런던에서 서리 내리는 추운 날 이른 아침에 단두대 위에서 비참한 최후를 마쳤다. 이때, 젊은 크롬웰은 이 영웅의 죽음에 한없는 감동을 받았다. 크롬웰은 일찍부터 정치가가 되려고 결심했으나 시대의 혼란을 보고 시기가 아직 이르지 않은 줄 알고 전원에 물러가 유유히 농사와 학문에 힘쓰면서 뒷날의 큰 꿈을 이룰 기회를 기다렸다.

1640년 3월, 영국은 왕의 군대와 의회 군대의 두 파로 분열했다. 의회군은 전체 군대를 60명씩 되는 중대 75개로 나누어 편성했는데, 그 67중대장이 바로 크롬웰이었다. 양군의 전투가 맹렬하여 승패를 가리지 못했다.

크롬웰은 생각하기를, 술집 심부름꾼이나 거리의 부랑배들로 편성된 오합지중으로서는 도저히 왕의 군대에 대항하여 이기기 어려움을 알고, 이에 청교도 신앙으로 굳게 무장된 군대를 만들어 뒷날 철기군의 훈련을 시작했다.

1643년 린카샤 고지에서 있었던 웬스버 전투에서 처음으로 로마교도의 군대를 쳐서 이길 수 있었는데, 이때 크롬웰은 위기일발의 아슬아슬한 위험에서 살아났다. 그 후 1644년 7월 2일, 마아스톤 광야 전투에서 왕의 군대는 크게 패하여 가장 피를 많이 흘린 싸움이었는데, 북부 왕의 군대는 거의 전멸하다시피 되었으나, 크롬웰의 철기군은 가장 용맹을 떨친 날이 되었다. 크롬웰의 군대가 진군할 때마다 구약 시편을 부르며 행군했다고 한다.

1648년 3월 15일은 크롬웰이 아일랜드의 반란을 평정하는 군대의 부총독에 임명되던 날인데, 이 날 저 유명한 『실락원』을 써서 불후의 시성이 된 존 밀튼이 크롬웰 장군의 비서로 임명됐다. 이 젊은 시인 밀튼은 이때까지 오로지 학문과 시를 쓰는 데만 몰두하여 서재에서 일보도 밖에 나가지 않았으나 크롬웰의 부름에 응해 이 시대의 일대 혁신기를 맞아 과감히 정치의 소용돌이 속에 뛰어들었던 것이다.

1650년 6월에 크롬웰은 의회군의 총사령관이 되어 북방 스코틀랜드 원정을 떠나 1만 6천 명의 부하를 거느리고 침입하여 이듬해에 런던에 당당히 개선했다. 그는 전쟁 마당에서도 언제나 성서를 품속에 지니고 다녔다. 그 때문에 적탄이 가슴에 품은 성서에 맞고 무사한 일도 있었다. 그가 영국 민정장관에 취임한 후 박해 받던 신교도를 보호하고, 국회가 그에게 '왕'의 칭호를 주었을 때 그는 거절했다. "하나님 외에는 아무것도 무서운 것이 없다."던 크롬웰도 1658년 9월 3일 세상을 떠났다.

41

## **죠지 폭쓰** 1624~?

하나님의 영감이 오기 전에는
설교하지 않았던 퀘이커파 교주

죠지 폭쓰(George Fox)는 1624년 영국에서 태어났다. 어린 나이인 11세 때 벌써 순결과 정의감이 넘쳐 진실한 신앙생활을 사모했으나, 소년 시절은 가정 사정으로 구두 제조 겸 가축 사육하는 사람의 집에서 일했다.

19세 때 신자인 두 친구가 술 마시는 것을 보고 크게 마음이 아파하던 중 마음속에 "너는 젊은이가 헛된 일에 분주하고, 늙은이는 흙으로 돌아가는 것을 보고 있다. 너는 젊은이도 늙은이도 아닌, 모든 사람들보다 다른 사람이 되지 않으면 안 된다."는 주님의 음성을 들었다.

그의 친구들은 폭쓰에게 결혼하라고 권면하고, 혹은 군대에 들어가라고도 말하고, 와위크샤의 어떤 승려는 폭쓰에게 담배 피우고, 또 시편을 노래하라고도 말했다.

언젠가 그는 영감으로 옥스포드나 캠브리지 학교에서 교육 받은 것만 가지고는 그리스도의 종이 될 수 없고, 영적으로 변화하지 않으면 안 된다는 하늘의 계시를 받았다. 그리고 나서는 기성교회 성직자에게 교훈을 받는다는 일의 무익함을 깨닫고 성서를 들고 과수원이나 논밭에 나가서 자기 혼자서 기도하면서 영적 은혜를 얻으려 했다.

그러나 기성교회 지도자나 그 밖의 아무도 자기를 인도하는 자가 없는 것을 보고 전적으로 실망하고 있을 때, 그에게 영음이 들려오기를 "너를 인도할 이는 한 사람 있다. 즉 예수 그리스도시다. 그가 너의 할 일에 관하여 말씀하시리라." 했다.

1648년부터 폭쓰는 시장 네거리나 그 밖의 장소에 나서서 공공연하게 설교하기 시작했다. 그가 전하는 말씀에 능력이 있는 것을 보고 사람들은 "그에게서 참 종교를 발견했다."며 그에게 모여들기 시작했다.

사람들이 모여드니 '친우회'(親友會)라는 것이 생겨났다. 그러나 폭쓰는 처음부터 자기의 어떤 새 종파를 세울 생각은 조금도 없었다. 다만, 자기로서는 기독교의 참된 모습을 나타내 보이려고 애쓸 뿐이었다.

1650년에 폭쓰가 재판관 앞에 불려가 심문 받을 때, "주님의 말씀에 대하여 떨어야 한다."고 주장한 것이 그대로 불려져서, 이 파를 '퀘이커'(진동하는 자)라고 부르게 되었다.

폭쓰와 그 파 교도들은 국가에서 금지하는 이단적 예배를 드린다고 자주 체포되어 감옥에 갇히기도 하고 박해를 받았다. 폭쓰는 옥중에서도 열심으로 책을 저작해서 설교보다 그러한 문서로써 더 유력한 활동을 했다.

그가 강단에서 설교할 때는 큰 성경책을 안고 나서서 직접 하나님의 영감이 올 때까지는 10분이고 20분이고 입을 열지 않고 강단 위로

왔다 갔다 하다가 영감이 내리면, 그때는 폭포 같은 우렁찬 설교를 하여 많은 사람을 감동시켰다.

그의 얼굴은 우아하면서도 대장부답고, 그의 설교는 평이하면서도 능력이 있었다. 그의 기도는 열렬하여 사람들을 감동시켰다. 그는 신자들의 마음에 오는 내적 빛을 강조하여 '내적 빛' '내적 조명'을 말했고, 자기파 교인은 '빛의 자녀'라 불렀다.

그 교도들이 예배드릴 때는 일정한 미리 꾸민 순서가 없고, 각각 자기에게 영감이 내리는 대로 노래도 부르고, 기도도 하고, 간증도 했다. 폭쓰는 자기를 따르던 여제자와 결혼하여 가정을 이루면서 세상 떠나기 2일 전까지 매우 능력 있는 설교를 했다.

# 42

## 존 웨슬리 1703~1791

부패한 영국을 경건운동으로
건진 감리교 창설 목회자

존 웨슬리(John Wesley)는 영국의 메소디스트파의 창설자이다. 그의 아버지는 사무엘 목사였고, 어머니는 가장 경건하고 재덕을 겸비한 스잔나였다. 19명의 자녀를 신앙으로 길러냈는데, 존 웨슬리는 열다섯째 아들로 에보스에서 태어났다.

1709년 2월 9일, 사무엘 목사 사택에서 화재가 났을 때 어린 요한 웨슬리는 간신히 불 속에서 구출되었다. 그래서 그는 어른이 된 후에도 자주, "나는 불붙는 속에서 끄집어낸 부지깽이다."라고 말하기도 했다.

웨슬리는 1720년 옥스포드 대학에 입학하였다. 그의 청년 시절에 가장 큰 감화를 끼친 이는 어머니 스잔나였고 신비적 수도사 토마스 아 캠피스의 『그리스도를 본 받아서』라는 책과, 제레미 텔러의 『거룩한 생활』, 『거룩한 죽음』, 윌리암 로우의 『엄숙한 소명』과 『크리스천의 완전』 등은 그로 하여금 깊은 사색으로 이끌어, 이런 영향으로 그는 결국 완전한 헌신을 결심하게 되었다.

존 웨슬리는 동생 찰스와 함께 옥스포드대학 시절에 '홀리 클럽'(Holy Club)이라는 모임을 만들어 지도자 역할을 하였다. 처음 회원은 불과 4명뿐이었으나, 그들은 엄격한 규칙을 만들어 실행했고, 매일 성서를 읽고, 한 주일에 2일씩 단식하고, 한 번 성찬예식을 가지고, 주일밤엔 신학서적을 읽고, 경건한 생활을 했기 때문에 주위의 친구들이 이들을 '메소디스트'(규율가)라는 별명으로 불렀다. 결국 이것이 후에 존 웨슬리가 일으킨 메소디스트 운동의 시작이요, 산실이 된 것이다.

그들이 살던 당시의 영국의 도덕생활은 말할 수 없이 부패하여 퇴폐했고, 빈부의 차이가 심하여 사회는 혼돈 속에 있었다. 영국의 어린 아이들은 "우리는 우리 아버지가 누구인지 알 수 없다."고 할 만큼 부녀자들의 성도덕은 타락해 있었다.

18세기 이전의 영국 사회를 평하여 "영혼은 죽고, 밥주머니만 활발한 시대"라고 했다. 그런 속에서 일으킨 웨슬리의 경건 운동은 영국 교회를 건졌을 뿐만 아니라, 영국 국가 사회를 건져낸 것이다.

1735년, 그의 부친이 세상을 떠난 뒤, 두 형제는 북미 죠지아 주의 식민지 선교사로 가게 되었다. 대서양 항해 도중에 큰 폭풍우를 만나 배 안에 있는 모든 사람들이 살 가망이 없어 완전히 공포에 사로잡혀 있었는데도 그 배 한구석에 있던 모라비안파 교도들은 죽음의 공포를 초월하여 태연자약하게 찬미하며 예배하고 있는 광경을 보고, 존 웨슬리는 크게 감동되어 그 후 모라비안파 교회를 자주 드나들며 많은 격려를 받고 배우기도 했다.

북미 선교가 실패로 돌아가자, 그는 본국으로 귀국했다. 1738년 어느 날, 런던 올더스게이트의 작은 집회에 참석했다가 그 날 예배 인도자가 루터의 로마서 주석 서문을 낭독하는 소리를 듣다가 그는 전심전령이 죄에서 벗어나 그리스도 안에서 평안과 구원의 기쁨을 느끼는 체험을 가졌다.

그 이듬해인 1739년, 브리스톨에서 처음 야외 설교를 하여 성공을 거두고 그는 비범한 조직능력으로 메소디스트파를 창설하였다.

그의 결혼생활은 매우 불행했으나 그 대신 종교활동에 열을 올려 평균 일 주일에 15회나 설교를 했고, 해마다 8,000km 여행을 다니며 전도했으며, 빈민구제, 병자위문, 감옥방문을 통한 전도에도 힘썼다.

그는 생전에 391권의 저서를 남기고 복음전선에 끝까지 활동하다가 1791년 3월 2일에 88세의 나이로 세상을 떠났다. 그는 "전 세계는 나의 교구이다."라는 유명한 말을 남기기도 했다.

# 43

## 리빙스톤 1813~1873

## 아프리카 야민인들을 위해
## 일생 복음을 전한 박애주의자

리빙스톤(David Livingston)은 1813년 스코틀랜드에서 독실한 기독교인 노동자의 아들로 태어났다. 집이 가난하여 어려서는 방직공장에 취직하여 힘든 노동을 하면서도 틈틈이 과학서적과 여행기를 사서 읽었다.

어느 때, 그라프의 "중국 선교사의 간절한 호소"라는 글을 읽고는 크게 감동되어 자기도 의사로서 선교사 되기를 결심하고 신학과 의학공부를 하여 의사면허를 받고, 1840년에는 런던 선교회에서 선교사로 안수를 받았다.

그러나 그는 구변이 서툴러 설교하기에는 적당치 않았다. 리빙스톤은 처음에는 중국 선교사로 가려 했으나, 때마침 벌어진 아편전쟁 때문에 갈 수 없었다. 그후 아프리카 선교사 모페트의 강연을 듣고 감동되어, 1840년 12월 8일 27세의 젊은 나이로 아프리카 전도를 목표하고 런던을 떠났다.

그가 탄 배는 5개월 만에 알고아만에 입항하게 되어 모페트 선교사 구역인 쿠르만으로 가서 그 지방 토인들의 언어를 공부하는 한편, 병자를 치료하였다.

토인들은 그의 병치료와 사랑에 그를 존경하고 따랐다. 그러나 미개한 토인들은  '하나님' 에 대한 개념조차 알아듣지 못하고 자기네 추장을 '하나님' 이라 부르기도 하고, 리빙스톤을 '하나님' 이라 부르기도 했다. 그러면서도 그들은 복음을 듣고 성령의 감동을 받을 때는 소리 질러 울며, 자기들 뒤에서 누가 죽이려 오는 듯이 예배당 밖으로 뛰쳐 나가기도 했다.

어떤 때는 어느 추장 한 사람이 리빙스톤을 찾아와서, 자기는 매우 교만하고 성을 잘 내어 곤란한데 마음을 고치는 약을 달라고 요청했다. 리빙스톤이 성경을 들고 설명해도 그는 듣지 않고, "아니오, 나는 약이 필요합니다. 약을 먹고 고치고 싶습니다." 하고 가버리는 일도 있었다.

또 한번은, 신테라는 추장이 리빙스톤에게 10세 되는 여아를 선물로 주는 것을 거절했더니, 추장은 아이가 작아서 불만인 줄 짐작하고 더 큰 아이를 데리고 왔다.

탐험과 여행을 좋아한 그는 그곳에 거주하는 3년 동안 4회나 여행을 하면서 지리, 인정, 풍속 등을 탐색했다. 마봇사에서는 토인들을 데리고 사자 사냥을 나갔다가 사자에게 물려 그의 한쪽 어깨가 부서졌다. 리빙스톤의 모험과 대 여행은 카라하리 사막을 횡단하여 '누가마' 의 실재를 발견했고, 또 그 북쪽에 '세비츄아네' 란 대추장의 큰 왕국을 발견했다.

1855년 11월에 140명의 대원을 인솔하여 아프리카 동해안 탐험을 떠나 유명한 빅토리아 폭포를 발견하였다. 그 폭포 이름은 리빙스톤이 당시 영국 여왕의 이름을 따서 붙인 것이다.

그는 토인들의 노예 매매로 인한 비참을 보고, 그것을 금지할 것을 영국 정부에 건의하였고, 노예 매매 악습을 없이 하려는 것이 그의 아프리카 전도의 한 목표가 되었다. 당시 아프리카 노예들은 동물 이하로 취급 받으며 백인들에게 끌려가고 있었다.

그가 아내를 사별하고 슬픔 중에 있으면서 5년간이나 소식이 끊어졌기 때문에, 영국 정부에서는 스탠리 일행을 탐색대로 아프리카에 보냈다.

그동안 리빙스톤은 살인적 더위 속에서 열병을 앓으며, 야만인종에게 식량을 빼앗기고, 죽음의 고개를 몇 번이나 넘기고 있었다. 스탠리는 리빙스톤을 발견하고 뼈만 남은 그에게 본국으로 귀국하기를 권유했으나, 그는 "사명을 다하기 전에는 돌아갈 수 없다." 하고 혼자 아프리카에 남았다.

1873년 4월, 병든 그를 들것에 싣고 치탐보 촌락에 돌아와 초막을 만들고 간호하였다. 그 해 5월 1일 아침 미명에 시종자들이 그의 침실에 들어가 보니 그는 침대 옆에 무릎을 꿇고 기도하는 자세로 이미 세상을 떠나 있었다.

마을 사람들은 그의 시신에서 심장을 도려내어 큰 나무 밑에 묻고, 시체는 미라를 만들어 9개월을 걸려 해변으로 운반하여 영국 배에 실어 본국으로 보냈다.

영국 온 국민들은 크게 슬퍼했고, 시신은 국가의 위인들을 장사지내는 웨스트민스터 사원에 장사했다.

# 44

## 존 낙스 1505~1572

불의했던 여왕을 두려워하지 않고
충고했던 종교개혁자

존 낙스(John Knox)는 스코틀랜드를 장로교 국가로 만든 종교개혁자이다. 그는 메리 여왕이 가톨릭 세력을 회복시키려는 계획에 대항해서 싸웠다.

메리 여왕이 가톨릭 교도와 결혼한 문제를 놓고 낙스가 들고 일어나 여왕 어전에 들어가 시비를 거니, 여왕은 낙스를 불러다가, "네가 나의 결혼 문제와 무슨 상관이 있느냐?"고 따졌다.

낙스는 대답하기를, "하나님이 저를 이 나라 백성의 한 사람으로

지으셨으니, 저도 이 나라에 해로운 일에 대해서는 미리 경고할 책임
이 있습니다.” 했다. 여왕이 분해서 울고 있으면, 낙스는 눈물을 멈출
때까지 기다리고 섰다가, 또 충고했다.

1562년, 여왕은 낙스를 반역자로 죽이려 했지만, 낙스가 의회에서
진리대로 분명히 말하므로 의회에서는 낙스에게 무죄를 선고했다.
역사를 쓰는 이는 낙스를 가리켜, “사람이 파선당할 위험을 피하게
할 등대를 세우려면 모래 위에 세우지 않고 바위 위에 세운다. 낙스는
바위였다.” 사람들은 그를 가리켜 ‘하나님의 사람’ ‘스코틀랜드의
빛’ ‘미덕의 거울’ ‘깨끗한 생활인’ 이라 불렀다.

그는 세상 떠날 때, 새 힘을 얻은 듯 하늘을 향해 손을 들고 평안히
임종했다. “이 괴로운 나라에 평화를 주소서. 신실한 목사들을 일으
켜 주소서!” 기도하면서. 사람들은 그의 무덤 묘비에, “여기 사람의
얼굴을 두려워하지 않는 분이 누워 있다.”고 적어 놓았다.

# 45

## 존 번연 1628~1688

비천하였으나 성경 다음으로
많이 읽히는 『천로역정』을 쓴 신앙인

존 번연(John Bunyan)은 영국 벧폴드 근처 엘스토에서 출생하여 부친의 가업을 이어 대장장이 직업을 가졌다. 어려서는 거짓말도 잘 하고 악덕꾼이었으나, 그래도 술과 여자관계는 깨끗했다고 한다. 그는 얼마동안 군인 생활을 하다가 결혼했다.

20세 전후부터 마음에 번민이 많고 종교 문제로 우울해졌다. 그의 아내는 청교도의 가정에서 자라나서, 결혼 때 가지고 온 유일한 지참물은, 부친에게서 전해 받은 『하나님 섬기는 실행』이란 책 두 권이었다.

번연은 이 책을 읽으면서 고통도 느꼈지만, 크게 마음이 감동되어 회개하고 자기의 나쁜 습관을 고쳐갔다.

1653년, 세례 받은 뒤에는 즉시 전도자가

되었다. 그가 가진 책이라고는 성경 한 권뿐이었다. 무식한 전도자였지만, 그의 경험은 깊었고, 그의 신학은 칼빈주의였다. 그의 설교는 인기 있었고, 1657년부터 책을 쓰는 일에 몰두하여 하나님의 섭리로 유명한 『천로역정』을 썼다.

국가에서 종교 통일령을 내려 국교회에 출석하기를 강요했는데, 번연은 복종치 않고 설교를 계속 하다가 체포되어 12년간 감옥살이를 했다.

그동안 그의 가정은 비참하여 아내는 죽고, 4명의 자녀들은 어리고, 더구나 그 중에 메리라는 딸은 맹인이었다. 후처를 얻었는데 젊고 신앙과 용기 있는 부인이었다.

번연은 감옥 생활 중에 성서와 주석을 읽었고, 폭스의 『순교자의 글』이란 책을 읽으면서 여가에 『천로역정』을 쓰기 시작했다. 그 후에 장로가 되었다가, 1671년 12월에는 벤폴드 침례교회의 목사가 되었다.

그가 감옥에 있는 동안 맹인 딸은 죽었다. 번연은 건강했지만 어느 가정의 아버지와 아들 사이의 불화를 중재해 주고 집에 돌아오는 도중 폭우를 만나 오한에 걸려 앓다가 세상을 떠났다.

그는 실로 청교도 중의 청교도였다. 하나님 앞에서는 두려움에 떠는 겸손한 사람이었다. 하나님께서는 비천한 속에서 그와 같은 인격을 골라내어 세상에 큰 감화를 끼치는 종으로 삼으셨다.

번연이 쓴 『천로역정』은 하나님께서, 특히 이 책을 쓰게 하기 위해 번연의 일생을 인도하신 것이라 믿어질 만큼 성경 다음으로 많이 읽히는 책이 되었다.

그밖에도 『거룩한 전쟁』『죄인 괴수에게 넘치는 은혜』라는 자기 회개를 기록한 책도 있다.

## 46

# 허드슨 테일러 1832~1905

어려서 꿈꾸던 중국 선교사업을 선교금 없이
오직 기도 응답으로 성취시킨 선교사

허드슨 테일러(Hudson Taylor)는 영국의 선교사로 중국 내지 전도
협회를 창립한 분이다. 욕샤이어의 번스레에서 출생했는데, 아버지
는 약업사였고, 어머니가 목사의 딸이었기 때문에 그 감화로 어려서
부터 선교사 될 마음이 생겨 해외 전도에 관심을 가지고, 특히 중국에
선교사로 갈 결심을 했다.

15세 때부터 은행에 취직하여 일하면서도 마음은 언제나 선교하는
일에만 잠겼다. 선교사 준비로 의술과 의약에 관한 지식이 필요하다
고 느껴 숙부의 집에서 일하였다. 그는 어려운 문제가 생길 때는 누구

의 도움을 받으려 하지 않고 하나님께 직접 기도하여 그 응답을 받으려 했다. 그는 돈이 부족하여 기도하여 그 액수대로 얻는 체험도 가지고 있다.

1853년 9월 그의 나이 22세 때, 그는 기어이 고국을 떠나 이듬해 3월에야 겨우 중국 상해에 도착했다. 당시 중국은 쇄국 정책을 써서 백인은 '양마'(洋魔)라 불러 미워하던 때이므로 전도하기가 매우 어려웠다.

'암흑 중국대륙의 태양'이라 불린 그의 찬란한 공적은 쉽게 이룬 것이 아니다. 그는 여행하면서 밤에는 절간의 뜰에서 자면서 전도지를 뿌리고 다녔다. 이 같은 6년 동안의 전도 경험에서 중국 오지의 가장 궁벽한 지방에 전도해야 되겠다는 필요를 절실히 느끼고, 일단 영국에 돌아 가 중국 전도 후원자들을 모집하여 '중국 내지 선교회'를 설립하고 각지로 다니면서 선교사를 지망하는 동지와 자금을 모았다.

그후 1866년 5월에 다시 중국으로 가서 불쌍한 궁벽한 오지에 사는 중국인들에게 그리스도의 복음을 전했는데, 그 후 39년 동안이나 갖은 고생을 하면서 선교사업을 계속했다. 물론 여러 가지 위험과 오해가 닥쳐왔으나 강철 같은 의지와 인내로 끝까지 견디어 나갔다. 본국에서 보내 주는 자금 후원을 기대하지 않고, 전적으로 하나님께만 기도하면서 기도의 응답으로 그날그날 살아가는 신념 선교를 했다.

이미 개척한 지방은 동료들에게 맡기고 자신은 한층 더 힘난한 오지로 들어갔다. 홍수와 기근, 내란 등의 어려움이 계속 엄습해 왔으나 그는 굴하지 않았다. 그리하여 어려서부터 꿈꾸던 중국 선교의 위대한 사업을 성취하고, 1905년 6월 3일에 73세의 고령으로 세상을 떠났다.

중국 선교단체는 60여 개나 있는데, 그 중 가장 유력한 것이 테일러 단체다. 그가 설립한 중국 내지 전도협회는 1926년의 통계에 의하면 1,134명의 선교사와 6,171명의 중국인 교사로 3,944곳의 전도지구에 61,500명의 신자를 가지고 있었고, 7개 성에 걸쳐서 전도 사업을 한다고 보고 되었다. 그 중에는 본국의 원조를 일체 끊고 기도와 믿음으로만 살아가는 신념 선교단도 있었다.

# 47

**죠지 뮬러** 1805~?

## 오직 기도의 응답으로 날마다
## 수많은 고아들을 먹인 고아의 아버지

조지 뮬러(George Mueller)는 1805년 독일에서 태어나서 1828년 영국에 귀화하여 목사가 되어 브리스톨에서 각종 자선사업을 하는 중, 가장 힘을 기울인 고아원 경영으로 한 때 고아의 수가 2천 명에 달했다. 그 밖에도 학교를 세우고, 책을 저술하고, 외국 선교 사업과 세계 전도 여행 등 다양한 활동을 했다.

이와 같은 막대한 사업을 해 가는 데에는 일정한 수입이 있었던 것이 아니었고, 다만 기도에 의해서만 운영해 갔다. 뮬러는 "내일 일을 위하여 염려하지 말라"는 성경말씀을 문자 그대로 믿고 살았고, 하나님께서는 필요한 것은 꼭 주신다고 확신하고 이 정신에 의하여 신앙과 기도의 일생을 보냈다.

그는 기도의 일기를 만들어 언제 기도하고 언제 응답하였다는 것을 책에 꼭꼭 기록해 두었는데, 그것이 4만여 종이나 됐다. 1839년 3월에 뮬러의 보고서를 읽은 사람 한 분이 너무도 감격하여 자기 여동

생이 가지고 있는 값비싼 보
석, 금사슬, 금팔찌, 가락지
등을 뮬러의 고아원에 기부하
게 해 달라고 혼자 기도하고
있었는데, 그 여동생이 자발
적으로 그것들을 뮬러 사업에
기증했다.

그 때는 마침 뮬러의 고아
원이 비용이 부족해서 어려움
을 겪고 있을 때여서 뮬러는
기도하는 중에 이것들을 받고
비용에 썼다. 뮬러는 그 기부

해 온 물건 중에서 다이어몬드 반지로 자기 기도실 유리창에 "여호와
이레"(하나님이 준비하신다) 하고 글자를 새겼다. 뮬러가 그 방에 들어
가 기도할 때마다 "여호와 이레"라는 이 글자는 아침 햇빛을 받아 반
짝이면서 하나님의 계시처럼 그를 격려했다.

고아들이 당장 저녁 먹을 것이 없어도 기도만 하고 있으면 저녁식
사 때쯤 되어 밖에서 자동차 소리가 나면서 어느 독지가가 보낸 빵이
도착했다. 뮬러는 자기 건강과 힘의 원천 세 가지를 말하기를,

첫째, 하나님과 사람에 대하여 양심의 가책 없는 생활을 하는 데서,

둘째, 성서를 애독하는 데서,

셋째, 하나님과 그 성업에 종사하는 행복감에서 힘을 얻는다고 했
다.

기도의 사람 뮬러는 많은 사람을 전도하여 회개시켰는데, 그는 말
하기를, "첫째로 가장 중요한 일은 참으로 회심하는 일이다. 사람이

참으로 그 마음을 하나님께로 향하여 내적으로 변화하기 전에는 결코 다른 사람을 회심시킬 수 없다. 전도는 인간의 직업이 아니요, 전혀 하나님의 소명에 의한 일이기 때문에 진정한 설교자는 전령자요, 동시에 증거인이다. 그러므로 그 배후에 경험으로 좇아오는 사명을 가지지 않으면 안 된다. 다만, 회심만으로는 충분치 못하다. 주 예수를 직접 아는 지식이 없으면 안 된다."고 했다.

## 48

## 윌리암 부스 1829~1912

빈민굴에 들어가 군 조직 방법으로
전도 운동을 한 구세군 창설자

윌리암 부스(William Booth)는 영국의 구세군 창시자이다. 그는
1829년 영국 노팅검의 부유한 상인의 가정에서 출생했으나, 일찍이
부친을 여의고 고생을 많이 하며 자라던 중에 신의 소명을 받았다.

21세 때에 런던으로 가서 일자리를 얻었으나 전도하는 일에 사명을
느껴 장사하는 일에는 등한했다. 처음에는 보통 일반적 방법으로 빈
민들과 고생하는 사람에게 전도했는데, 호응하는 사람들이 생겼다.

그는 26세 때 결혼하고 메소디스트파의 목사가 되어 순회전도를
하다가, 36세 때 무산계급을 위하여 일할 결심을 하고, 런던의 빈민
굴이 있는 동쪽 런던시에 들어가 특별한 방법으로 전도운동을 시작
했다.

그것은 즉, 군대식 조직을 채용하여 군인의 칭호와 군복을 입고 전
도인을 '구세군' 이라 불렀던 것이다. 그들이 군복을 입고 깃발을 들
고 행렬을 지어 거리에 나서서 찬송가를 부르고 설교하는 모양을 처

음에는 사람들이 조소하고 반대와 박해를 했으나, 부스의 열심과 헌신적 노력은 점차 사람들의 인정하는 바가 되었다.

그는 매주 성별회와 철야기도회를 열어서 많은 사람을 신앙으로 이끌었다. 영국에 있어서의 부스의 사업은 크게 진보하여 1904년에는 국왕 에드워드 황제를 만나 격려를 받고, 런던과 노팅검 두 도시에서는 그에게 자유시민권을 주었다.

부스와 구세군 운동은 영국만이 아니라, 세계적으로 발전하여 1880년에는 구세군 중장 레이르 톤을 미국으로 파견하고, 뒤이어 호주, 프랑스, 스위스 등지에도 퍼져 세계 각국에 침투해 갔다. 구세군에서는 이것을 '개전'(開戰)이라 부른다.

1919년 말에는 세계 72개국에 개전하게 되었고, 소대급 분대수가 11,173, 사관과 후보생과 군속의 수가 24,582명, 하사관 71,419명, 음악대원 32,598명으로 42개 국어로 복음을 전하고, 82종의 정기 간행물을 발간했다.

제1차 세계대전 중에 독일의 구세군은 중앙본부와의 연락이 끊어졌으면서도 그 동안에도 그 안에서 발전을 계속하다가 전쟁이 끝난 후 다시 본부와 결합했다.

구세군의 신조는 '구원'과 '성결'이다. 평민적이고, 실제적 또는 전투적인 특색을 가지고 있다. 그 정치는 군대조직을 이용하여 군령(軍令)과 군율(軍律)에 복종하고, 대장은 세계에 한 사람만 있어서 만국본영에서 전 세계 구세군 운동을 지휘한다.

구세군 병사는 성령으로 말미암은 중생의 체험을 가진 자이어야 하며, 입대할 때는 서약을 한다. 그들은 술도 담배도 금한다. 부스는 매우 감화력이 큰 지도자로서, 길 가다가 무거운 짐 실은 수레가 힘들어하면 이 점잖은 신사는 말없이 뒤를 밀어 주었고, 이발소에 가서 이

발하고 나오면 그 다음 이발하러 온 손님이 "이상하다. 지금 여기 누가 이발하고 갔는가. 광명이 느껴진다."고 했다.

세계 일주할 때는 기차가 정거장에 머물 때마다 부스를 보려고 몰려 온 군중으로 넘쳤으며, 부스는 그들을 만나보고 나서 열차 안의 자기 자리에 돌아와 허공을 쳐다보며, "저 얼굴! 오! 저 얼굴!" 하고 부르짖었다 한다.

그는 1912년 8월, 82세로 세상을 떠났다. 구세군에서는 미리 유언서를 써 두어 밀봉해서 특정의 법률가에게 보관케 했다가 사후에 개봉하는 규정이 있는데, 부스의 유언서에 따라 그의 맏아들이 제2대 대장이 되었다.

# 49

**토마스 아 켐피스** 1380~1472

수도원에서 깊은 명상 속에 모든 기독교인에게
감동을 준 『그리스도를 본받아』를 쓴 이

토마스 아 켐피스(Thomas A Kempis)는 독일의 수도사로 그의 이름의 뜻은 '켐펜(Kempen)에서 출생한 토마스' 이다. 그는 경건한 어머니의 감화 밑에서 신앙적으로 자라면서 순조롭게 학교 교육도 받았다.

그의 형 요한은 아그네스 턴볼크 수도원의 원장이었는데, 토마스도 자기 형이 가입해 있던 '공동생활 형제단' 에 가입해서 처음엔 데벤터라는 곳에서 지내면서 형제단의 창시자인 그루테의 큰 감화를 받았다.

그루테 사후에 폴로렌티우스가 그의 유지를 받들어 세운 그루테 수도원에서 토마스는 대부분의 생활을 보냈다. "그들은 하나님 안에서 한 마음과 한 뜻을 가진 사람들이었고, 모든 회원들은 서로 물건을 공동 소유했고, 소박한 음식에 검소한 옷차림을 즐기고, 주님 말씀대

로 내일 걱정은 하지 않는 사람들이었다.”고 했으며, 토마스는 이 수도원을 평하여, “그분들처럼 경건하고 하나님과 동료들끼리 서로 사랑하는 마음에 가득 차 있는 사람들은 일찍이 본 일이 없었다. 그들은 땅 위에 살지만 이 세상 사람들은 아니라 할 만했다.”고 했다.

1399년에 토마스는 형이 원장인 네덜란드의 성 아그네스(Agnes) 수도원에 들어가 거기서 경건한 수도사의 생활을 하면서 예수님께서 “누구든지 나를 따르려거든 자기를 이기고 자기 십자가를 지고 따르라” 하신 명령 따라 살기로 맹세했다.

13년간 수도사로 지내다가 1413년 33세 때 부원장이 되었다. 한동안 교황의 명령으로 그곳을 떠나 있다가 1448년 다시 돌아와서 세상 떠나기까지 머물며 수도했다.

그는 비교적 평온무사한 일생을 보냈다. 그 당시 교계는 복잡하여 교황을 둘러싼 분열과 소란이 계속되었고, 개혁가 후쓰나 제롬의 처

형 사건 등도 있어서 다사다난한 시대였지만, 켐피스는 조용히 수도
원에서 깊이 명상을 즐기는 성격으로서, 다만 그리스도만을 사모하
고 때때로 설교하고 성서와 그 밖의 문서의 사본연구에 대부분의 시
간을 보내며 즐겼다.

신비적 경건한 지식인으로서 그가 쓴 신앙적인 서적이 적지 않지
만, 그 중에서도 그로 하여금 불멸의 명성을 떨치게 한 저서는 번연의
『천로역정』과 함께 기독교인들이 성서 다음으로 많이 읽는 『그리스
도를 본받아』(준수성법)이다.

책 내용은, 우리의 영적 생활의 가장 높은 부분을 명상하면서 그리
스도를 사모하고 본받아 그와 합일하는 중에 우리 옛사람의 성질의
악한 경향을 반성하며 고치는 길을 설명한 것이다.

적극적으로 세상에 나가서 죄악과 싸우는 길을 말하지는 않았지
만, 고요히 은둔하여 하나님과 친하게 깊이 사귀는 길을 감동적으로
가르쳤다.

이 책의 감동적 내용은 읽는 사람들에게 깊은 영향을 주고 있다.
그리스도에 대한 신비주의적 사랑 속에서 그리스도의 생애를 본받는
생활을 최고의 덕으로 사모하는 중세적 경건을 가장 잘 나타냈다.

토마스는 수도원 안에서 침묵과 벗 삼으면서 동료들과 열심히 일
하고 기도하며, 외부적으로는 나타내지 않고, 헛된 명예나 이름이 나
타나기를 싫어했다. 그는 92세로 세상을 떠났다.

# 50

## 로오사

자신의 아름다움을 파괴하면서
주님 따르는 고행의 길로 걸어간 성녀

로오사(Rosa de Lima)는 남아메리카 페루의 리마에서 태어났다. 어려서부터 경건 생활을 사모하여 수녀원에 들어가려 했으나 뜻을 이루지 못하고, 도미니꼬회 제3회 회원으로 집에 있으면서 혼자서 수도생활을 하며 기도와 희생과 노동으로 그 일생을 보냈다.

부모는 로오사를 시집보내려고 애쓰다가 로오사가 듣지 않으니 매를 때리는 일까지 있었으나 끝끝내 거절하고, 12세 때부터 자기 집에서 좀 떨어진 장소에 몸소 자기 손으로 조그만 기도처소를 짓고, 혼자 수도 생활을 했다.

그녀는 자기 키만한 십자가를 만들어 등에 지고 뜰 가운데로 돌아다니기도 하고, 손수 가시관을 만들어 쓰기도 했다. "나는 희생을 하고 싶다. 그것이 참말 내가 사람들에게 쓸모 있는 일이야. 나는 다른 사람을 위해서 기도하고 괴로움도 참아 받고 하는 거야."라고 말했다.

그의 은수처(隱修處)의 출입문도 겨우 사람 하나 간신히 기어들어 갈만한 좁은 문이었다. 로오사는 마음만 착한 것이 아니라, 그의 얼굴도 매우 아름다웠다. 그의 이름같이 한 떨기 장미꽃 같은 미모였다. 세상의 다른 처녀들 같으면 그것이 자랑스러운 것이었겠지만, 로오사는 자기의 미모가 젊은 남자들에게 유혹을 주는 것이 걱정이 되어서 일부러 거친 옷을 맵시 없게 입고, 머리를 깎고, 얼굴에는 화장 대신에 후추 가루로 피부를 문질러 나병환자 같이 흠집이 생기게 했다.

외부 사람들과의 교제를 완전히 끊고 은수처 문에는 자물쇠까지 장치해서 누가 좀처럼 들어오지 못하게 했다.

이와 같은 생활 속에서 하나님은 로오사에게 넘치는 은총을 베푸셔서 여러 번 아기 예수 모상으로 나타나서 그녀를 격려하고, 로오사가 하나님을 온전히 신뢰하는 한 무서워할 것은 아무 것도 없다고 말씀하셨다.

로오사는 가끔 영혼 내부에 들려오는 이상한 말을 들었다. 어떤 때는 하나님이 친히 말씀하시고, 어떤 때는 성모 마리아가 말씀하기도 했다.

그녀는 자기 죽을 날도 미리 알았다. "나는 성 발도로메오 축일에 죽을 거야. 죽는 날은 참으로 위대한 날이란 말이야. 그날은 참 생명이 시작하는 날이란 말이야." 했다.

페루에 오란다 해적함대가 침범해 왔을 때, 시민들은 로오사에게 국난을 위해 기도해 달라고 몰려왔다. 로오사의 기도로 해적선은 물러갔다.

그의 나이 31세 때 미리 예고한대로 여러 사람들이 주위에서 지켜보는 가운데 로오사는 미소 지으면서, "예수여, 나와 함께…" 하면서 임종했다. 페루 사람들은 로오사를 성인으로 알고 자기 나라를 지키는 수호 성인으로 존경하고 있다.

## 51

## 성 다미엔 1840~1889

나병환자에게 복음을 전하기 위해 스스로
나병환자가 되어 일생을 그들과 산 박애주의자

　다미엔(Joseph Damien)은 벨기에에서 출생했다. 그의 어머니는 자녀들에게 언제나 성자들과 순교자들의 이야기를 해 주었다. 따라서 그 집안에서 서너 명의 전도자가 생겨난 것도 우연한 일이 아니다.

　다미엔의 형은 신부가 되고, 두 누님은 수녀가 되었다. 다미엔도 어려서부터 동네 어린이들과 놀 때에도 수도사 흉내 내기를 좋아했다. 고행을 하느라고 잘 때는 남몰래 침대 위에 나무판자를 놓고 그 위에서 잤다.

　다미엔은 17, 8세 사춘기에 정신적 위기를 겪다가, 성 알퐁소 수도회 속죄회의 특별집회에 참석했다가, 죄의 사실과 하나님의 부르시는 소명의식을 명확히 느꼈는데, 그 은혜 체험이 너무 격렬했기 때문에 거의 미친 것 같았다고 한다.

루벤 신학교에 입학하여 수도생활을 하면서 그는 그 성당에 있는 유명한 동양선교사 자비어의 화상 앞에 자주 무릎 꿇고 앉아 명상을 했다. 그 무렵에 하와이로 보내는 선교사를 모집했는데 다미엔의 형이 선발됐으나, 장티푸스에 걸려 가지 못하게 되자, 다미엔이 형을 대신하여 허락을 얻고 떠나게 되었다. 그때 나이 23세의 홍안의 청년이었는데, 그때 고향을 한 번 떠난 후 25년 동안 다시는 고향 땅을 보지 못하고 말았다.

하와이에 가서 처음 몇 해 동안은 여기저기의 섬에서 전도하다가 그중 몰로카이 섬의 나병원의 비참한 소식을 듣고 자원하여 자기가 그 섬에 들어가기로 했다. 몰로카이 섬은 나병환자들의 '산 무덤'이라 불렸다.

거기 들어가는 사람은 모든 소망을 포기하지 않으면 안 된다. 이 생지옥에 살며 소망을 잃은 나병환자들은 밤낮 술 마시고, 도박을 하고, 계집을 서로 빼앗으려고 싸우고, 살인까지 했다. 다미엔이 처음 들어갔을 때 나병환자들은 자기네들은 환자들이기 때문에 다미엔에게 가까이 하려고 하지 않았다. 그래서 다미엔은 하나님께 기도하기를, "제가 나병환자들을 건지기 위해서는 저를 나병환자가 되게 해 주옵소서." 했다.

그러던 어느 날, 그가 뜨거운 목욕탕에 들어갔는데, 한쪽 다리가 감각이 없었다. 진찰해 보니 과연 그는 나병에 감염되고 말았던 것이다. 다미엔은 몰로카이 섬에서 16년 동안 1,600명의 나병환자의 장례식을 치렀고, 자기 손수 1,000개의 관을 짜고, 나병환자들의 시신을 무덤으로 운반하여서는 손수 무덤구덩이를 팠다.

그가 고향에 보낸 편지에서 자신을 가리켜 "나는 관을 짜는 목수입니다. 그리고 무덤을 파는 인부입니다."라고 했다.

# 52

## 마르틴 드 뽀레

일생을 종처럼 살면서 오직 가난한 자와
병든 자를 도운 수도사

마르틴 드 뽀레는 남미 페루의 수도 리마의 도밍고 수도원의 평수
사를 지낸 흑인이었다.

한번은 원장이 그의 수도원이 경제적 어려움 때문에 수도원에서
가보로 물려오는 성화를 팔려고 가지고 가는 것을 보고, 마르틴은 뒤
따라 가 "모든 수사가 아끼는 그 그림을 팔지 말고, 그 대신 나를 노
예로 파십시오." 했다.

그의 수도원에 구제 받으러 오는 사람의 수가 너무 많아 그들에게
줄 물건이 모자라자, 그는 기도하기를, "주여, 축복하시사 이 음식의
분량을 많게 하시어 여기 온 모든 사람을 배불리게 하소서." 했더니
60명이 배불리 먹고도 넉넉히 가지고 갔다.

마르틴은 일생동안 종의 길을 걷고, 가난한 사람과 병자 돕는 간호
의 사도였다. 그는 여러 사람을 간호하기 위하여 여러 번 같은 시간에

자기 몸이 동시에 두 장소에 나타나는 이상한 능력을 받았다. 수도원의 요한 신부가 병중에 있을 때 깊은 밤중에 문이 잠겨있는 방안에 마르틴이 나타나서 간호하기 위하여 신부 옆에 서서 한 손에 냉수, 또한 손에는 씨트를 들고 빙그레 웃고 서 있는 때도 있었다.

한번은 토마스 수사가 죽었는데, 마르틴이 십자가를 향해 기도하고 있노라니, 죽은 자를 위해 그 이름을 부르라는 지시를 받고 부르니 죽은 자가 소생하는 기적이 나타났다.

또 한번은 리마 강이 홍수로 인해 뚝에 물이 넘어 시내로 범람할 때, 사람들은 급해서 마르틴을 불러 기도를 부탁하니 기도 후에 강물이 고요히 흐르기 시작했다.

어느 때는 다른 수사와 함께 밖에 외출했다가 수도원의 6시 기도시간 전에 도저히 돌아갈 수 없어 걱정하는데, 수사들이 정신이 들어 보니 어느새 자기들이 성당 안에 앉아 있었다.

어떤 때는 마르틴의 방안에 지진이 나고, 대낮같이 밝고, 누워있는 그는 돌같이 움직이지 않았다. 어떤 때는 그의 몸이 불에 단 공 같이 빛나며, 공중에 8피드나 떠올라 빛나며, 십자가에 달리신 주님과 이야기하고 있기도 했다.

언제나 낡은 옷만 입던 그가 이상하게 새 수도복을 입는 것을 보고 "갑자기 옷에 허영이 생겼소?" 하고 농담 삼아 물으니, "아닙니다. 저는 수의를 입고자 한 것입니다. 4일 되기 전에 저는 세상 떠납니다." 했다.

그의 임종 때는 노동으로 거친 손에 십자가를 움켜쥐고, "저는 천국에 가서도 나의 벗들의 축복을 위해 기도하겠습니다." 사후에도 그의 몸은 따스하고 시신에서는 백합화 향기가 코를 찔렀다.

# 53

## 프랭크 북맨 1876~?

### 정신적 도덕적 재무장을 부르짖어
### MRA를 창설한 기독교 운동가

옥스포드 그룹 및 MRA(도덕재무장) 운동의 창시자인 프랭크 북맨 (Frank N. D. Buchman) 박사는 1876년 6월 4일, 미국 펜실베이니아 주 펜스버크에서 출생했다. 그의 가족은 자유를 사랑하는 분위기 속에서 살았다.

2백 년 전에 그의 조상들은 스위스의 갈렌 시가를 떠나 자유를 찾아 펜실베니아 주에 이주해왔다. 지금도 이 마을은 정돈된 농가와 정성껏 손질한 교회당과 교회 묘지를 갖추고 하나님을 경외하며, 생을 사랑하는 사람들이 살고 있다.

여기서 프랭크 북맨은 어린시절 그림도 그리고, 고기잡이도 하고, 친구들을 자기 집으로 초대하여 어울려 그들을 기쁘게 해 주었다. 그가 집으로 돌아올 때는 언제나 몇 사람의 친구를 데리고 와서 가정요리사는 불평을 했다.

소년 시절, 한번은 소녀 12명을 댄스파티에 초청하고, 그 중 한 소녀도 불만이 없도록 즐겁게 접대해 주느라 노력하기도 했다.

그는 뮤렌버그 대학을 졸업한 후, 웨스트민스터 신학을 공부하고 루터교회 목사로 시무하다가 필라델피아 시의 가장 빈곤한 거리 구석에서 불쌍한 고아와 가난한 아동들을 위하여 양육원을 세우고 봉사했다, 그후 펜실베니아 주립대학에 있는 기독교 사업의 지도자로 임명되었다.

북맨은, "사람 하나하나에 대하여 깊은 관심을 가져라."고 말했는데, 그의 인간성이나 업적은 이렇게 사람들을 하나하나 전심전력으로 봉사한 데 있다.

그는 막연하게 군중이라든지, 대중을 상대로 하면서 개인을 무시하는 그런 기독교 운동을 하지 않았다. "2층 창문에서 안약을 뿌리는 일은 아무 소용없는 일이다."고 그는 말했다. 1921년 이후 그는 '제1세기 크리스천 친교단(First Century Christian Fellowship)'을 창설했는데, 이 운동이 영국에선 옥스포드 그룹 운동으로 나타났다.

북맨처럼 사람들의 마음 상태를 정확하게, 그리고 신속하게 파악해 내는 사람은 드물었다. 그의 인간 이해는 고귀하기 짝이 없는 그의 천성인 동시에 그를 위해서 치러진 대가는 값비싼 것이다.

한번은 어느 만찬회에서 한 늙은 부인 곁에 앉아 있었는데, 그 부인이 북맨에게, "나는 좋은 일에 일생을 바쳤으므로 이제는 죽을 준비를 하고 있을 뿐이요." 했을 때, 북맨은 "죽을 준비요? 어째서 이제부터 살기 시작하지 않고요?"라고 반문했다. 그후 세계전쟁 중간기에 제네바에서 옥스포드 그룹을 국제연맹에 가입케 길을 열어준 사람이 바로 이 부인이었다.

세계가 군비확장에 광분하고 있을 때, 북맨은 거기 못지않게 큰 규

모로 정신적 도덕적 재무장을 부르짖고 다녔다. 많은 사람들이 이제
는 다 쓰러졌다고 슬퍼 탄식할 때도 그는 기독교 정신이 실제로 필요
하다는 것을 실증하는 세계적 운동을 전개해 갔다.

프랭크 북맨은 운동 전개에 있어 그는 언제나 새로운 형식과 영감
에 의하여 운동을 시작했다는 점이다. 처음에 그는 가정집회(Home
Party)를 장려했다. 이 집회는 호텔, 대학, 지방의 큰 주택 등에서 친
구 간에 모이는 비공식 집회였는데, 교회에 가 본 일이 없는 많은 사
람들이 안정된 분위기 속에 모여 실제적 신앙을 체험할 수 있는 기회
였다. 거기서 더 크게 국민적, 국제적 규모의 대 집회로 발전했다.

그는 이 집회에서 말하기를, "우리가 무슨 큰 일을 계획할 때, 그
일을 하는 데는 얼마나 거액의 비용이 들고, 얼마나 많은 사람이 방해
하고 적대하리라는 생각에 주저하지 말라. 다만, 우리가 생각할 것은
한 가지 밖에 없다. '이 일을 하는 것이 하나님의 뜻이냐, 아니냐' 그
것만 물으면 된다. 하나님의 뜻임이 확실할 때는 천만 인이 방해해도
밀고 나가야 한다."라고 했다. 이렇게 외치는 인자스런 북맨의 눈에
는 눈물이 흐르고 등에는 땀이 흘렀다. 그의 정열은 꺼질 줄 몰랐다.

옥스포드 그룹 운동은 제2차 세계대전 후 도덕 재무장 운동
(MRA=Moral Re-Armament)으로 재출발했다.

그들이 주장하는 4가지 절대(絶對)는 예수님의 산상 보훈 정신에서
나온 것인데, 다음과 같다.

절대 정직(Absolute Honesty)

절대 순결(Absolute Purity)

절대 무사(Absolute Selfishness)

절대 사랑(Absolute Love)

그들의 운동진행 방법에 특색이 있는 것은, 경청의 시간(혹은 묵상

의 시간; Quiet Time=Listening to God)을 새벽 고요한 시간에 갖는 것
으로, Guidance(지시를 받아 움직이는 것), Sharing(분담),
Surrender(복종), Restitution(보상), Change(생활변화), Faith(신앙)
을 실천하는 것이다.

이 방법으로 공산주의 사상과 전쟁과 도덕적 타락에 이지러져 가
는 세계를 개조(Remaking the World)하려고 거룩한 싸움을 전개하고
있다.

북맨은 부르짖었다. "현재 우리들은 세계를 제패하려는 세 가지 이
데올로기를 보고 있다. 하나는 파시즘, 또 하나는 공산주의, 그리고
마지막 하나의 이데올로기는 MRA이다." "하나님의 성령이 사람의
양심과 생활을 지배하게 되면, 우리 전부가 찾고자 갈망하고 있는 내
일의 세계가 건설되기 시작하는 것이다." "신은 해답이다. 모든 나라
의 혼란된 정치가들이 '하나님이 해답을 갖고 있다.' 는 확신을 가질
수 있다면 굉장한 혁명일 것이다."

# 54

## 카이탄 목사

인도인이 되어 말보다 실행으로
그리스도의 복음을 증거한 선교사

카이탄(Keithan) 목사는 미국인으로 미국 시민권을 버리고 인도에 가서 완전한 인도 사람이 되어 간디의 제자가 되고, 인도 독립운동에 참가하여 활동하다가 당시의 영국 정부에 의해 두 번이나 추방당했다. 그러다가 1947년 인도 독립과 함께 극적으로 인도에 되돌아 왔다.

그는 모든 서구적 생활을 버리고 놀라울 정도로 단순한 생활에 힘쓰고, 인도 사람들과 꼭 같이 인도 음식만 먹고, 인도 옷에 인도 돗자리에서 잠자고, 인도인의 종교적 신앙까지 배우려고 애썼다. 그러면서 그는 가톨릭, 프로테스탄트, 힌두교, 모슬렘 종교 사이의 에큐메니칼 운동에 힘썼다.

젊은 혁명가들이 찾아오면 그는, "우리는 가난한 세계 안에서 살고 있습니다. 그러기 때문에 만약 당신이 보다 더 훌륭한 혁명가가 되고자 한다면 당신은 될 수 있는 대로 단순하게 살지 않으면 안 됩니다." 라고 했다.

인도 사람들은 그를 보고, "당신은 우리와 함께 우리 안에서 살고 있습니다. 당신은 우리에게 매우 말을 적게 합니다. 당신은 그리스도 예수님께 대하여 결코 말은 하지 않았습니다. 그렇지만, 우리는 당신 안에서 예수님을 본 것 같이 느껴집니다."라고 했다.

마하트마 간디는 그의 제자인 카이탄 박사에게 말하기를, "당신네 기독교인은 왜 기독교는 좋은 종교라는 선전만 자꾸 하느냐? 선전할 필요가 있는가? 장미는 아름답다고 선전하지 않아도 책상 위 꽃병에 그냥 두면 누가 보아도 그 꽃은 아름답고 향기 나는 법이 아니냐?" 했다. 카이탄 박사는 겸손하게 이교도인 간디에게서 그 정신을 배워 일평생 실천했다.

# 55

**무디** 1837~1899

## 양화점 직공에서
## 세계적인 부흥 전도자로


드와이트 무디(Dwight Moody)는 1875년 2월 5일, 미국 노필드 성에서 7남 2녀 중의 6남으로 태어났다. 부친은 석공이었는데, 41세에 세상을 떠났기 때문에 그는 어려서 초등학교를 겨우 6개월 밖에 다니지 못했다.

10여세 때부터 그는 출판사 직공, 나무하는 초동 등으로 고생하다가 16세 경에 보스톤 시에 가서 외숙부가 경영하는 양화점 직공으로 취직했다. 그가 양화점에서 일하고 있을 때 교회 주일학교 선생 킴보리 씨가 찾아와서 전도하여 예수 믿게 되었는데, 그후 열심으로 믿어 1853년 3월 12일, 그의 나이 18세 때 성령으로 중생하는 체험을 받았다.

시카고 교회 주일학교를 맡아 가르치는데 학생 전원이 12명이고 교사는 16명이나 되었다. 그 때 무디는 자기 몸소 집집에 다니며 학생을 모집하여 가르치기 시작했는데, 그의 나이 22세 때 이미 학생수가 수천 명에 이르렀다.

전도하는 일에 열심이 난 무 
디는 24세 때 자기가 번 얼마
안 되는 돈으로 의식을 마련하
고 자급전도를 시작하여 길가
에 나서서 전도했다. 미국 남
북전쟁 때는 전쟁지역에 종군
전도하여 1,500여 회나 설교를
했고, 많이 모일 때는 1만 2천
명까지 모이기도 했다.

1867년에는 영국으로 처음
건너가 전도를 시작했고, 그 후 계속하여 영국 전도를 하는 중에
1877년 5월 런던 전도에는 2개월 동안 285회에 걸쳐 연인원 253만
명에게 설교했다.

1882년 6월, 재차 런던 전도할 시에는 연인원 2백만 명에게 전도
했다. 캠브리지와 옥스포드 대학 등에서 지식인을 상대로 고담준론
으로 설교해 보았지만, 효과가 없어 자기 본바탕대로 털어놓고 설교
하여 도리어 큰 효과를 거두었다.

무디는 전도가 잘 되지 않을 때면 하나님께 "하나님, 저를 도와주
시지 않으면 저는 다시 옛날의 구두 직공으로 되돌아 가겠습니다."고
하며 생떼를 썼다. 그는 언제나 충성스러웠고, 하나님의 뜻이라면 무
슨 일도 사양하지 않았다.

미국에서의 그의 활동은 1879년에 노필드 성에 무산 아동을 위한
여학교를 세웠고, 1881년에는 노필드에 허몬 남자학교를 세웠고,
1886년에는 시카고에 성경학교와 사경실을 설립하였고, 노필드 성경

학교도 세웠다.

노필드 허몬 대학에서 해마다 학생대회와 신자 하령회를 가져 매년 수천 명씩 모였다. 그밖에도 그는 문서전도를 위해 성서공회를 일으키기도 했다.

어느 부자가 술 공장을 굉장히 크게 짓고는 그 낙성식에 무디를 초청하고 빈정대는 뜻으로 무디에게 기도해 달라고 했다. 무디는 가서 기도하기를, "하나님, 이 술 공장이 얼마나 죄악을 많이 빚어냅니까? 오늘밤으로 당장 이 공장을 멸망시켜 주십시오." 하고 기도했다. 주인은 크게 분개하면서도 깨달은 바가 있었다. 끝내 그는 회개하고 그 공장은 후에 예배당이 되었다고 한다.

1899년 11월, 캔자스 어느 교회에서 설교하다가 병들어 고향 노필드 성에 돌아가서 12월 22일에 세상을 떠났다. 그의 나이 62세였다.

# 56

## **찰스 피니** 1792~1875

### 주님을 만난 후 놀라운 부흥운동을
### 일으킨 부흥사

　피니(Charles Finney)는 19세기의 놀라운 부흥사였다. 그는 본래는 법률가였는데, 법률공부 하는 중에 성경 말씀이 자주 인용되는 것을 보고 흥미를 느껴 성경을 사다가 보면서 그의 신앙이 자라기 시작했다. 그는 신자가 되었지만 죄 문제를 해결하지 못했다. 그의 생각으로는 이 문제를 해결 못한다면 죽어서 천국에 들어갈 수 없는 것으로 느껴졌다.

　1821년 늦은 가을 어느 날, 피니는 죄책을 깊이 느끼고 산에 가서 기도하려 하였다. 그러나 기도하려고 엎드려도 입이 꽉 막혀 말이 나오지 않았다. 억지로 몇 마디 중얼거려 보았지만, 그것은 마음 진정에서 우러나오는 기도가 아니었다. 피니는 안타까워서 부르짖었다.

"아! 나는 기도할 수 없다. 내 심령은 아주 죽어 버렸구나." 바로 그때였다. 그의 마음에는 "너희가 내게 부르짖으며 내게 와서 기도하면 내가 너희들의 기도를 들을 것이요, 너희가 온 마음으로 나를 구하면 나를 찾을 것이요 나를 만나리라"는 예레미야 29장 12~13절 말씀이 마음에 번갯불같이 지나가면서 빛을 주었다.

특히 그 구절 중에, "구하면" 하는 구절이 그의 가슴을 찌르듯 강하게 감동되어 왔다. 피니는 즉석에서 자기는 주님의 말씀을 그대로 믿겠노라고 맹세했다. 그러는 순간 그는 주님을 느꼈다. 자기 존재를 의심할 수 없을 만큼 하나님의 존재도 의심할 수 없었다. 그의 마음은 놀라울 만큼 평화로 가득 찼다.

그가 고요히 집으로 돌아오는데, 모든 사물이 다 아름답게만 보이고 마음은 기쁨의 감정이 끓어오르는 듯하여 집에 와서 빈방에 기도하러 들어갔다. 방에는 불이 켜 있지 않았는데도 웬일인지 빛이 가득 차 있는 느낌이었다.

문을 닫자 그의 눈앞에는 예수님의 얼굴이 마주 보였다. 주님은 피니를 바라보고 있었다. 감격에 넘친 피니는 주님 발 앞에 엎드려 소리쳐 울었다. 통회하면서 전 심령을 바쳤다. 그의 눈물이 주님의 발을 적신 듯 했다. 기도를 마치고 자기 사무실에 돌아 왔을 때, 피니의 전신은 전기가 통하는 듯한 느낌과 함께 성령의 세례를 받았다. 사랑의 파도가 밀려 왔다. 그는 견딜 수 없어서 "나는 죽겠습니다. 이 파도가 멎지 않는다면 죽을 것 같습니다." 하고 소리쳤다.

이 체험을 겪고 나서 그는 사도시대 이후 처음 보는 놀라운 부흥운동을 일으켰다. 그는 1857년부터 두 해 동안에만 10만 명 이상을 그리스도에게 인도했다.

# 57

## 클라센 목사

### 고문을 받으면서도 또 다시
### 하나님을 소개한 담대한 목회자

구소련연방 안에는 17개의 공화국이 있었는데, 그 중 우크라이나 공화국은 교회 박해를 심하게 했는데, 3년 동안 7백 개소의 교회를 불도저로 밀어 버리든가 TNT로 폭파시켜 버렸다. 교회건물을 그냥 보존해 두는 곳에서도 교회를 극장이나 석탄 저장소, 목욕탕, 도서관, 혹은 탱크 넣는 창고로 사용하였다.

그렇게 핍박을 가해도 기독교인들은 신앙을 버리지 않고 숨어서 노천에서나 혹은 야채 밭에서 은밀히 모여 예배를 드렸다. 그런 교회 외에도 숨어서 예배드리는 지하교회들이 있었다. 그들의 예배는 생명을 걸고 하는 열성적 예배였다. 지하교회 예배는 보통 2시간에서 8시간 동안이나 드렸다.

이러한 예배처에서 목사가 잡히면 보통 20년에서 25년 징역에 처해졌다. 노천에서 예배드리다가 무장 경관들의 습격과 포위를 받으

면 경관들은 무차별 발포했는데, 총에 맞아 죽는 교인도 많았고, 또
는 소방차를 동원하여 물을 끼얹는 일도 있었다.

어떤 군인은 예수를 믿었다고 가슴을 불로 지지고, 칼로 난도질해
서 시체는 흑해에 던져 버렸다. 그들은 니콜라이라는 이에게 예수 믿
었다고 혓바닥을 뽑고 화저가락으로 전신을 찌르고 불에 달군 철판
으로 발바닥을 지졌다.

이 같은 격심한 박해 속에서도 기독교인은 계속 증가되어 갔다. 집
회는 왕성했고, 교인들은 생명을 걸고 예수를 믿었다. 구소련 내 기
독교인들은 이런 박해 속에서 뜨거운 형제애에 불타고 있었다. 교인
중 누구 한 사람이 잡혀 가게 되면 남은 교인들은 잡혀간 교인의 남은
가족을 부양하는 책임을 지고 서로 보살펴 주었다.

그 당시 구소련 내에는 성경이 없어서 비밀로 들어오는 성경을 사
는데, 한 권에 160달러나 했다고 한다. 그래서 보통은 손으로 필사한
것을 숨겨 두고 읽었다.

독일계 구소련인 목사 클라센(David Klacen)은 한국에 와서 순회하
면서 그 실정을 강연한 바 있었다. 그의 말을 들어 보면, 그 당시 소련
법률은 18세 이상의 남자가 교회에 나가는 것이 발각되면 형벌을 받
고, 기독교인을 도와주는 이는 3년 형을 받으며, 가정에서 자녀들에
게 기도를 가르치는 부모는 체포되어 감옥살이를 하며, 성경책은 반
소문서로 취급한다고 했다.

클라센 목사는 17세 때 교회에 나가 침례를 받고 6주일 만에 체포
되어 사형수들과 함께 형장에 끌려 나가 손수 자기가 묻힐 구덩이를
팠다. 죄수들을 세워 놓고는 술에 만취된 소련군인들이 기관총을 난
사했다. 그런데도 함께 끌려간 사람들이 죽어 쓰러지는 그 속에서 클
라센만은 기적적으로 용케 살아났다.

그는 네 차례나 붙잡혀 도합 10년간이나 감옥살이를 했다. 고문 받을 때는 손가락 끝을 바늘로 찌르며, 입 속에다 담배불을 억지로 쓸어 넣기도 하고, 작은 고무옷을 억지로 입혀 놓고 숨쉬지 못하게도 했다. 그는 시베리아 감옥으로 끌려갔다. 그곳 감옥에서는 기독교인들을 인간 생체실험 재료로 사용했다고 한다.

# 동양편

성 안토니(255?~356)  프란시스코 자비에(1506~1552)  안디옥의 성 익나티어스  파코미우스(292~34

마더 테레사(1910~)  성 조쉬머스와 통회녀  시메온(390~459)  사두 쎈다싱(1893~?)  토마스 목새18

사(1869~1935)  주기철 목사(1897~1944)  백인숙 전도사(1916~1950)

김린서 목사  손양원 목사(?~1950)  박관준 장로(?~1945)

(1901~1933)  남강 이승훈  조만식 장로  방학성 목사  방

사(1880~?)  이세종  이현필 선생(1913~

주리아  마리 마들렌 수녀  최회천 목사

성 안토니(255?~356)  프란시스코 자비에(1506~1552)  안디옥의 성 익나티우스(35?~110)  파코미우스(292~348)  구브로의 성 요한(560~619)  마더 테레사(1910~1997)  성 조쉬머스와 통회녀  시메온(390~459)  사두 쎈다싱(1893~?)  토마스 목사(1840~1866)  길선주 목사(1869~1935)  주기철 목사(1897~1944)  백인숙 전도사(1916~1950)  박형룡 박사(1897~1978)  박의흠 전도사  최봉석 목사(1869~?)  김린서 목사(1894~1964)  손양원 목사(?~1950)  박관준 장로(?~1945)  최덕지 여사(1901~1956)  김익두 목사(1874~1950)  이용도 목사(1901~1933)  남강 이승훈(1864~1930)  조만식 장로(1883~1950)  방학성 목사  방애인 양(1909~1933)  최용신 양(1907~1935)  김교신 선생(1901~?)  최홍종 목사(1880~?)  이세종(1880~1942)  이현필 선생(1913~?)  유영모 선생(1890~1981)  현동완 선생(1899~1963)  강순명 목사(1898~1959)  김천자 수녀(?~1979)  노병재 집사(1904~1950)  김용기 장로(1912~1988)  주리아(?~1651)  마리 마들렌 수녀(?~1978)  최회천 목사  우찌무라 긴조(1861~1930)  가가와 도요히꼬(1888~1960)  김현봉 목사(1884~1965)

# 58

## 성 안토니 255?~356

재산을 가난한 사람들에게 나눠주고
일생을 암자에서 기도로 보낸 성자

안토니(St. Anthony)는 주후 251년경 로마제국 테기우스 황제의
박해 시대에 이집트 데바잇의 코마라는 거리에서 큰 부자의 아들로
태어났다. 기독교인이었던 양친은 안토니와 여동생 하나, 그리고 막
대한 재산을 유산으로 남기고 일찍 세상을 떠났다.

슬픔에 잠겨 지내던 어느 날, 안토니는 주님을 따르던 사도들이 복
종하던 생활을 명상하며 말씀을 보던 중에 마태복음 19장 21절에 예
수님께서 부자 청년에게 "네가 온전하고자 할진대 가서 네 소유를 팔
아 가난한 자들에게 주라 … 그리고 와서 나를 따르라" 하신 말씀이
자기에게 직접 하시는 주님의 말씀처럼 여겨져, 즉시 결심하고 재산
을 처분하여 가난한 이들에게 나눠주고, 자기는 세상을 버리고 은둔
하여 전적으로 기도 생활에 들어갔다.

처음에는 자기 사는 마을 가까운 데서 수도하는 늙은 은자 밑에서

기도와 단식과 노동의 생활을 보내다가, 거기서 떠나 더 깊은 기도의 경지에 들어가려고, 도시와 친척과 교회를 멀리 떠나 쓸쓸한 묘지 빈 무덤 속에 들어가 35세가 되도록 기도하며 수도생활을 했다.

그러나 안토니는 기도생활에 더욱 더 철저하고 깊은 지경을 사모하여, 거기서 다시 떠나 나일강 근처 피스필 거리에서 얼마 떨어진 옛날 성터의 폐허된 성채를 수도의 처소로 선택하고, 거기서 20년 동안이나 살면서 기도했다. 그곳은 뱀과 독사, 도마뱀 떼들이 우글거리는 곳이었다.

향기를 맡고 벌떼들이 모여오듯, 기도하는 안토니의 소문과 그의 덕을 사모하여 사방에서 찾아오는 많은 사람들이 그곳으로 몰려왔다. 안토니는 처음에는 그들을 만나 주지 않았으나, 그들의 열심에 못 이겨 그들의 신앙을 지도해 주며 제자를 삼아 함께 기거하는 생활을 하게 되었다.

이 기간 중의 안토니의 고행은 매우 엄격하여 하루 한 끼를 해가 진 뒤에 먹고, 혹은 2일 1식을 하기도 하고, 밤에는 자지 않고 기도로 새며, 먹는 것이라곤 빵과 소금과 흐르는 냇물뿐이었다. 가을이면 산에서 대추를 주워 먹기도 했다. 휴식할 때는 풀방석을 깔고 알몸으로 잤다.

안토니의 수도생활에서 현저한 것은, 기도 중에 계속 겪은 사탄과의 싸움이었다. 사탄은 안토니의 기도 생활을 중단시켜 보려고 여러 가지 방법으로 시험했다. 때로는 그의 친척이나 친구 모양으로 나타나 꾸짖기도 하고, 때로는 정욕으로 꾀되 대부분의 수도자에게 그런 시험이 있듯이 요염한 나신(裸身)의 미녀로 나타나 유혹하기도 했다.

그밖에도 여러 가지 더러운 모습을 지어 환상 속에, 혹은 꿈속에서, 또는 때때로 대낮에까지 나타나서 안토니의 지난날의 호화롭던 생활을 그리워하게 유혹하고, 육감적 정욕을 자극하고, 또는 세상에 두고 온 여동생에 대한 도의적 책임을 추궁하기도 했다.

사탄과의 이 같은 치열한 싸움은 결국 안토니가 기도하던 굴 지붕을 뚫고 초자연의 빛이 비쳐 들어옴으로 승리하게 되었다. 안토니는 시험 받는 일을 설명하기를, 사탄의 이 같은 여러 가지 형상은 결국 내 마음속에 있는 정욕, 호기심, 탐욕의 반영이라고 했다. 결국 자기 속에 있는 이런 욕심과의 싸움에 지나지 않으며, 이런 사탄과의 싸움을 이기는 가장 좋은 무기는 절대 신뢰와 경건이라고 말했다.

안토니는 말년에 다시 더 깊이 고독과 침묵 속에서 하나님과 사귀고자 피스필을 떠나 홍해 가에 뻗은 사막을 가로 질러 동쪽으로 3일 길을 걸어가서 사막 속의 콜짐(Colzim) 산에 들어가 죽기까지 거기 머물렀다.

지금도 이곳을 '안토니의 산'이라 부른다. 거기서 기도, 명상, 고행, 노동의 수도생활에 정진하며, 몸에는 털로 짠 고행복에 가죽 띠를 띠고, 고독과 침묵 속에 금욕 고행을 하였다.

그는 세상에는 두 번 밖에 나가지 않았다. 한 번은 순교하고 싶어서 일부러 나갔고, 또 한 번은 그의 전기를 쓴 친구 아타나시우스를 격려하러 나갔었다. 사람들이 그의 입산을 만류하면 "물을 떠난 고기와 마찬가지로 기도의 암자를 떠나는 은수사(隱修士)는 죽는다."고 대답하면서 흔연히 백발을 휘날리며 지팡이를 짚고 산으로 되돌아갔다.

그는 356년, 105세 때 세상을 떠났는데, 임종하면서 제자 두 사람을 불러, 자기 시체를 그냥 땅에 묻고, 그 묻힌 자리는 아무에게도 알리지 말라고 유언했다.

## 프란시스코 자비어 1506~1552

순교할 각오로 순교자의 유골을 품고
인도와 일본을 전도한 성인

프란시스코 자비어(Francisco Xavier)는 제수이트회의 선교사로 '인도의 사도'라 불린다. 그는 스페인 귀족의 아들이었다. 어려서부터 기질이 활달하고 강건했지만, 군인이 되기보다 학문을 좋아했기 때문에, 1524년 부친은 그를 파리 대학으로 보내어 성 바라바 학교에서 유학하게 했다.

거기서 그는 제수이트회 창립자인 스페인 사람 익나티우스 로욜라와 알게 되었는데, 로욜라는 그를 보자마자 자비어가 외국 선교사로 가장 적당한 자격 있는 인물인 것을 발견하고, 그를 권하여 자기 제수이트회 선교사업에 참여하도록 권유하여 승낙을 얻었다.

그를 포함한 7명의 동지를 얻어 1534년 제수이트회의 기초를 마련하고, 처음엔 성지선교를 계획했다. 자비어는 1536년 동지들과 함께 이탈리아 로마에 가서 교황 바울 3세에게서 성지선교의 허가를 얻고 안수례를 받았으나, 때마침 베니스와 터키전쟁 때문에 성지에는 못 가고 말았다.

할 수 없이 그는 동지들과 함께 내지 전도를 하고 있다가 동인도에 선교사를 파견하려는 계획이 있음을 알고, 자비어는 로욜라의 권면으로 인도에 선교사로 가기로 하고, 1541년 4월 7일 그의 35세 생일날, 리스본에서 인도를 향하여 출발했다.

배 안에서도 자비어의 감화력은 모든 사람에게 큰 영향을 주었다. 그는 이듬해 5월 인도 '코아'에 도착했다. 그는 그곳에 5개월 동안 머물면서 활동하여, 그들의 구령과 아울러 도덕상 여러 가지 생활 개선을 지도해 주고, 그 후 거기를 떠나 해안지대로 15개월 동안 다니면서 전도하다가, 1543년말에 다시 코아에 되돌아 와서 근처 여러 지방에 다니며 효과적인 전도를 했다.

자비어는 인도에 올 때 가슴에 순교 성자 유골을 품고 와서 그 유골을 품은 채 여러 지방에 다니면서 전도했다. 마리카 전도 중에 일본인 '한시로'란 이를 만나 전도하여 기독교로 개종시켰는데, 그 한시로에게서 일본에 대한 이야기를 듣고 일본에 전도하려는 결심이 생겨 한시로를 데리고 그의 고향인 일본 가고시마에 가기로 하고, 1549년에 역시 순교 성자의 유골을 안고 일본에 갔다. 거기로부터 전도를 시작하여 그 후 히라도로 가고, 다시 교토에 가 전도하고, 야마구찌 벳부 등지에까지 전도하여 가는 곳마다 많은 사람을 예수 믿게 했다.

짧은 기간 동안이었지만, 가는 곳마다 많은 사람이 예수 믿고 세례 받고 교회가 생겼는데, 그의 감화력이 매우 컸던 것 같다. 처음엔 거지 차림으로 전도 다녔으나, 그 후엔 몸차림을 고치고 규슈, 쥬고구 지방을 편력했다.

그는 굉장히 인격적 감화력을 지닌 하나님 은혜의 종이어서, 1년 남짓한 동안에 가는 곳마다 수천 명의 개종자를 일으켰고, 그 후 50년간 그가 뿌린 제수이트회의 노력은 50만 명이 넘는 '기리시단'(크리스천)을 일본에 일으켰던 것이다.

그들은 '도꾸가와' 정권의 잔학한 박해 속에서도 숨어 신앙을 굳게 지켜 금교령을 철폐한 메이지 2년에 이르자 당장 2만 5천 명의 신자가 쏟아져 나왔다. 신의 섭리는 한 사람의 자비어를 일본에 보내었으나 예수 그리스도에게 붙잡힌바 된 그는 홀로 전도하여 수많은 영혼을 소생시켰던 것이다.

자비어는 1551년에 일본을 떠나 중국 본토에 선교하려 계획했지만, 그 당시 중국은 쇄국정책을 쓰고 있어 중국 선교의 뜻을 이루지 못하고, 인도 코아에 되돌아가 포르투갈 영의 어느 인도 왕에게 설득하여 중국으로 사절을 보내도록 권유하여 승낙을 얻은 후, 베리라를 선택하여 사절로 보내면서 자비어가 수행원으로 가기로 했다.

자비어는 1552년 4월 인도를 출발하여 마리카에 이르렀는데, 그곳 태수가 사사로운 감정을 품고 그 길을 방해했기 때문에 뜻을 이루지 못하고 기다리고 있다가 자비어만은 그 해 7월에 마리카를 떠나 8월 말에 중국 광동 부근에 도착했으나, 그곳에서 열병에 걸려 12월 2일 세상을 떠나고 말았다. 그는 1612년 성인으로 추대되었다.

## 60

# 안디옥의 성 익나티우스 35?~110

## 복음 때문에 맹수의 먹이가 됨을
## 오히려 영광으로 여긴 순교자

익나티우스(St. Ignace d' Antioche)는 시리아에 있는 안디옥의 감독으로 사도 요한의 제자인 듯 하다. 그는 40년 동안이나 안디옥 교회의 감독으로서 전형적인 목회자였다. 로마 황제 트라야누스는 황제의 명령으로 그를 체포하여 로마로 호송하던 민중들에게 환락의 구경거리로서 맹수의 먹이가 되게 하라고 명령했다.

이 소식을 들은 익나티우스는 부르짖기를 "오 주여, 저로서 할 수 있는 가능한 범위 안에서 주님께 대한 저의 사랑의 전부를 증거할 수 있는 기회를 주신 일과, 또 성 바울 사도를 본받아 주님을 위해 쇠사슬에 묶일 수 있는 일을 허락해 주셔서 감사합니다."라고 했다.

그가 체포되어 로마로 호송되어 가는 동안 그를 호송하는 10명의 호송병들은 아주 잔인한 자들이었다. 그 가운데서도 그는 서머나에서 4통의 편지를 써서 교회들에 보냈고, 드로아에서도 3통의 편지를 썼는데, 그 편지들은 모두 지금까지도 보존되어 전해지고 있다.

결국, 익나티우스는 주후 107년 로마 투기장에서 찬란한 순교의 죽음을 맞이했는데, 평소에 그가 그리스도와 일치하려고 열렬히 갈망하던 일을 성취하였다. 그가 호송병에게 끌려가면서 교회들에게 써 보낸 편지 내용에는 다음과 같은 감격스러운 글귀들이 적혀 있다.

"나는 모든 교회에 이 편지를 씁니다. 그리고 여러분이 방해하지 않는 한 나는 기뻐 하나님을 위해 죽으려는 결심을 하고 있다는 것을 여러분에게 알려드립니다. 제발 부탁은, 여러분은 내게 대해서 이 시기에 가능하지 않는 호위를 베풀어 주지 말기를 바랍니다.

내가 맹수의 밥이 되도록 맡겨두십시오. 그 일로 말미암아 나는 하나님을 발견할 수 있을 것입니다. 나는 하나님의 곡식으로 맹수의 이빨에 절구질 되어 그리스도의 순수한 빵이 될 것입니다. 도리어 맹수를 격려해 주십시오. 그것은 맹수가 나의 무덤이 되고, 나의 육체는 아무 것도 남기지 않고 최후의 잠을 잘 때, 나는 누구에게 시체 처리의 수고도 끼치지 않게 해 주겠기 때문입니다. 내가 실제로 예수 그리스도의 제자가 되는 일은 이 세상에서 더 이상 나의 육체가 보이지 않게 되는 때입니다.

맹수의 이빨에 의하여 내가 하나님께 바쳐지는 희생제물이 될 수 있도록, 나를 위해 그리스도께 간구하여 주십시오. 나는 베드로나 바울처럼, 여러분들에게 명령하지는 않습니다. 그들은 사도였지만, 나는 죄의 선고를 받은 자입니다. 그들은 자유의 몸이었지만, 나는 지금에 이르기까지 노예입니다. 그러나, 만일 내가 고난을 받으면 예수 그리스도에 의하여 해방되어(고전 7:22), 그리스도 안에서 자유의 몸으로 재생할 것입니다. 지금은 쇠사슬에 매여서 이 세상 욕망을 죽이는 일을 배우고 있습니다."

# 61

## 파코미우스 292~348

### 공동 수도생활을 할 수 있는
### 수도원을 최초로 창설한 수도사

파코미우스(Pachomius)는 주후 292~348년 어간에 이집트에서 최초의 수도원을 창설한 분이다.

그는 테바이스에서 나서 군인으로 있다가 그 당시 은둔 수도하는 사람들이 많이 일어나던 영향을 받아 20세 때 성 안토니의 제자 중 가장 엄격했던 파레몬의 밑에서 훈련을 받으면서 광야에서 은둔 생활을 했다.

수도생활의 가장 중요한 요소는 고독과 침묵으로, 수도자들은 되도록 혼자서 하는 수도를 하려 노력했지만, 혼자서 수도생활을 하다간 자칫하면 성질이 거칠어진다든지 우울하고 광망(狂妄)에 빠지기도 쉽고, 어려운 시험을 겪고 잘못되기도 쉬우며, 적극적 고행 금욕 생활하던 반동으로 타락할 위험성도 있었다.

인간은 아무래도 완전히 혼자 살기는 힘들고, 집단성을 가지고 있기 때문에, 처음에는 성 안토니같은 큰 인물 중심으로 그를 사모하여 많은 수도자들이 그 주위에 모여 각자가 암자를 짓고 수도하던 끝에, 결국 조직이 생기고, 집단적으로 함께 거하는 수도 생활이 시작되는 것이다.

파코미우스는 20세쯤에 기독교인이 된 듯한데, 당시 은수사들의 불규칙한 생활을 보고 불만스러워 공동 수도생활을 하는 수도원을 처음으로 창설한 것이다. 그는 이집트 테베의 나일강에 있는 타베니시 섬에 '코이노비온'이라 부르는 공동생활체를 만들어 각처에서 제각기 따로 수도하는 이들을 한데 집합시켰다. 여기서 공동 생활하는 수도사를 '코이노비오스'(공동생활자)라 불렀다.

그의 수도원은 우선 넓은 부지를 마련하고, 그 주위 전체를 높은 담장으로 둘러싸고(세상과의 격리와 도둑의 방지를 위해), 그 안에 5~6동의 건물을 적당한 위치에 세웠다. 매 동마다 20명 내지 40명의 수도사가 한 사람 감독 밑에서 일정한 규칙에 따라 공동생활을 하게 했다.

매 건물마다 기능별로 수용시키되, 목수는 목수들끼리, 농부는 농부들끼리 함께 숙식하고 노동하게 했다. 수도사 한 사람은 각각 자기 수실(修室; 거처하는 방)을 가지게 했지만, 경우에 따라서는 3명이 같은 수실에 거처하게 하기도 했다.

수도원 경내에는 성당, 식당, 주방, 외래손님 숙박실, 정원, 작업실, 농장 등이 있었으며, 가장 전성기에는 수도사의 수효가 1천 4백 명이 넘었다고 한다. 자세한 규칙은 전해지지 않지만, 전체 수도사를 알파벳 글자순으로 24개의 조로 나눠 그 중에서 정신력이 단순한 자를 맨 앞에 두고 정신력이 예민한 자는 맨 나중에 배치했다고 한다.

토요일과 주일이 되면, 수도원 안의 전원이 중앙 성당에 함께 모여 예배와 성례전에 참여케 하고, 보통날의 성무일과(聖務日課)는 각각 자기네 건물 안에서 지키게 했다. 수도사는 청빈과 순결생활과 금욕을 힘쓰지만, 집단적 공동체 안에서는 질서를 위해 복종(순명)의 덕을 강조하였고, 기도와 예배 외에도 특히 노동을 의무적으로 실천시켰다.

농사짓는 일 외에도, 나일강에서 자라는 풀로 광주리나 방석을 짜게 했고, 종려나무 잎으로 여러 가지 공예품을 만들었다. 수도원에서의 이 같은 노동 정신은 "게으른 것은 영혼의 적이다."라는 수도정신 때문이기도 했지만, 동시에 이것으로 수도원이 자급자족 해 살아가는 자활의 대책이기도 했다.

파코미우스는 수도원 제도의 큰 전환을 가져왔고, 그는 모든 수도원 양식의 기본적 모형을 보여 주었다. 그의 코이노비온은 유럽 수도원의 선구자 역할을 했다.

그가 세상 떠날 때는 그의 지도 밑에 세워진 대수도원 9개 처와 여자수도원 2개 처가 있었다.

# 62

## 구브로의 성 요한 560~619

백발의 성직자로 교인에게
꿇어 엎드려 용서를 빌었던 사랑의 실천자

바나바의 고향 구브로 섬에서(행 4:36) 바나바 이후 5백년 만에 요한(St. Ioannes, Cyprus)이라는 성자가 태어났다. 그는 본래 큰 부자였으나 처자가 세상 떠난 뒤에 인생의 무상을 깨닫고 몸을 주께 바치고 거룩한 생애를 보냈다.

그의 명성이 높아가면서 알렉산드리아 교회 감독이 되었다. 그는 알렉산드리아 교회에 처음 취임할 때 부하에게 명하기를 "이곳에 내가 섬길 주인이 얼마나 있는지 조사해 오라." 하였다. 부하들은 무슨 말인지 몰라 어리둥절하면서 다시 물으니 "우리 주님이 섬기시던 가난한 형제들이 곧 내가 섬길 주인이다."라고 대답했다. 그래서 조사한 결과 알렉산드리아 지방에는 생계가 막연한 가난한 이들이 7천 5백 명이나 되었다.

요한이 감독으로 있는 동안 그는 빈민구제를 얼마나 힘썼던지 그

"

의 노력에 호응하는 이가 사방에 생겨 뜻밖에 거액의 구제금이 많이 들어왔고, 나중에는 구제받을 사람이 없어질 지경이었다.

한 번은 감독의 부하인 서기 두 사람끼리 서로 주먹질하면서 싸우는 것을 보고 불러다가 두 사람 다 책벌하였더니 한 사람은 순복했으나, 다른 한 사람은 끝까지 복종치 않고 원망하면서 예배에도 참석치 않았다.

요한은 어느 주일날, 성찬식을 거행하다가 마음에 예수님께서 "네 형제에게 원망들을 만한 일이 있는 것이 생각나거든"(마 5:23~24) 하신 말씀이 생각나서 성찬식을 잠시 중단하고 교인들에게 기도하며 기다리게 하고, 교부실에 들어가서 그 서기를 불러다 앉히고, 자기는 감독의 금빛 성직자 옷을 입은 채 서기의 발 앞에 꿇어 엎드려 백발이 성성한 머리를 땅에 조아리면서 "내 형제여, 용서하시오." 하며 사과하였다.

고집을 부리던 서기는 감독의 그 모습에 황송하여 어찌할 바를 모르고 그만 땅에 털썩 주저앉아 엉엉 울어버렸다. 요한은 울고 있는 서기를 껴안고 눈물을 씻어준 뒤에 함께 교회에 데리고 와 성찬을 계속하였다.

언젠가 요한은 지방 총독과 의견대립으로 다툰 일이 있었는데, 흥분한 채 집에 가 있던 총독에게 저녁 무렵에 요한에게서 편지 한 장이 전달되어왔다. 펴 보니 거기에 "지금 해가 저물어 갑니다."라는 한 마디가 적혀 있었다(엡 4:26).

무슨 소리인가 곰곰이 생각해 보니 성경에 "분을 품어도 죄를 범하지 말고, 해지도록 분을 품지 말라."는 뜻이었다. 총독은 깊이 감동되어 자기 잘못을 사과하고 화해했다.

# 63

## 마더 테레사 1910~1997

### 가난한 이들을 위해서 살라는 계시를 받고, 그들을 위해 봉사했던 빈민의 성녀

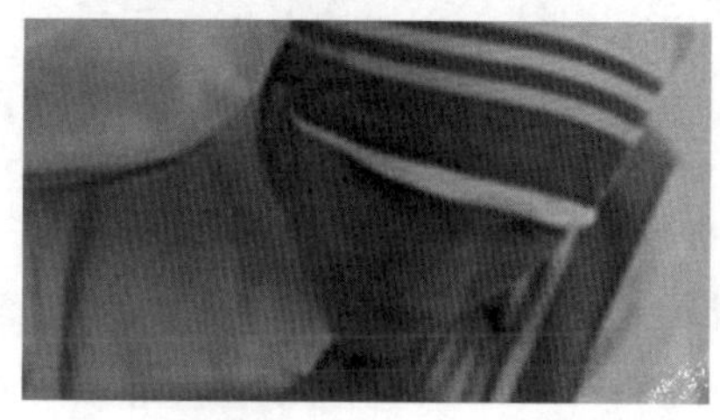

20세기의 빈민의 성녀요, 1979년도 노벨평화상을 탄 인도의 수녀 마더 테레사(Mather Theresa)는 1910년 8월 유고슬라비아에서 태어 났다.

테레사는 어려서부터 불쌍한 사람을 도와야 한다는 열망과 사명감 에 불탔다. 18세 되던 해에 이 꿈을 실현할 결심을 세우고 집을 떠나 수녀원에 들어갔다. 처음에는 아일랜드의 로레토 수녀원에서 훈련을 받았고, 그후에 인도 캘커타에 가서 성 매리 여자고등학교 교사로 일 하던 중 그의 생애에 큰 전환기를 맞았다.

1946년 9월 10일, 36세 때 다르질링으로 가는 기차 속에서 그녀는 "가난한 이들을 위해서 살라."는 그리스도의 목소리를 들었다. 그녀 는 이날을 '계시의 날'이라 불렀다. 이 부르심에 따라 그녀는 굶주린 빈민 구호 사업에 맨손으로 뛰어들었다.

그녀는 '사랑의 선교회'를 조직했다. 지금은 인도 캘커타를 비롯하여 인도 전역과 남미, 아프리카, 오스트레일리아 등 세계 각처 67개 소에 분원을 설치하고, 8만여 명의 후원자를 갖고 있다.

테레사는 2년간 캘커타를 떠나 로마에 가서 교황에게 그녀가 혼자 나가서 행동할 수 있는 자유로운 수녀의 특권을 받아 인도로 다시 귀국하여 미국인 수녀들이 경영하는 선교사 의료기관에서 단시일에 간호교육을 마치고는 캘커타의 슬럼가에 투신했다.

더럽고, 가난하고, 비위생적인 가난한 사람들이 사는 거리에 뛰어들어가, 그녀는 아무 일이나 닥치는 대로 해 나갔다. 길에 버려진 아이들을 모아 위생을 가르치고, 병든 어린이에게는 약을 처방해 주고, 양식이 없는 집에는 양식을 제공해 주었다. 어떤 때는 환자를 안고 병원에 찾아가 병원의 문이 열릴 때까지 환자를 안은 채 꼼짝 않고 서서 문을 두드렸다.

테레사 수녀가 이렇게 불쌍한 이들에게 봉사하는 일에 성공을 거둔 것은, 가난한 사람들의 시선을 정시하여 그들이 안고 있는 외로움과, 유머, 성실, 그리고 가난함 속에 숨어 있는 고귀한 정신을 이해하고 격려해주었기 때문이다. 가난한 백성들은 빵보다 그들을 이해해 주기를 더 고대하는 것이다.

테레사는 말하기를 "사람들이 가난한 자들의 위대함을 알기를 간절히 원합니다. 언제인가 나는 굶고 있는 힌두교 가정을 찾은 일이 있는데 그 집의 어머니는 자기는 굶는 가운데서도 자기 양식의 반을 나눠 이웃 모슬렘교를 믿는 집에 나누어 주고 있었어요. 그 어머니는 '이웃집도 우리처럼 배가 고파요.' 라고 말했다.

테레사는 국적이나 종교의 구별이 없이 모든 사람의 사랑을 받고

있다. 힌두교, 모슬렘교, 기독교인 누구나 테레사의 위대한 봉사와
고행을 찬양하고 있다.

'빈민의 성녀' '현대의 붓다' '우리의 어머니'로 존경하고 있다.
작은 키에 약한 체구지만 두 눈은 빛나고, 태도는 조용하고 솔직했으
며 여행할 때는 반드시 열차 3등칸을 타고 다녔다.

1997년 9월 5일, 87세를 일기로 캘커타에서 세상을 떠났다. 9월
13일 인도 국장으로 장례를 치렀고, 2003년 10월 19일 요한 바오로
2세에 의해 성인 반열에 오르게 되었다.

# 64

## 성 조쉬머스와 통회녀

윤락생활 속에서 하나님의 음성을 듣고,
일생 광야에서 참회생활 한 여인

수도원장 조쉬머스가 어느 날 요단강 기슭 사막에서 기도하고 있었는데, 그의 앞으로 사람의 그림자 같은 것이 급히 지나가는 것을 보았다.

조쉬머스는 처음에는 그것이 짐승이거나 악마의 환상인 줄 알고 매우 무서워했으나, 가슴에 십자가 성호를 그으면서 침착성을 되찾고는 뒤쫓아 가며 자세히 보았더니, 그것은 사람이 분명한데, 태양에 온몸이 까맣게 타서 깜둥이 같은 몸의 완벽한 전신 나체인 여자였다.

거기다가 어깨 언저리까지 길게 내려 드리워진 머리카락은 하얀 털실같은 순전한 백발이었다. 조쉬머스는 그 괴상한 여인의 뒤를 쫓아 요단강 골짜기까지 이르렀다.

앞에 가면서 맞은편 강 언덕에 건너간 그 여인은 조쉬머스에게 돌아서서 "죄 많은 여자를 기도로 도우실 마음이 계시거든 당신의 외투를 벗어 이리 던져 주세요." 했다.

조쉬머스가 요구대로 자기 외투를 벗어 던져 주니, 그 여인은 외투로 벗은 몸을 가리고 가까이 와서 자기의 과거 신상 이야기를 조쉬머스에게 자세히 고백하여 들려주었다.

그녀는 이집트의 마리아(Maria de Aegypto)로 4세기 경에 상(上) 이집트에서 출생하여 12세까지 기독교적 교육을 받았고, 성모 마리아에게 대하여 특별한 깊은 신심을 가지고 있었다. 그러나 불행의 씨는 타고난 얼굴이 너무 아름다워 요염한 꽃같아 그것이 도리어 화가 되어 세속에 타락했다.

그는 쾌락을 찾는 허영심과 더러운 욕망이 격심하여 시골 부모 슬하를 떠나, 당시 가장 번화하던 대도시 알렉산드리아 항구로 가서 17년의 긴 세월 동안 말로 다할 수 없는 윤락생활에 빠져 갖은 못된 짓을 거듭하면서, 육신도 영혼도 더럽혀진 창녀의 생활을 보내었다.

그러던 중에 어느 해 성지순례단이 예루살렘으로 간다는 소문을 듣고, 자기도 알렉산드리아 항구에서 배를 타고 성지에 가서 새로운 쾌락을 추구해 보리라 맘먹고 일행에 가담해 함께 떠났다.

그러나 성지에 가서 순례하다가 성 십자가 기념일에 순례자들 일행과 함께 어느 성당에 따라 들어가려 했더니, 이상하게도 그녀의 발목은 어떤 보이지 않는 끈으로 동여매 놓은 듯, 한 발자국도 움직일 수가 없었다. 아직 양심이 남아 있던 그녀는 놀라서 자기가 죄 많은 여인이기 때문에 그런 줄 깨닫고 크게 통회하면서 새롭게 살기로 맹세했다.

그때, 그녀 마음에 "요단강 저편에 있는 광야에서 은둔하여 고행하며 죄 갚음을 하여라."는 음성이 들렸다. 그녀는 즉시 그 소리대로 복종하여 요단강 기슭에 있는 세례 요한 기념성당에 찾아가서 회개의 기도를 올리고 성찬에 참여한 후 용기를 내어 요단강을 건너가 광야에 들어가서 17년 동안이나 죄갚음의 참회생활을 보내고 있던 것이다.

그녀가 처음 요단강을 건널 때 지닌 것이라고는 빵 두 개 반뿐이었는데 말라 버려서 돌처럼 굳어진 것이었다. 그러나 그것을 매일 조금씩 깨물며, 그 외에 초근목피와 채소를 먹으며 17년 동안이나 지냈다.

그동안 과거 죄 속에서 환락하던 옛 생활이 그리워지는 격심한 유혹에 시달리기도 했다. 물 마실 때는 옛날의 포도주 생각이 났고, 야채를 먹을 때는 옛날 먹던 고기 맛이 그리워졌다. 고행하려면 지난날 쾌락에 빠져 살던 생각이 불현듯 났다.

그녀는 과거 17년간의 범죄에 죄 갚음 하려고 17년간 고행을 했다. 무서운 고행에 스스로 자기 몸을 괴롭게 하면서도 마음은 이상하게 하늘의 위로와 평안을 느끼게 됐다. 이같은 사막 속에서 단식기도와 엄격한 수행에 의해서 그녀는 놀라운 능력을 얻었다.

그녀는 때로 요단강 물 위로 걸을 수 있었고, 어떤 때는 기도하는 중에 공중에 몸이 둥둥 떠 올라가기도 했다. 동물의 우는 소리를 알아들을 수 있었고, 동물과 말을 주고받을 수도 있었다. 그녀는 하나님께서 하늘에서 내리시는 만나를 받아먹으며 굶주림을 면했다.

이렇게 지내는 사이 그녀는 어느덧 늙어 백발이 되고 말았다. 처음 들어갈 때 입었던 옷은 다 낡아 나체가 되고 말았다. 조쉬머스는 그녀의 고해를 받고 그녀의 요청대로 성찬의 떡을 주어 먹게 하고 헤어졌다.

이듬해 그녀와의 약속에 따라 그 골짜기에 다시 가서 그녀를 찾았더니 모래밭 속에 두 손을 합장하고 동쪽을 향하여 누워 있는 그녀의 시체를 발견했다.

곁에는 모래 위에 글씨 쓰기를 "조쉬머스 신부님, 불쌍한 마리아의 유해를 매장해 주십시오. 흙은 흙으로, 먼지는 먼지로 덮어주세요." 라고 써 있었다. 조쉬머스 수도원장이 그녀의 유해를 매장한 때는 주후 431년 4월이라 한다.

# 65

## 시메온 390~459

사람들이 기도생활에 방해가 되어
38년 동안을 돌기둥 위에
올라가 기도생활 했던 기둥의 성자

흔히 '기둥 위의 성자'라 불리는 시메온(Simeon Stylites)은 주후 390년 시리아와 길리기아 사이에 위치한 '시스'라는 거리에서 태어났다.

농사하는 부모를 돕다가 13세 때 교회에서 예배드리는 도중 "마음이 청결한 자는 복이 있나니 그들이 하나님을 볼 것임이요"(마 5:8) 하신 말씀과, "애통하는 자는 복이 있나니 그들이 위로를 받을 것임이요"(마 5:4) 하신 말씀에 크게 감동이 되어 수도생활 하기로 결심하고 가까운 수도원에 찾아 갔으나, "너는 어디서 도망쳐 왔느냐"면서 대문을 열어 주지 않아 3일 동안이나 대문 앞에서 먹지도 않고 울면서 기도하여 간신히 허락을 받았다.

수도생활을 시작했으나, 시메온의 생각에 규칙이 너무 해이하다고 생각되어 극단적인 어려운 고행을 혼자하면서 자기 몸을 채찍질하기도 하고, 밤에는 자지도 않고, 식사는 일주간에 한 끼 먹기도 하고, 40일 단식을 26회나 했다. 그러나 결국 다른 고참 수도사들에게 미움을 받아 쫓겨났다. 수도원을 나온 시메온은 산꼭대기에 돌로 조그만 암자를 지어 지붕을 덮지 않고, 비 오는 날이나 눈 오는 날이나 그 안에 앉아 고행을 했는데, 뜨거운 햇볕에 쬐이면 때로는 너무 고생스러워 자리를 떠날 마음이 일기 때문에 스스로 자기 몸을 곁에 있는 큰 바위에 쇠사슬로 묶어 놓고 계속 기도를 했다.

이같은 시메온의 소문을 듣고 그를 만나 보려고 각처에서 남녀들이 계속 찾아왔기 때문에 그의 기도 생활에 큰 방해가 되었다. 그는 생각 끝에 자리를 옮겨 안디옥 동방 160리 되는 곳에 돌로 높은 기둥을 쌓고 그 꼭대기 위에 올라가 사람들을 피해 기도했는데, 그때가 37세 때였다.

돌기둥의 높이는 처음 7년간은 2미터로, 다음 15년 동안은 15미터, 그리고 마지막 21년은 16미터(혹은 25미터)였다. 그는 높은 돌기둥 꼭대기에 마루를 깔고 난간을 세우고 그 가운데 서서 기도했다.

겨울의 무서운 추위를 예방하기 위하여 머리에는 양피로 만든 모자를 쓰고 몸에는 가죽옷을 입었다. 종일 서서 기도하고, 또 두 손을 쳐들고 발돋움하고 기도하면서 천 번 이상 계속 허리를 굽혔다 일어났다 했는데, 굽힐 때는 이마가 발끝에 닿도록 했다.

이런 생활을 36년 동안이나 계속했는데, 그러는 동안에 악마의 시험도 많이 겪었다. 어떤 때는 악마가 천사를 가장하고 황금마차를 몰고 와서 앉으라 하기에 발을 올려 왔더니 다리에 종기가 나서 썩기 시작하여 1년 동안은 외다리로 서서 기도하기도 했다.

썩은 다리에서는 악취가 진동하고 구더기가 생겨서 몸을 파 먹다가 돌기둥 아래로 굴러 떨어지면 기둥 밑에 있는 제자가 구더기를 주워 선생에게 올려 보내면 시메온은 구더기를 다리 상처에 다시 붙여 주며, "하나님이 네게 주신 음식을 먹어라." 했다.

기둥 밑에는 사람들이 구름 떼같이 모였는데, 이디오피아, 메대, 프랑스, 스페인에서까지 그의 덕을 사모하여 찾아왔고, 동로마제국 황제 말키안도 미행자 모습으로 찾아 왔었다.

그는 기도를 새벽부터 오후 3시까지 계속했고, 그 후에는 기둥에서 내려와 저녁때까지 사람들을 만나보고 어려운 문제에 대한 충고나 혹은 슬픈 자에게 위로를 주기도 했다. 병자들은 그의 기도를 받고 병이 나았다. 밤에는 다시 기둥 위에 올라가 기도했다.

시메온이 기둥 위에서 하는 설교와 예언은 큰 감동과 권위가 있어 황제들까지 찾아와 듣고 겸손히 순종했다. 그러던 중 어느 금요일 제자 안토니가 올라가 보니 그가 기둥 위에 엎드린 채 임종해 있었다.

459년 성자 시메온의 유해를 차지하기 위해 베드윈 족과 6백 명의 황제의 병사들 사이에 쟁탈전이 벌어지기까지 했으며, 그가 기도하던 돌기둥 주위에는 많은 새떼들이 몰려와 성인의 죽음을 애도라도 하는 듯 울었다고 한다.

# 66

## 사두 썬다싱 1893~?

힌두교 가정의 반대를 물리치고
그가 체험했던 그리스도를 일생 전했던 신비가

인도가 낳은 대신비가요, 성자인 썬다싱(Sadhu Sundarsingh)은 1893년 9월 3일 북인도 빠치아라 주 씨물라에서 부유한 지주의 막내 아들로 태어났다.

가정은 힌두교 집안으로, 특히 어머니는 기독교는 믿지 않았지만 자녀들에게 깊은 감화를 끼친 위대한 어머니였다. 후에 썬다싱은 말하기를 "나는 천국에 가서 내 어머니를 만나 보지 못한다면, 어머니와 함께 지옥에 가기를 하나님께 빌겠다."고 하였다.

어려서 동네에 있는 장로교 학교에 다니면서 학교에서 가르치는 성경을 샀다가 그 교리가 힌두교와 다른 것을 알고 성경을 찢어 불에 태워 버렸다.

어려서부터 구도심이 많은 썬다싱은 마음의 평화를 얻고자 여러 종교 경전을 읽어 보았으나 참 신이 누군지 알 수 없어 번민하다가 큰 결심을 세우고 참 신과 마음의 평화를 얻지 못하면 자살하기로 비장한 결의를 세워 날짜까지 정하고, 매일 새벽 3시에 일어나 목욕하고 기도했다.

정한 날짜 1904년 12월 18일 새벽 4시 30분 마지막 시간, 집 앞으로 지나가는 5시 기차 철도에 자살하러 나가려는 순간 기도하던 자기 방 안에 큰 빛을 보았다. 그는 그 속에 예수님이 나타난 것을 볼 수 있었다. "예수 그리스도는 죽은 것이 아니라, 현재도 살아계시는구나." 하고 깨달은 그는 그때부터 예수 믿고 주께 헌신하기로 결심했다.

아들이 힌두교를 버리고 기독교 신자가 된 것을 본 부모와 친척들은 여러 가지로 만류시키려 애썼으나 그의 결심을 돌이킬 수 없었다. 그래서 할 수 없이 아들을 죽이기를 결심한 부모는 집을 나가는 아들의 도시락 속에 독을 넣었다. 썬다싱은 그것을 먹고 피를 토하며 죽어 갔으나 기적적으로 회생했다.

그는 그후 16세 때 영국교회 목사에게 세례를 받고 나서 40일 금식 기도를 했다. 인도 종교가의 도복을 입고 '사두' 라고 자칭하면서 사방으로 전도하러 다녔고, 특히 티베트에 그리스도의 복음을 전하려고 떠났다.

라마교 국가인 티베트에서는 썬다싱을 붙잡아 죄수를 사형하는 깊은 우물 속에 던져 넣었으나, 우물 속 송장들 썩는 냄새 속에 태연히 있다가 밤중에 우물 뚜껑이 열리면서 밧줄이 내려와 천사의 구조로 살아나기도 했다.

어느 해, 티베트 전도를 위해 히말라야 산을 넘다가 눈에 막혀 못

가고 머무는 동안 그는 기도 중에 입신하여 천국을 구경하였다. 그 후부터는 그가 기도하기 시작하여 20분이나 지나면 입신하는 일이 자주 있어, 천국과 지옥을 구경하고 그 체험을 책으로 썼다.

썬다싱이 세계 일주 전도를 다닐 때, 가는 곳마다 사람들은 그를 보고 예수같다고 하며 깜짝 놀랐다. 그의 마음은 언제나 평화에 가득 찼으며, 자기 마음에 이미 천국이 왔다고 고백했다.

그리스도 중심 생활하는 그는 예수 그리스도는 역사적 과거의 성인이 아니라, 현재 살아서 우리 마음에 임재해 계시는 주님이라고 증거했다. 종교는 마음으로 체험할 것이지 지식으로 알 것은 못된다고 그는 말했다.

## 썬다싱의 기도

"사랑하는 주시여, 당신의 여러 가지 은혜와 사랑은 나의 마음에 넘쳐서 감사와 찬미에 가득 차고 있습니다. 그러나 마음과 입술의 찬미만으로 어찌 이를 갚으오리까? 나의 전 생애를 바쳐서 당신께 봉사하기까지는 내 마음이 만족할 수 없나이다.

참으로 자신을 사랑한다는 일은 한없는 사랑으로써 나에게 삶을 부여하신 당신을 마음과 영으로 사랑하는 일이옵니다. 그러므로 당신은 나에게 단일한 마음을 부여하여 이것을 창조하신바 당신을 향하여 오로지 한마음으로 섬기게 하셨나이다.

주여, 당신의 발 앞에 앉는 일은 이 세상 가장 높은 자리에 앉는 것보다 낫습니다. 지금 이 신성한 발아래의 제단에 내 천한 몸을 번제로 드리나이다. 은혜로써 나를 받으소서. 이와 같이 하여 어디든지 무엇에든지 당신의 거룩한 뜻에 봉사하기 위하여 나를 사용하소서."

"나의 주이신 신이여, 나의 목숨의 목숨 나의 영의 영이시여, 긍휼로써
나를 살피시며, 성령으로써 부으소서.
나의 마음은 당신을 버리고 달리 바칠만한 사랑의 전당이 없나이다.
내게 생명과 일체를 주시는 당신 자신 외에는 나는 당신에게서 아무
은혜도 구하지 않습니다. 세상도 그 중의 보배와 하늘까지도 나는 요
구하지 않나이다.
다만, 당신을 사모하며, 또 구하옵니다. 당신 계신 곳 거기가 천국이므
로 내 마음의 기갈은 다만 마음을 지어주신 당신에 의하여서 만족할
수 있습니다.
오! 나의 창조주여, 당신은 나의 마음을 다만 당신을 위하여서만 지은
것이요, 다른 아무 것도 위한 것이 아니옵니다. 그러므로 나의 마음은
당신 안에 있는 일 외에는 달리 평화와 휴식을 얻을 수 없나이다."

# 67

**토마스 목사** 1840~1866

## 한국에 복음을 전하려다가
## 순교의 피를 흘린 순교자

평양 대동강변 쑥섬 근처에는 한국에 맨 처음으로 그리스도의 복음을 전하려 배타고 들어오다가 대동강변에서 한국 관리에게 순교한 최초의 개신교 선교사 토마스(Robert J. Thomas) 목사의 순교 기념교회가 세워져 있었다. 십자가 형으로 벽돌로 지은 이 교회 머릿돌에는 "순교자의 피는 교회의 씨가 된다"고 새겨져 있었는데, 지금은 그 기념교회 건물이 어떻게 되었는지 모르겠다.

토마스 목사는 영국 웰스 출신으로서 1840년 9월 7일에 출생했다. 1863년 목사 안수를 받고 런던 선교회의 파송을 받아 그해 7월에 고국을 떠나 12월에 중국 상해에 도착했다. 그러나 불행히도 이듬해 4월에 아내를 잃고 슬픔 중에도 주님의 복음을 전하겠다는 결심을 새롭게 했다.

그의 동양 이름은 최난헌이라 불렀다. 산동성 지푸에 주재하고 있다가, 1865년 고종 2년에 한국에서 대원군 박해로 피난 온 가톨릭 신자 김자평 등을 만나보고 한국 사정을 듣는 중 소명감을 느껴 자기도 그 한국인들과 한국에 함께 가기로 결심했다.

1865년 9월 4일, 토마스 목사는 그 한국인들과 함께 지푸를 떠나 어선을 타고 황해도 옹진 근방의 여러 섬에서 약 2개월 반을 지냈는데, 그 섬은 백령도인 듯 하다.

토마스 목사는 김자평의 안내로 서울에 올라가 조선 국왕을 만나보고 정식으로 선교의 허가를 얻을 생각으로 배를 타고 떠났으나, 도중에서 두 번이나 파선해서 부득이 중지하고 만주에 상륙해서 육로로 중국에 되돌아갔다.

1866년 8월에 토마스 목사는 한국에 상품을 싣고 가는 미국배 제너랄 셔만호에 함께 타고 8월 그믐경 대동강 어구에 도착했다. 이때, 평양감사는 사람을 보내어 무엇 때문에 왔느냐고 물으니 한국과 통상을 원한다고 했다. 관청은 상륙을 거절했으나 배는 이미 대동강 상류로 올라가 조수물이 빠지는 바람에 진흙 속에 들어박히고 말았다.

그동안 토마스 목사는 강서 포산에서 해안에 사는 사람들에게 신약 성경을 나누어 주었다.

배는 천신만고 끝에 쑥섬에 이르러 대표를 평양감사에게 보내니 한국 관리가 배에 찾아와 담판을 했으나, 원만히 진행되지 못하고 셔만호와 관군 사이에 싸움이 벌어져 2주일 동안 피차 부상자도 많이 생겨 화해하려고도 했으나 배에서 총을 쏘기 시작하므로 관군은 큰 거룻배에 솔가지를 잔뜩 싣고 불을 붙여 셔만호쪽으로 떠내려 보내어 태우니 배에 탄 사람들이 뛰어 내려 언덕으로 기어 올라가다가 관군에게 죽음을 당했다.

토마스 목사도 언덕으로 끌려 올라가 자기를 죽이려는 사람에게 성경을 주려 했으나 거절을 당했다. 토마스 목사는 죽기 전에 무릎을 꿇고 기도하였다. 이것을 본 관리는 목사를 죽인 다음에 자기가 선한 사람을 죽였다는 것을 깨닫고 자기에게 주려던 성경을 가지고 집으로 돌아갔다.

이 사람의 조카가 이영태라는 자인데, 그는 후에 평양 숭실전문학교를 졸업하고 레이놀드 박사와 함께 성서 번역사업에 종사했다.

셔만호가 불타는 광경을 목격한 사람 중에 12세 된 최치량이란 소년이 토마스 목사가 주는 성경 세 권을 받았다. 그는 겁을 내어 그것을 어느 관군에게 주었더니, 그는 이것을 뜯어 자기집 벽에 발랐다. 후에 최 씨는 그리스도인이 되어 관군집에 가서 벽에 바른 성경을 실제로 보았다고 한다.

그후 셔만호의 탄 줄을 평양 대동문에 걸어 놓았으며, 1933년 9월 14일에 대동강 언덕에 토마스 목사 기념 예배당을 지었다.

# 68

## 길선주 목사 1869~1935

한국의 최초 목사이자, 부흥사로
전국교회 부흥운동에 큰 역할을 했다

영계 길선주(吉善宙) 목사는 한국 개신교(장로교) 제1대 목사다. 1869년 평안북도 안주에서 출생하였는데, 그가 태어날 무렵의 한국 사회는 일본 제국주의 침략과 정치계의 부패로 혼란이 극에 달했고, 종교계마저 미신으로 가득 차 있었다.

길선주는 종교야말로 민족 구원과 윤리생활의 유일한 길이라 생각하고, 처음에는 신선도를 닦으며 정성을 다했다. 밤에도 잠을 자지 않고 신불에게 정성을 바치노라고 뽕나무 물을 우려 눈을 씻으며 졸음을 쫓았는데, 그것이 말년에 눈이 멀게 되는 원인이 되었다 한다. 그의 건강한 체구는 차력(역도)으로 단련했다.

그러는 중에 친구 김종섭으로부터 신약성경과 성경주석을 받아 읽기 시작하였고 기회 있는 대로 『천로역정』과 『장원양상론』이란 기독교 서적도 여러 권 독파했다. 28세 때 어느 날, 그는 기도하고 싶은 충동이 일어나 하나님께 기도드리는 중, 하나님께서 직접 부르시는 음성에 접하면서 기독교인으로 중생하는 체험을 얻었다.

1897년 8월 15일, 이길함 선교사로부터 세례를 받고 성령이 넘쳐 흐르는 그의 생활은 보는 이들에게 큰 감동을 주었다. 이후로 그의 생활은 완전히 변화되어 기도와 성경읽기에 몰두하고, 전도에 열심하며, 장사하던 일도 정리하고, 평양 장대현의 토지 8백평을 비롯해서 자기 전 재산을 교회에 헌납했다.

1898년에는 영수로, 1901년에는 장대현 교회의 장로가 되었고, 이듬해에는 장대현 교회와 황해도와 평안도 일대의 교회를 돌보는 도조사의 직분을 맡아 일선에서 활동했다.

1903년에는 평양 장로회 신학교에 입학하여 1907년 6월에 졸업하였고, 그해 9월 17일에 서경조, 한석진, 김진서, 양전백, 방기창, 이기풍 등 여러 분과 함께 장로회 최초의 목사 안수를 받았다.

평양 최초의 교회인 장대현교회 목사로 시무하게 된 길선주는 교회와 노회를 조직 강화하는 한편, 전국 부흥운동의 일선에 나서서 큰 역할을 했다. 1911년 소위 105인 사건에 연루되어 신성학교 교사로 있던 맏아들이 일본 경찰에게 심한 고문 끝에 절명하게 되자, 그는 마음에 깊은 상처를 입었다. 1919년 3·1만세운동 때에는 민족의 지도자로 독립선언서 33인 서명자 중에 한 사람으로 애국운동을 하였다.

1907년부터 놀랍게 일어난 한국교회 성령운동 때에는 미국 뉴욕으로부터 달려 온 죤슨 목사가 예배 인도하면서 "한국교회 부흥을 위해 성령 은혜 받기를 원하는 이가 있으면 일어나라." 하니 길선주는 손들고 일어났다. 길선주 목사는 부흥집회 인도의 기수가 되어 평양, 서울, 압록강 연안으로 순회하면서 너무도 놀라운 성과를 올렸다.

1910년에는 장로회 제4회 독노회에서 부회장 겸 전도 국장으로 피선되었고 '백만 명 구령운동' 결의안을 통과시켰다. 길선주 목사의 일생은 계속적 부흥집회 인도로 만주와 북간도 일대까지 휩쓸었다. 그의 설교는 계시록 강해를 통해 종말론을 강조했다.

특히, 말년에 눈이 어두워 보지 못하면서도 계시록 전편을 만 번 읽고 새벽마다 암송했다. 집회를 인도할 교회에는 미리 기도하면서 준비시켰고, 심령의 준비가 되지 않은 교회에는 갔다가 그냥 되돌아오기도 했다.

한국 최대의 부흥사 길선주 목사는 1935년 11월 26일 평양노회 도사경회에서 '평양성의 멸망'을 예고하면서 집회 마지막 날에 설교하다가 강단 위에서 쓰러졌다. 마지막 숨을 거두면서 '불입평'(不入平) 세 글자를 썼다. 뒷날 공산당이 평양을 점령할 것을 예고함이었는지 … ….

# 69

**주기철 목사** 1897~1944

일경의 극악한 고문을 이기고
순교하는 순간까지 한국교회를 염려했던 순교자

목사 중에 목사, 하나님이 한국 교회를 위하여 십자가에 높이 단 순교자 주기철(朱基徹) 목사는, 1897년 11월 25일 경남 웅천읍에서 출생했다. 정주 오산학교를 20세 때 우수한 성적으로 졸업하고, 서울 연희전문학교 상과에 입학했다가 병으로 중퇴했다.

김익두 목사 부흥집회에서 큰 감동을 받고, 1921년에 평양 신학교에 입학하여 5년 후 19회로 신학교를 졸업하여, 30세 때 부산 초량교회에서 목사로 첫 목회에 나서 성공을 거두었다. 주 목사의 마지막 목회는 평양 산정현교회였다. 예루살렘 성전을 본 받았다는 새 성전을 짓고, 애국자로 유명한 조만식 장로 등이 그 교회 장로로 있어서 교회는 크게 부흥했다.

주 목사의 설교는 명설교였다. 길게 하지는 않으나, 날카롭고 사람들 기억에 오래도록 잊혀지지 않는 설교였다. 평양 신학생들을 비롯하여 많은 젊은이들이 그 교회로 몰려 들었다. 그러나 1938년 2월 8일 주일 날, 일본 경찰에 체포되어 갇혔다가 풀려났으나, 끝끝내 신사 참배를 거부했기 때문에 그 해에 두 번째 다시 검속되었다.

이듬해 8월에는 '농우회' 사건으로 경북 의성 경찰에 검속되어 7개월 감옥살이를 하고 나왔고, 다시 1940년에 제 4차로 검속되어 전후 7년 동안 감옥살이를 했다. 주기철 목사가 감옥에 갇혀 있는 동안 친일 평양노회는 주 목사의

목사직을 파면시키고 그가 시무하던 산정현 교회당을 폐쇄해 버렸다.

주기철 목사가 경찰에 재차 끌려가던 날, 그의 나이 많은 어머니는 신발도 신지 못한 채 뒤쫓아 가며 "기철아! 기철아!" 울며 불렀으나, 순교를 각오한 주 목사는 뒤도 돌아보지 않았다.

일본 경찰은 주 목사에게 신사참배를 하겠다는 말만 하고 나가라 했으나 주 목사는 듣지 아니했다. 경찰은 깊은 밤중에만 주 목사를 불러내어 고문했고, 손톱 사이에 대침까지 놓으면서 괴롭게 했으나, 주 목사의 굳은 마음을 돌이키게 할 수는 없었다.

주기철 목사가 갇혀 있는 동안 부인 오정모 여사는 밤마다 자지 않고 순교의 각오로 엎드린 채 기도하며 밤을 새고, 교회는 폐쇄 당했지만 백인숙 전도사와 함께 교인 집집을 심방하며 예배드리고 격려했다. 그는 감옥에 남편을 면회하러 가서도 "당신이 굴복하고 나오면 나는 당신을 남편으로 섬길 맘 없다."고 하며 격려했다.

감옥 속에는 빈대가 많아 밤에 잠을 잘 수 없었고, 소화불량에 걸려 몸이 해골같이 쇠약하면서도 다른 죄수의 이를 잡아 주고 위로해 주며 늘 기도하며 성경암송에 힘썼고 얼굴엔 늘 평화가 넘쳤다.

그는 "일본은 반드시 망한다. 진리는 반드시 이긴다."면서 감방 동지들을 격려했다.

1944년 4월 20일, 마지막으로 사모님이 면회 갔을 때는 간수에게 업혀 나와서 "어머님이 보고 싶다."면서 유언했다. "내 대신 어머님을 잘 모셔 주시오." "따스한 숭늉이 먹고 싶소." "나는 천국에 가서도 한국교회를 위해 기도하겠소." "내 시체는 평양 돌박산에 묻어 주오." "한국교회가 진리에 서야 할 텐데 … 양들을 바로 인도할 참 목자가 누굴까." 이것이 그의 남긴 마지막 말이었다.

4월 21일 밤 9시, 감옥 속에서 "내 영혼의 하나님! 나를 붙드시옵소서!" 하면서 찬란한 순교를 했다.


## 주기철 목사의 기도

"나는 바야흐로 죽음에 직면하고 있습니다. 나의 목숨을 빼앗으려는 검은 손은 시시각각으로 다가오고 있습니다. 죽음에 직면한 나는 '사망권세를 이기게 하여 주시옵소서' 하고 기도하지 않을 수 없습니다. 무릇 생명이 있는 만물이 다 죽음 앞에서 탄식하며, 무릇 숨쉬는 인생은 다 죽음 앞에서 떨고 슬퍼합니다.

내가 폐결핵 환자로 요양원에 눕지 아니하고, 예수의 종으로 감옥에 갇혀 우는 것은 얼마나 큰 은혜입니까! 자동차에 치어 죽음도 있는데, 예수의 이름으로 사형장에 나가는 것은 그리스도인 최대의 영광입니다. 주님을 위하여 열백 번 죽어도 좋지만, 주님을 버리고 백년 천년 산다 한들 그 무슨 삶이리오!

오, 주여! 내 목숨을 아끼다 주님께 욕되지 않게 하시옵소서. 이 몸이 부서져 가루 되어도 주님 계명을 지키게 하시옵소서. 주님은 나를 위하여 십자가에 달리셨습니다. 머리에 가시관, 두 손과 두 발이 쇠못에 찢어져 최후의 피 한 방울까지 쏟으셨습니다.

주님, 나 위하여 죽으셨거늘 내 어찌 죽음을 무서워 주님 모르는 체 하오리까! 다만 일사각오 있을 뿐입니다."


## 주기철 목사의 설교(발췌)

"… 주님을 위하여 오는 고난을 내가 이제 피하였다가 이 다음 내 무슨 낯으로 주님을 대하오리까.

주님을 위하여 이제 당하는 감옥 고통을 내가 피하였다가 이 다음 주님이 '너는 내 이름과 평안과 즐거움을 다 받아 누리고 고난의 잔은 어찌하고 왔느냐' 고 물으시면, 나는 무슨 말로 대답하랴!

주님을 위하여 오는 십자가를 내가 이제 피하였다가, 이 다음 주님이 '너는 내가 준 유일한 유산인 고난의 십자가를 어찌하고 왔느냐' 고 물으시면, 나는 무슨 말로 대답하랴.

예수님은 가시관을 쓰셨는데, 그의 종이요, 제자인 우리는 오늘 왜 면류관만 쓰려고 하는가?"

# 70

## 백인숙 전도사 1916~1950

일제의 공포 속에서 교인들을 위로하고
월남하지도 않고, 제단을 사수하다
순교한 처녀 전도사

　백인숙(白仁淑) 전도사는 평북 신의주 출신으로, 예수 믿기 시작한 후 가정에서 박해를 많이 받았다. 시집 갈 나이가 지나도 독신으로 주의 일을 하려고 결심하니, 부모는 매일 딸의 결혼을 강요했다. 매일 밭에 나가 김매고 밭일을 하면서도 기도하다가 날이 저물어 황혼에야 집에 돌아오면 문을 열어주지 않아 발길을 돌려 산에 들어가 철야하며 기도하곤 했다.

　후에 평양 여자 신학교와 일본 고베 신학교를 나와 주기철 목사 밑에서 평양 산정현교회 전도사로 시무했다. 그때 나이 30세 미만의 처녀로 얼굴이 수려하며 몸매가 아담하고 품격이 고상했다. 언제나 미소를 띤 온유한 얼굴에는 자비가 넘쳤으나, 동작이 단정하고 예의가 있어 함부로 범접할 수 없는 위엄이 있었다.

전도사가 된 후에도 옷은 언제나 무명 치마저고리의 검소한 차림이었고, 일생 입은 옷은 두 벌 밖에 없었다. 새옷이 생기면 가난한 사람에게 주고, 봉급을 받아 자기 몫으로는 최저 생활비를 제하고 남은 것은 모조리 구제비로 썼다.

일제의 교회 핍박으로 주기철 목사가 몇 번이나 경찰에 검속될 때마다 백인숙 전도사도 여러 번 경찰에 끌려가 심문을 받았지만, 그는 조금도 비굴하거나 당황한 기색이 없는 정정당당한 신앙 태도와 명백한 답변에 일본 경찰도 어찌할 바를 몰랐다. 더구나, 경찰관의 무례한 태도와 횡포 앞에서도 고요히 기도하고 앉아 있는 태도에는 취조하던 경관이 도리어 부끄러워했다.

주기철 목사가 감옥에 갇힌 후에는 백인숙 전도사는 주 목사 사모님 오정모 여사와 함께 순교의 각오를 세우고 밤마다 예배당에서 밤을 새우며 기도했고, 낮이면 목사 대신에 부지런히 교인집을 심방했다.

친일파 평양노회가 주기철 목사 파면을 결의하고 산정현교회를 예배드리지 못하게 폐쇄하고, 노회 대표 이00 목사는 주 목사 가족을 사택에서 추방하고, 연장을 들고 와서 교회에 철조망을 쳐 놓고 출입 못하게 했을 때, 백인숙 전도사는 많은 교인을 7구역으로 나눠 놓고 매 주일 7차씩 순회하며 구역에서 예배를 드리면서 교회를 사수했다.

목사를 잃은 양무리들은 불안과 공포 속에서도 백 전도사의 언제나 미소 띤 얼굴을 보고는 안위를 얻었다. 주기철 목사가 감옥살이 6년 만에 옥사하여 순교했을 때, 그 장례식에서 백 전도사는 목을 놓아 통곡했기 때문에 일제 경찰은 백 전도사를 검속했다.

옥중에서 순교하기를 결심하고 석방을 거부했으나, 두 달 만에 석방됐다. 8·15해방이 되자, 산정현교회가 두 파로 갈려 싸움판이 되었을 때도 백 전도사의 미소는 평화의 천사 같았다. 주 목사 후임으로 온 김철훈 목사는 공산당에게 순교하고, 그 뒤를 이은 정일선 목사도 순교했다.

이 심각한 수난 기간 중 백 전도사는 끝까지 교회를 사수했다. 평양 신암교회의 장수은 여전도사는 백인숙 전도사의 신학교 동기동창이어서 두 분은 서로 순교하기로 약속하고, 1·4후퇴 때 많은 교역자와 신도들이 월남할 때도 남아 교회제단을 피로 사수하기로 결심하고 있다가 6·25 전날인 24일 두 처녀 전도사는 끌려 나가 얼굴을 하늘로 향하고 두손 합장한 채 옷깃을 바로 잡고 기도하면서 총살을 당했다. 그때 나이 34세였다.

## 71

# 박형룡 박사 1897~1978

## 진리를 위해서는 타협을 몰랐던
## 한국의 정통신학의 거장

한국의 정통신학의 거장인 박형룡(朴亨龍) 박사는 평북에서 박기수 씨의 장남으로 태어나서 어린시절 15년 동안은 한학당에서 한학공부와 소학교를 마치고, 1919년에 평북 선천에 있는 신성중학교를 마치고, 1926년에는 미국 프린스턴 신학교와, 1927년에는 남침례교 신학교에서 철학과 신학을 마치고, 철학박사 학위를 받았다.

그의 신앙은 본래 진실하기만 한 그의 성격과 성경대로 믿는 정통신앙으로 한국 보수주의 신앙의 중심 기둥이 되었다. 특히 프린스턴 신학교에서는 유명한 메이첸 교수의 근본주의 신학의 영향을 그대로 받아, 일보도 양보 없는 정통주의 신학자로 알려졌다.

귀국하여 몇 해 동안은 신의주 제일교회 조사로, 또는 평양 산정현 교회 전도사로, 혹은 숭실 중·대학교와 평양 신학교에서 8년간 교편을 잡았다.

　박형룡 박사의 칼빈주의 신학과 투철한 보수신앙과 언제나 진실한 그의 인격은 교계에 큰 영향력을 주어, 사람들은 그의 신앙노선만 따르면 안심하고 바로 믿는 것으로 짐작하게끔 되었다.

　일본시대 말기, 1938년 신사참배 문제로 한국 기독교가 탄압을 당할 때, 당시 평양에 있던 선교사들은 숭실 중 대학교와 숭의학교의 존폐 문제를 두고 논의한 끝에 신사참배를 하고서라도 학교를 계속 유지하기로 합의하고 박형룡 박사에 의견을 물었을 때, 박 박사는 단호히 이를 거절했다.

　이리하여 세 학교와 평양 신학교까지 폐교당하고 말았다. 이렇게 되자, 학교측의 한국인 교사들로부터 박 박사에게 빗발치듯한 비난이 퍼부어져 왔다. 그러나 그때 주기철 목사, 강학식, 박형룡 박사 세 분의 신사참배 결사반대의 성명은 단호했고 유명했다. 일본의 태평양 전쟁 기간 중 한국 교회 압제는 극심하여 2백여 개의 교회가 폐쇄당하고, 2천여 명의 그리스도인이 옥에 갇히고, 50여 명의 교역자가 순교했다.

　이런 가운데서 1938년에 박윤선 박사와 박형룡 박사 두 분은 성경 주석 편찬 목적으로 일본 고베로 갔다. 일본 경찰의 미행이 시끄러워 고베에서 동경으로 빠져 나갔지만, 거기서도 신사참배 강요를 당했으나, 박 박사는 모든 어려움 속에서도 끝내 견디어냈다.

　일본에 머무는 동안 1940년에 태평양 전쟁이 일어나 이듬해 가족을 동경에 둔 채 만주 봉천으로 건너가 만주 신학교에서 1946년 전쟁이 끝나고 광복될 때까지 신학교육에 전념했다.

　해방과 함께 만주에서 동북 신학교를 세우고 교장으로 있다가, 1947년에 부산 고려 신학교에서 파송한 송상석 목사의 설득으로 한국으로 돌아왔다. 교통이 두절된 당시 송 목사는 가족에게 유언을 남기고 불과 10톤짜리 밀선을 타고 박 박사를 모시러 봉천에 갔었다.

박 박사가 귀국할 무렵, 서울에는 조선 신학교가 있어 신학사상적 대립으로 51명의 학생들이 학교당국의 처벌을 받고 있을 때였다. 박 박사는 부산 고려신학교 교장으로 잠시 있다가 서울 남산에 새로 신학교를 세우고 '장노회 신학교'라 이름했다.

박 박사는 말년에 교계 분열 속에서 정치적으로 박 박사를 이용하려는 세력 때문에 많은 시달림을 당했다. 그러나 그 어떤 소용돌이 속에서도 '진리를 위해서는 타협을 모르는 분'이라는 정평을 들을 만큼 자신의 신앙에 투철했다. 그는 6백여 명의 제자들을 배출하고 또한 많은 저서를 남겼다.

# 72

## 박의흠 전도사

달구지꾼이었으나 기도의 능력을 받고,
많은 역사를 나타냈던 순교자

일제 말에 신사참배를 거부한 이들이 많았으나, 그 중 유명한 분들
은 경남에 한상동 목사, 주남선 목사, 평양에 주기철 목사, 박관준 장
로, 만주에 박의흠 전도사 등이 있었다.

박의흠(朴義欽)은 본래 달구지꾼(수레를 모는 차부)이었다. 무식한 평
신도에 지나지 않았지만, 예수 믿고 기도를 많이 하게 되었다. 그는
천태동에 살며 매일 저녁 먹은 후 뒷동산에 올라가서 기도로 밤을 새
우기를 3년이나 했다. 3년 동안 아내와 별거하면서까지 기도하다가
큰 은혜를 받았다.

신사참배를 거부하다가 경찰에 끌려가 고문을 당하다가 견디지 못
하여 하겠다고 시말서를 쓰고 풀려 나왔지만, 양심이 괴로워서 자진
경찰에 다시 찾아가서 신사참배 하겠다고 한 시말서를 취소한다고
선언했다. 이렇게 취소한 이는 그 사람 밖에 없었다.

그는 만주에서 체포되어 끌려와 감옥에 갇혔다. 그는 신사참배뿐만 아니라 일본 천황이 있는 동쪽에 하는 동방요배도 거부하고, 일본 천황도 회개하고 예수 믿지 않으면 지옥 간다고 부르짖었다.

그는 평소에 기도를 많이 하여 기도의 놀라운 능력을 얻었다. 기도하면 응답을 받기 때문에 그는 노래를 지어 "하나님은 늘 척척 주시네"라고 찬송 불렀다. 그의 아내는 신앙이 남편을 따르지 못하는 여자여서 남편을 의심하기도 했다.

그의 아내의 성질은 대단하여 박 전도사가 산기도 하러 가서 60일 머무는 동안 아내는 뒤쫓아 와서 어느 산에 계집을 숨겨 두고 그러느냐고 바가지를 긁다가, 한 번은 호랑이가 나타나 혼비백산 하고는 그 후 다시 안 갔다고 한다.

언젠가 아내가 심각한 병에 걸려 누워 있는데, 박의흠 전도사는 아내를 위하여 간절히 기도하고는 누워 있는 아내의 손목을 잡아 일으켜 끌고 마당에 내려가 손목을 잡은 채 마당을 뛰어 돌아가면서 "다 나았다! 다 나았다!" 했더니 실제로 아내의 병이 나아 버렸다 한다.

처음 울산에서 교회 전도사로서 김해읍 교회를 사무하기도 했다. 낙동강변에서 3년간 기도했는데, 그때 큰 은혜가 있어, 기도하면 맹인이 눈 뜨고 앉은뱅이가 일어나 걷기도 했다..

그후 평북 의주에서도 큰 역사가 나타났는데, 믿지 않는 사람들이 박 전도사께 대항하면서 (어느 해 몹시 가뭄 때) "당신이 비 오게 할 수가 있는가?" 했다. 박 전도사는 된다면서 산에 가서 한 주일 동안 비를 달라고 기도했다. 처음 5일은 아무렇지도 않더니, 마지막 날에 하늘에 손바닥만한 구름 하나가 뜨더니 소나기가 쏟아졌다. "봐라!"면서 박 전도사는 사람들에게 전도했다. 그때 세운 교회가 의주교회이다.

김해읍에서 교회일 볼 때는 박 전도사 부인도 남편과 함께 기적을 많이 행했다. 앉은뱅이가 일어나기도 하였다. 목사를 욕하는 집사가 있었는데, 성직자를 욕하면 입이 찌그러진다 했더니, 사실 그대로 되기도 했다. 그렇게 입이 찌그러진 그 집사가 후에 와서 자기가 그렇게 되었노라 증거했다.

회개하지 않고 말썽부리는 사람을 위해 기도하면 즉석에서 그의 머리에 혹이 돋았다는 이야기도 있다. 그러나 김해읍 교회는 잘 믿는 이와 그렇지 못한 이 사이에 분열이 생겨서 후에 교회가 갈라지고 말았다.

박의흠 전도사는 신사참배를 거부하다 끝끝내 순교하고 말았는데, 감옥에서 주일날에도 작업을 강제로 시키니, 박 전도사는 일하기 거부하면서 "내가 이것을 하지 않으려고 여기까지 들어 왔는데, 주일날 일 못하겠다."고 하니 화가 난 간수가 몽둥이로 머리 뒤통수를 때려 죽었다는 말이 있다.

## 73

## 최봉석 목사 1869~?

## 평양 거리에 '예수 천당'으로
## 복음을 전한 순교자

최봉석(崔鳳奭) 목사는 1869년 평양 출생으로 나이 30세에 예수를 믿고 처음에는 성경 파는 매서인(賣書人)으로 전도를 시작하여 평양 신학교를 졸업하고 1913년에 목사가 되었다. 그의 신앙은 불꽃을 뿜듯 했고, 세상 사람은 그를 미친 사람으로 알았지만, 교회에선 최권능으로 알려졌다. 그는 설교할 때면 '권능'이란 말을 많이 사용했다고 한다. 신사참배를 반대하고 검속되어 유치장에서 40일 금식기도를 하고 나와 그후 순교했다.

한국 장로교 초대 목사요, 유명한 평양 장대현교회의 영계(靈界) 길선주 목사는 최봉석 목사를 평하여 말하기를, "평양 거리에

서 '예수 천당!' 소리가 끊어지면 평양이 망할까 두렵다."고 했다. 최봉석 목사가 가는 데마다 새벽부터 저녁까지 전도하는 소리가 "예수 천당!"이었기 때문이었다.

최봉석은 나이 많아서 예수를 믿고는 집에서 쫓겨나서 선교사 집에 찾아가 얼마간 머물러 있었다 한다. 후에 만주에 가서 방랑하다가 귀국해서 결혼했다. 그는 눈이 크고 무엄한 표정에 배짱이 있었지만, 머리는 썩 좋지 못했던 것 같다.

평양 신학교에서 시험 칠 때 공부는 하지 않고 기도만 하다가 시험장에 들어가니 하나도 생각이 나지 않아서 백지를 내고는 나와서 한다는 소리가 "성신도 시험에는 쩔쩔맨다." 했다는 에피소드가 있다.

그가 집집마다 전도를 다닐 때, 그의 전도를 잘 받아들이지 않는 집에는 자주 이변이 생겼다. 돼지가 병든다든지 하는 일이 있어서 어느 새 그의 별명을 '최권능'이라 불렀다. 최봉석이라면 몰라도, 최권능 목사라면 누구나 모르는 이가 없었다.

그의 외치는 "예수 천당!" 소리는 미국에까지 알려져 무디교회에서 최 목사에게 그때 돈으로 40원을 보내와 옷을 사 입으라고 하기도 했다. 그의 전도방법은 유쾌하고 유머러스하며 당돌했다.

한번은, 시집가는 색시의 가마를 조구꾼들이 메고 가는데 너무 빨리 가니 최 목사가 따라갈 수가 없었다. 꾀를 내어 소리 지르기를 "여보, 잠깐만! 큰일 났소."라고 했다. 가마가 멈춰서니, 따라간 최 목사는 가까이 가서 가마문을 들고 색시를 들여다보면서 "시집만 가지 말고 예수!" 하고 소리 질렀다.

그후, 여러 해 지나 최 목사가 어느 교회에서 집회인도 하는데, 어떤 낯선 여자가 최 목사에게 찾아와 자기는 그때 시집가다가 전도 받은 여자라면서, 그때 가슴이 철렁해서 예수를 믿었다고 말하더란 이야기도 있다.

곡산 지방 높은 산밭에서 담배 재배를 하던 화전민들이 있었는데, 거기까지 올라가기 힘드니, 최 목사는 길에 선 채 큰 소리로 "큰일났습니다!" 소리소리 질렀다. 무슨 영문인지 몰라 몰려온 남녀들을 보고 하는 말이 "그런 게 아니라, 예수 안 믿어 지옥 가게 됐으니 큰일이오!" 해버렸다.

그 중에 화가 난 한 사나이가 "예수고 떡대구리고 안 믿는다." 하니 기회를 놓치지 않고 "당신 참 좋은 말 했소. 떡대구리라고 했죠?" "그랬소, 왜요?" "성경에 예수는 대구리 떡이라 했소. 머리떡이요!" 하면서 전도했다고 한다.

교통 순경이 한길에 서서 교통정리하고 있는데, 최 목사도 함께 서서 전도하니 직무 방해로 연행하여 파출소에 가두어 두었더니, 그 속에서 '예수 사랑하심은' 찬송을 큰 목소리로 불러대니 견딜 수 없었다. 본서로 끌고 가니, 서장이 순경에게 하는 말이 "너 이분이 누구인 줄 알고 끌고 왔어! 속히 풀어드려!" 했다. 최 목사는 나오면서 서장 앞에 인사하며, 역시 "예수 천당!" 했다.

# 74

## 김린서 목사 1894~1964

### 사자같이 강단에서
### 부르짖었던 웅변 부흥사

김린서(金麟瑞)는 함경도 출신이다. 신학교를 졸업하고 일제 시대에는 문서 운동으로 『신앙생활』이란 아주 은혜스러운 잡지를 출판했고, 전국을 누비고 다니는 통쾌 무쌍한 웅변 부흥사로 제1인자였다.

계속 장로로 있으면서 평양에서는 김화식 목사(창동교회)를 도왔다. 해방 후에 남한으로 와서 목사가 되었다. 그는 애국자요, 유명한 문필가요, 웅변가였지만, 생김새는 초라하여 키가 작고, 뚱뚱보, 못난 얼굴에 큰 눈, 그리고 양복 입는 법이 없고, 언제나 한복바지를 아무렇게나 입고 고무신을 신고 다니는 차림이었다.

그의 잡지를 읽고 너무도 감동한 어느 독자가 평양으로 김린서를 만나러 가겠다는 편지를 받고는, 그는 답장하기를 "내가 지금 살고 있는 모란봉 곤우동 사람들이 나보고 별명 짓기를 '곤우동의 곰'이라 하오니 그걸 짐작하고 나 만나러 오시지 말라."고 했다.

일제시대 사경집회로 다닐 때 강단에서 사자같이 부르짖는 김린서 장로의 설교를 감시하던 일본 형사가 "주의!" 하고 칼날진 소리를 지르면, 김 장로는 한층 더 목소리를 높여 "내 말이 옳다면 '할렐루야' 하시오!" 했다. 청중이 예배당 떠나가게 지르는 "할렐루야!" 소리에 형사도 압도되어 주저앉고 말았다. 형사가 다시 "주의!" 하면 김 장로는 "내 말이 참말이라면 '아멘' 하시오!" 하면, 교인들은 또 목이 터져라고 "아멘!" 했다.

일제 압박 밑에서 언제나 신변의 위험을 느끼면서도 그는 굴하지 않고 전국을 순회하면서 이런 아슬아슬한 집회를 하고 다녔다. 그의 설교에는 선풍적 매력이 있는 동시에, 그의 생활에는 야생적 맛의 구수한 데가 많았다.

젊어서 전도사 시절 함경도 신상(新上) 조그만 고을 교회에 부임했을 때 일이다. 그 고을이 너무도 음란하고 회개하지 않으니까, 김린서는 예언자적 의분에 못 이겨 어느 날은 상복 차림을 하고 청년들에게 '회개하라' 는 프랭카드를 들게 하는 그 뒤를 따라가며 대낮에 "아이고! 아이고!" 대성통곡 하며 거리를 누비고 다녔다. 음란한 고을은 장차 망한다는 예언자적 풍모를 나타냈던 것이다. 김린서 아니고는 누구도 못할 일이었다. 과연, 얼마 후 큰 홍수가 나서 그 거리는 몽땅 물에 쓸려가고 말았다 한다.

성격이 과감하고 유머가 많고 대담했다. 가슴은 애국심과 그리스도의 교회를 사랑하는 충성에 가득 차 있었다.

3·1운동 때는 백년을 가약하려던 애국 여성과 함께 감옥에 갇혀 4년을 고생했고, 그 날카로운 붓끝과 사람을 압도하는 웅변으로 일제와 싸우고 또 공산당과 싸우고, 남한 교계 분열을 공격하고, 이단 사교를 사정없이 파헤쳤다.

이 글을 쓰는 필자도 고향에서 김린서 장로 집회에 참석했다가 그
가 강단 위에서 설교하면서 "천국 노동자 모집!"이라고 먹으로 쓴 프
랭카드를 두 손으로 흔들며 주님께 헌신할 사람 찾을 때, 필자도 손을
들었던 것이다.

그후, 일생 김린서 장로를 사숙(私淑)하여 필자도 그처럼 문서운동
과 유명한 설교자가 되어 보리라 다짐해 보았지만, 그렇게 되진 못
했다.

## 75

## 손양원 목사 ?~1950

두 아들을 죽인 공산당을 양아들로 삼고
끝까지 나병환자들을 돌본 사랑의 순교자

손양원(孫良源) 목사는 경남 함안 출생이다. 그 동생도 목사이다.
손 목사는 부친을 따라 6세 때부터 교회에 다녔고, 일본에서 중학교
를 다니다가 홀리네스파 노방전도에 큰 감동을 받고 교역에 뜻을 두
게 되었다.

여수 애양원 나병환자들 교회를 맡아 그곳에서 일생 목회하면서
나병환자를 보통 성한 사람 대하듯 하고, 때때로 함께 음식을 먹기도
했다.

여순 반란사건 때, 순천사범학교 다니던 사랑하는 두 아들 동인 동
신이 좌익계 학생의 총탄에 맞아 죽어, 그 무덤을 애양원 앞 동도에

나란히 묻고는 언제나 두 아들 무덤을 내려다보며 "내 아들 동인 동신이 동도에 묻혔다"면서 자기도 순교의 정신을 가다듬어 갔다.

동인을 총으로 쏴 죽인 안 군은 별로 좌익사상이 깊이 든 것도 아니고, 그다지 난폭한 학생도 아니었지만, 여순 반란 때 분위기에 휩쓸려 그런 실수를 저질러 사형을 당할 처지에 놓였는데, 손양원 목사는 그를 구명하여 자기 아들로 삼아 돌봐 주었다.

여자같이 착한 성품의 손 목사는 남편을 이해하지 못하는 남성적인 부인 때문에 평생 무척 고민했다는 이야기가 있다. 주님께서는 손 목사 일생에 여러 가지 십자가를 짊어지워 주셨다.

일제시대에는 신사참배를 반대하다가 검속되어 광주와 청주 감옥에서 고생하다가 8·15해방이 되어 나왔다. 손양원 목사가 광주 감옥에 6년 동안이나 갇혀 있을 때, 일본인 간수도 손 목사의 언행에 감동되어 그를 성자라고 불렀다 한다.

그는 감옥 속에서도 아침저녁으로 혼자서 찬송 부르고 기도하며 예배를 드리고, 주일날이면 절대로 일하지 않았기 때문에 여러 번 간수들에게 끌려 나가서 감식형을 받았다.

몸이 극도로 쇠약하고 더구나 독감에 걸려 사선을 방황할 때 손 목사는 시를 지으며 스스로 위로를 받았다고 한다.

"독수공방에 고독한 느낌이나, 삼위 하나님이 함께 계시니 네 식구로다. 갖가지 고난이 모조리 몰려올지라도 고통 속에서 진리를 다 체득하도다."

손 목사는 본성이 인자하여 불쌍한 이들과 고락을 함께 한 분으로 감옥에서 나온 뒤에도, 이전에 일하였던 애양원 교회에 다시 가서 시무하다가 순교했다.

손양원 목사는 평소에 늘 말하기를, "내가 죽을 때와 장소는 강단

위에서 설교하다가 죽거나, 길가에서 전도하다가 죽거나, 혹은 고요한 곳에서 기도하다가 죽을지언정, 약사발을 안고 앓다가 죽을까 두렵다." 하였다.

6·25전쟁이 일어나 인민군들이 여수·순천 지방에도 밀어 닥치니, 손 목사는 자기 목회하는 애양원 나환자 양떼를 버리고 혼자 피난 갈 수 없다고 순교의 각오를 세웠다.

양아들 삼았던 안 군이 피난 떠날 때까지 준비하여 해변가에 대기하고 떠나자고 강권하며 멀리 아니라도 바다 맞은편 섬에만 가도 산다고 권유해도 기어이 듣지 않다가, 애양원 나병환자들 중에도 좌우익 두 갈래로 갈려 손 목사를 고발하는 나병환자가 있어 잡혀갔다.

1950년 9월 28일 여수 미평 둔덕재에서 조상학 목사 등과 함께 순교했는데, 손 목사의 입술은 인민군 총개머리판에 맞아 깨져 있었다.

# 76

**박관준 장로** ?~1945

일본 의회에 들어가 폭탄 항의서를 뿌린
하나님 외에 누구도 두려워하지 않았던 순교자

염광(艶光) 박관준(朴寬俊)은 평남 개천읍 장로교회의 장로였다. 본래 직업은 의사로서 정성껏 교회봉사를 하는 정열적 믿음의 소유자였고 실천적 인물이었다. 그를 불러 '한국의 엘리야' 라 부르는 것도 그가 하나님 외에는 아무도 두려워하지 않았기 때문이다.

장로 시취를 받으려 할 때에 그는 기도하기를 "하나님이여, 이번 시취에 요리문답 제1조가 나오게 해 주옵소서" 했고, 노회위원들에게는 겁을 주기를 "박관준을 장로로 안 세우면 안주노회는 망한다."고 했다는 분이다.

일본이 한국 기독교를 탄압하면서 신사참배를 강요하니, 박관준 장로는 이에 항의하여 서울에 있는 일본 총독을 찾아가서 그 부당성을 지적하다가 경찰에 검속되고 그 후에 놓여나서는 총독이 안 들으니 일본 정부당국에 직접 가서 호소하기로 결심했다. 박 장로는 꿈을 신통하게 잘 꾸었다.

일본에 건너갈 때도 꿈속에서 계시를 받아 결심하고 떠났는데, 부산에서 배를 탈 때도 당시 엄중한 감시 속에서도 무난히 발각되지 않고 통과했고, 떠날 때 아는 사람에게 사정하여 돈 2원을 얻어 예복을 빌려 입고 떠났는데, 일본 가서 정계요인을 찾아보기도 하고, 일본 기독교 지도자들을 만나 호소해 보기도 했으나 아무런 효과가 없었다.

이에 마지막으로 결심하고 일본제국 74회 의회에 아들 박영창(후에 목사)과 안이숙을 동반하고 예복차림으로 들어가니 파수병들도 그 일행을 어느 일본 고등관으로 잘못 알고 무사통과 시켰다. 사실, 박 장로나, 아들 박영창도 이마가 시원하게 벗어지고 그럴싸하게 생겼었다.

방청석에 앉아서 구경하다가 의장 오야마의 개회선언이 끝나자마자 박 장로는 방청석에서 일어나 벼락같은 소리로 "여호와 하나님의 명령이다!" 하면서 신명기 11:13~17의 선포를 퍼부었다. 참으로 불의 사자 엘리야였다. 어느 신이 참 신인지 내기 하자는 것이었다.

그리고는 미리 준비하여 숨겨 가지고 갔던 폭탄 항의서를 의회석을 향해 내던져 뿌렸다. 의회는 한동안 혼란을 이루었다. 달려온 경관에게 세 사람은 검속되어 끌려가 조사를 받고, 한 달 동안 고생하다가 일단 놓여났다. 그러나 고향에 돌아와서 다시 검속되어 평양 감옥에서 고생했다.

　박 장로의 엘리야 같은 기재를 나타내는 그의 시가 있다.


　人生有一死　何不死捨死

　君獨死捨死　千秋死不死

　時來死不死　生樂不如死

　耶蘇敎我死　我爲耶蘇死


　박관준 장로는 평양 감옥에서 1945년 해방되기 몇 달 전에 세상을 떠나 순교자가 됐다.

　박관준 장로가 섬기던 평남 개천교회의 황구학 목사는 33세의 젊은 목사였는데, 어느 때 그는 아무렇지도 않은 건강한 몸인데도 자기 죽을 날을 예고했다. 예고한 날이 되어 교회 종을 치게 하여 교인들을 모아 놓았는데, 그때 박 장로의 입장은 참 사정이 딱했다. 젊은 목사가 자기가 죽는다고 교인들을 모아 놓고 어떻게 할 작정인가 민망해했는데, 황 목사는 10시에 교회에 나가 교인들에게 유언하고 사택에 들어와 12시가 지나 세상을 떠난 신기한 일이 있었다.

# 77

## 최덕지 여사 1901~1956

### 신사참배 반대에 앞장 선
### 한국교회 재건운동의 여기수

최덕지 여사는 1901년 경남 통영군에서 갓을 만드는 불신자 아버지의 무남독녀로 태어났다. 어머니가 예수를 믿었기 때문에 어머니를 따라 교회에 출석하였다.

최덕지 여사가 9살 때 부친도 회개했으나, 어머니는 35세 젊은 나이로 세상을 떠났다. 부친은 재혼을 하였으나 4년 만에 세상을 떠났다. 이렇게 어려서부터 최덕지의 가슴에는 인생무상에 대한 슬픔이 새겨져 있었다.

통영 진명학교를 졸업했는데, 그 학교는 선교사들이 세운 사립학교였다. 1919년 19세 나이로 진명유치원 보모로 취직하여 봉사하였고, 이듬해에 일본 명치대학 재학생인 김정도 씨와 결혼했는데 그 집안도 예수를 잘 믿는 집안이었다.

그러나 첫 딸을 얻은 후 남편은 열병으로 갑자기 세상을 떠나버리고 말았다. 하나님께서는 그녀에게 깊은 아픔을 통해서 시련을 주시며, 하늘의 상급을 위해 땅의 행복을 단념케 하는 듯했다.

최덕지는 모든 것을 주님께 맡기고 오직 주의 일에만 힘쓰기로 결심하였다. 그후 평양 여자신학교에 입학하여 학교 안에서 학우회 회장으로 수고도 했고, 신학교 졸업 후는 밋션회 마산지방 전도사가 되어 83개 교회를 상대로 활동했다.

1938년 9월 9일 예수교 장로회 제27회 총회가 신사참배 가결을 결의하면서부터 한국 장로교 박해가 본격적으로 시작됐는데, 곳곳에서 신사참배 반대 운동이 일어났다. 신사참배 반대운동의 거물들을 보면, 평북에 이기선 목사가 주동이 되었고, 신의주에 김화준 전도사, 영변에 박관준 장로, 박천에 안이숙 여사, 강계에 고흥봉 목사, 선천에 김인희 전도사였고, 경상도에서의 주동자는 한상동 목사, 주남선 목사, 최상림 목사와 최덕지 여사였다. 전라도에서는 손양원 목사요, 만주에서는 한부선 선교사, 봉천에선 박의흠 전도사 등이었다.

최덕지 여사는 신사참배만 아니라, 동방요배까지 반대 운동을 일으켰다. 그녀는 제4차 검속되어 1943년 1월 초순 평양형무소로 이감되어 전국 각지에서 압송되어온 반대 운동 성도들과 함께 집결됐다가 1945년 8·15해방을 맞이하여 출옥하였다.

출옥한 최덕지는 한국교회 재건운동을 일으켰으나, 한국교회는 호응하지 않았다. 최덕지 전도사는 부패한 그 속에 들어가 있을 수 없다 하여 홀로 재건교회를 세웠다. 그런 중에 한상동 목사와도 의견이 맞지 않아 갈라졌다.

한국교회 재건운동의 기수요, 대쪽같은 절개의 사람 최덕지 여사는 1956년 5월 13일 세상을 떠났다.

# 78

## 김익두 목사 1874~1950

망나니로 중생을 체험하고
전국에 집회를 인도했던 능력의 종

김익두(金益斗) 목사는 황해도 안악군 형촌리에서 1874년 11월 3일에 출생했다. 부유한 가정의 외아들로 태어난 그는 부친의 엄격한 교육을 받으며 16세 된 해에 서울로 과거 보러 올라갔으나 낙방하고 말았다.

부친이 일찍 세상을 떠나 그는 모친의 권면으로 상업을 시작했으나 실패했다. 조숙한 그는 18세에 결혼한 후에 주색에 빠져 기생집에 다니는 등 알부랑자가 됐다.

맵씨내고, 술 잘 먹고, 싸움 잘하여 얼마나 망나니짓을 했던지 장날이면 장보러 오는 장꾼들이 성황당 고개 넘으면서 "오늘 장에 가서 김익두 만나지 않게 해 주소!" 하고 빌었다는 일화가 전해진다.

27세 때 친구의 인도로 교회에 나가 서양 선교사의 설교를 듣고 회심했는데, 그 선교사가 소안론 선교사였다(일설에는 안악군 금산교회 설립자 하치순 전도인의 전도로 믿었다고도 한다).

1900년 봄, 그는 눈물을 흘리며 자기가 죄인인 줄 알고 가슴을 치며 "하나님, 하나님, 이제 후로는 이 불한당 같은 놈이 멋대로 굴지 못하게 해 주십시오." 했다. 김익두는 회개한 어느 날 방에 들어가 문을 걸고 3일 동안이나 기도했다.

그리고 나서 자기 처가에 가서 장모에게, "김익두가 죽은 거 압니까?" 하고 말했다. 평소에 망나니로 소문난 사위 때문에 속상했던 장모는 코웃음 치며 "네가 김익두지 누가 김익두냐?" 했다. "아니요, 김익두는 죽었습니다!" 하고 대답했다고 한다.

중생을 체험하고 교인이 된 후에 김익두는 계속 울기를 잘하는 인간으로 변했다. 그의 모친이나 마을 사람들 보기에 정신 이상된 사람 같았다. 그는 지난날 술친구와 방탕하던 때 사귀던 기생들에게도 전도했다.

평소에 호랑이란 소리 듣던 담력이 센 김익두는 그 성격이 신앙면으로 기울어지니 큰 소리로 남들이 시끄러워 할 정도로 기도하고 산에 올라 가 3일 금식기도 하다가 "익두야! 익두야!" 부르는 이상한 소리도 들었다고 한다.

감격의 눈물로 집에 돌아온 그를 본 모친과 아내는 예수를 믿기로 작정했다. 세례 받는 날 김익두는 자기 과거 생활을 생각하고 눈물에 젖었다. 세례받고 나서는 매서인(賣書人)으로 성경을 팔다가 29세 때 황해도 재령읍 교회 전도사가 되었다.

1907년 봄에 평양 신학교에 입학했다. 아마 김익두가 신학교에 다니던 시절의 이야기인 줄로 짐작이 되는데, 어느 날 길 가다가 앉은뱅이 거지가 구걸하는 것을 보았다. 자기에겐 줄 것이라곤 없었다. 앉은뱅이를 끌고 사람 없는 골목길로 데리고 가서, 자기가 시키는 대로 하라 부탁하면서 "나사렛 예수의 이름으로 명하노니 일어나라!" 하고 팔을 잡아 일으켰으나 앉은뱅이는 앉은 채로 눈만 말똥말똥했다. 실패했다. 망신당한 김익두는 도망치듯 그 자리를 떠났다. 그 후 김익두가 목사된 후에는 기도 또 기도, 길 걸으면서도 기도했다. 그는 어느 날, 산에 가서 금식기도 하다가 성전 지으라는 확신을 얻고 내려와 마을에서 제일 부자인 불신자 집을 방문하여 교회건축을 후원해 달라고 부탁하여 허락받고 이튿날부터 착수해 지은 것이 신천교회였다.

김익두 목사는 그후 신유의 은사를 받아, 그가 부흥목사로 나서서 전국을 누비며 집회 다닐 때 많은 병자에게 기도하니 신유의 기적이 나타났다. 아래턱뼈가 떨어진 사람도 기도하고 안수하니 떨어졌던 턱이 올라가 붙었다. 맹인, 혈루병자, 반신불수, 앉은뱅이, 자궁암 등등 이루 헤아릴 수 없이 많은 병자가 그의 기도로 완치되었다.

전국에서 그의 부흥집회를 요청하는 데가 너무 많아서 할 수 없이 전국을 3분하여 南(전남북, 경남북), 中(충청, 강원, 경기), 北(황해, 평안, 함경)으로 나눠 놓고 한 지방에서 가면 그 인접 교회들의 집회를 우선적으로 하도록 했다.

그의 설교의 내용은 예수님 십자가의 보혈과 회개였다. 그 큰 입으로 익살과 유머를 곁들여 흉내 내면서 설교할 때면 교인들이 완전히 매료되었다.

집회하면서 상투쟁이 상투를 자르게 하고, 일전짜리 연보를 연보함에 넣으면 그는 집회 도중에 내려가 그 큰 두 손으로 움켜 교인들면상에 와락 뿌리며, "이 따위를 하나님 앞에 바쳐!" 하고 노려봤다.

어려운 문제가 있는 교회마다 김 목사를 초청하면, 그는 기도하다가 신념에 차서 강단에 나서면 연보가 쏟아져 나왔다. 유명한 순교자 주기철 목사도 젊어서 김익두 목사 설교에 은혜 받고 주께 헌신했다.

1920년에는 한국 장로교 제9회 총회장에 당선되어, 각처의 집회와 총회장 직무로 너무 분주하여 담임했던 교회는 사임하고, 서울 남대문교회 명예 목사가 되었다. 그후 서울 승동교회를 5년 담임하다가 일제 신사 참배 강요 때는 이를 거부하다가 검속되어 끌려가 얼마나 고문을 당했던지 전신이 피에 젖어 의식을 잃었다. 일본 경찰은 김익두 목사에게 함구령을 내려 목사직을 강제로 박탈하고, 하나의 평신도 같이 되어 고향 황해도에 쫓겨 내려갔다.

해방이 되고, 이어 6 · 25사변이 일어나 1950년 10월 14일(토) 국군이 북진하여 신천 지방까지 들어올 때가 임박했을 때, 김익두 목사는 너무 기뻐 교회 종을 치고 오래간만에 새벽 기도회를 열고, 50명 교인들과 눈물과 감사의 기도회를 드리고 있을 때, 후퇴하던 공산 인민군 몇 명이 달려들어 김익두 목사와 교인 5명을 성전 강대상 앞에다 세워 놓고 따발총으로 사살하고 도망쳤다.

김 목사 가슴엔 총알 두 개가 관통해서 피에 젖어 순교의 제물이 되었다.

## 79

## 이용도 목사 1901~1933

기도, 기도, 또 기도로 일관한
버림 받은 젊은 부흥사

이용도(李龍道) 목사는 1901년 4월 6일 황해도 금천군에서 태어났다. 어머니는 독실한 기독 신자였지만, 아버지는 술만 마시고 모친을 핍박했다. 모친의 기도하는 모습을 닮아 이용도 목사도 13세 때부터 예배당 종각에 올라가서 밤새며 기도하기도 했다.

가난한 살림으로 이용도 목사는 어려서부터 고생을 많이 했다. 그러나 손재주가 좋았고, 말재주도 좋아서 사람들의 칭찬을 받았다. 중학교는 고학을 하면서 다니느라고 9년이나 걸렸다. 그는 3·1만세운동 때는 네 번이나 감옥에 투옥되어 3년 이상 고생을 했다.

그후 협성신학교에 입학했으나 사상적 고민과 이성 문제와 빈곤, 병, 장래 문제에 대한 고민을 겪으면서 어렵게 졸업했다. 그가 첫 교회를 담임하고 10일간 금식기도 하고 나서는 아주 다른 사람이 됐다.

이용도는 어려서부터 귀신을 본다거나 환상을 보는 일이 자주 있었다. 그의 소질에 따라 부흥사로서 인기가 높으매 전국을 순회하면서 부흥운동을 하였다. 그는 가고 오고 말하고 침묵하는 모든 일을 오직 주님의 지시를 따르려고 하였다.

그의 인기는 대단하여 가는 곳마다 열광적 소동이 일어나는 동시에 교회 지도자들에게 공격을 많이 퍼 부었기 때문에 기성교회의 반대와 박해가 심했다. 어떤 지방에서는 그의 집회금족령을 결의하기도 하고, 친구들이 배반하기도 하고, 감리교 연회에서는 그에게 목사 휴직처분을 내리기도 했다.

그런 가운데 이용도 목사는 기도 또 기도하였다. 사람들은 그가 오면 예수가 왔다 하고, 천사가 왔다고도 했다. 그의 집회에 참석하려고 밤낮으로 2백 30리를 도보로 걸어오는 이도 있었고, 새벽기도에 참석하려고 하룻밤에 12명이 170리 걸어 와서 발이 피투성이 되어 쓰러지니 이용도 목사가 보고 기가 막혀 약을 발라 주기도 했다.

신학생들은 그의 집회에 학교에서 참석 못하게 하니 기숙사 창문을 뛰어 넘어서 참석하기도 했다. 기도 또 기도, 24시간 기도! 뱀들이 우글거리는 강가에서 기도하다가 그 길로 강단에 올라가 "미치자, 크게 미치자! 예수를 위해 미치는 것만이 우리 소원이다!"라고 설교했다.

어떤 교회에서는 그의 집회를 청해 놓고 오신다는 날에 본 교회 목사와 교인들이 정거장에 나가 강사를 영접하려고 기다렸으나 강사같은 이는 오지 않았다. 저녁 집회 시간이 되어 할 수 없이 본 교회 목사가 강단에 올라가 "강사가 오지 않아 미안하다." 하니 교회 구석에서 흰 두루마기 입고 엎드려 기도하던 이가 강단에 올라오면서 "제가 이용도입니다." 했다고 한다.

그는 평생 사치하지 않고 양복 안 입고 두루마기에 고무신을 신고 다녔다. 그는 사진도 찍지 않았다. 그러나 그가 강단에 나서면 열변, 절규, 눈물, 땀으로 원고 없는 설교를 7시간 계속하기도 했다. 어떤 때는 목이 쉬어 소리가 안 나오니 강단에서 손수건만 흔들고 서 있어도 교인들은 열광하였다.

말년에는 병 때문에 지친 몸으로 피를 토하며, 말하다가는 기침을 계속하기도 했다. 집회를 마치고 집에 돌아와서는 마당에서 책가방을 방에 던져 넣고, 그 길로 인왕산에 올라 밤새 기도하며 눈 속에 덮여 파묻히기도 했다.

전국을 3년 동안이나 뒤흔들던 이용도 목사도 말년에는 교계의 버림을 받고 몸은 병들어 1933년 10월 2일 함경도 원산 구석에서 세상을 떠났다.

세상 떠나기 3일 전 곁에 있던 사람들을 보고 눈물을 흘리며, "주님은 생명을 사랑하십니다. 그러니 형님, 형님의 손발을 짜르면서라도 생명을 구해 주시오. 처자는 없는 듯이 하시고, 주님만을 위해 살아 주십시오." 하면서 "내 눈을 보시오. 죽는 사람 눈이 이런 것을 보았습니까? 사람이 영생한다는데 모두들 죽는 이야기들만 하니 이 무슨 어리석은 생각들입니까. 영생을 믿으시오." 했다.

그는 33세로 세상을 떠났다. 어느 부인이 지은 베옷을 수의로 입고 상여 없이 나무쪽 몇 개를 엮어 상여로 삼았다. 그의 장례는 몇 사람만이 상여를 메고 따르는 이 하나 없이 쓸쓸하게 지냈다.

# 80

## 남강 **이승훈** 1864~1930

## 오직 진실만을 사랑하고 말했던 애국자

이승훈(李昇薰)은 평양에서 도산 안창호 선생의 애국강연을 듣고 집에 돌아와서는 어찌도 감격하고 흥분했던지 남들이 그를 보고 미쳤다고 했다. 그후 그는 사람들을 만나면 그저 눈물을 흘리고 나라 일을 탄식하며, "사람은 가르쳐야 한다."고 강조했다.

남강은 꼭 해야 할 일은 기어이 하는 성격이어서 어려서 남의 심부름꾼이 됐을 땐, 주인이 시키기를 기다리기 전에 자기 할 일을 찾아 했다. 이렇게 자기가 할 일이 무엇임을 자각하는 사람에게 게으름이란 있을 수 없었다.

나이 60세가 되도록 대낮에 낮잠 자는 일이 없었고, 다리 뻗고 버둥대는 일도 없었다. 그가 '범'(호랑이)이란 별명을 듣는 것은 '참'(진실)을 사랑하는 분이었기 때문이다.

일제 탄압 밑에서 애국운동 하다가 105인 사건으로 끌려가 취조 받을 때 고문이 얼마나 극심했던지 끌려간 어느 목사치고 거짓말 아니한 목사가 없었다고 한다. 그러나 남강 이승훈만은 끝까지 의젓하게 바른 말하며 견디었다고 한다.

정주 오산학교 교장으로 재직할 시 학교 재단 설립을 하려고 관청에 드나들 때 일본 관리가 "교육하는 목적이 무엇이냐?" 물으면 "나는 조선 사람을 길러 내자는 것이 목적이다"고 서슴없이 대답했다고 한다. '그렇게 대답했다간 어떻게 될까?' 하는 염려도 있었으나 '참' 밖에 모르는 그는 모든 것을 각오하고 그렇게 솔직하게 대답했다.

질문하던 일본 관리는 그의 대답이 너무도 당돌한데 어이없어서 "그게 무슨 소리냐!" 하고 소리를 질렀으나, 남강은 "생각해 보시오. 조선 사람이 제 구실 해야 일본 사람도 살아갈 수 있을 것 아니오. 지금 서양 세력이 밀려오는 시대에 조선 사람이 만일 제 구실 못한다면 일본 나란들 어떻게 되어 가겠소!" 하고 대답하니 관리는 탄복하여 "과연 선생님이십니다." 하며 손을 내밀어 잡더라는 것이다.

안창호 선생이나, 조만식 선생이나, 남강 선생의 사람된 인격 바탕은 바로 그들의 기독교 신앙이었다. 그는 독립운동하고 법정에 서서 심문 받을 때, 자기는 하나님 명령에 의해서 한 것이라 증언했다.

말년 나이 60세에 재혼하고, 끊었던 담배를 다시 피우기 시작하니 유영모 선생이 조용히 타일렀다. 그는 변명하지 않고 "그래, 자네 말이 다 옳아." 했다. 함석헌이 일본 우찌무라의 사상을 받아 갖고 왔을 때 그 모임에 참석한 남강은 "옳은 말이라면 다 들어야 해." 했다.

## 81

## 조만식 장로 1883~1950

한국의 간디라고 불렸던
그는 민족운동에 큰 빛이 됐다

고당 조만식(曺晩植) 선생은 평양 출신으로 14세에 결혼하고, 17세부터 상업에 종사했다. 24세 때 기독교에 입신하고는 상업을 중단하고 평양 숭실중학교에 입학했다.

그 후 일본에 건너가 29세 때 메이지대학에 입학했다. 후에 귀국하여 정주 오산학교에서 교편을 잡고 젊은 학도들에게 독립정신을 넣어주며, 이어서 교장이 되어 인재 양성에 심혈을 기울였다.

기미년 삼일운동 때 상해의 대한민국 임시정부를 찾아가다가 일본 헌병에게 체포되어 평양 감옥에서 고문과 악형을 당했다. 40세 때 평양 YMCA 총무로 취임하여 기독교 신앙을 통한 조국 광복과 일제 상품을 배격하고 국산 장려운동을 전개하며 생활 개선에 힘썼다.

우리 손으로 짠 무명옷과 삼베옷을 입되 염색해서 색옷을 입게 하고 두루마기와 저고리의 옷고름을 없애고 단추를 달게 하였으며, 두

루마기와 치마를 모두 짧게
하여 조만식 선생께서 솔선
수범 하시니, 그것이 전국에
일제히 유행되어 큰 성과를
거두었다. 이에 조만식 선생
을 '한국의 간디' 라 부르게
되었다.

그후 평양의 유명한 산정
현교회 장로로 취임하여 순
교자 주기철 목사를 모시고
교회를 봉사했다. 그 후 조선

일보사의 사장으로 취임하여 민족 언론을 지키는 일에 헌신하기도
했다.

일제의 탄압이 기독교인의 신사참배를 강요할 때, 주기철 목사가
감옥에 갇혀 있는 동안 조만식 장로는 목사 없는 교회를 이끌고 끝까
지 신사참배를 거부하니, 산정현교회는 진리를 고수한 승리의 교회
가 되었다.

8·15 해방이 되자, 즉시 평남 인민정치위원회의 수반이 되었고,
북한 5도 연합회를 조직하여 남한과 긴밀히 연락을 가지며 공산당과
대결하기 위해 조선 민주당을 창립하여 그 당수가 됐다.

신탁통치 반대운동의 선두에 나서 활동하니, 소련군과 공산당은
조 선생을 연금했다. 여러 차례 남한으로 내려올 기회가 있었으나 조
선생은 끝까지 거절하고 "북한의 일천 만 동포를 버리고 내가 어디
간단 말인가?" 하셨다.

그는 자그마한 키에 무릎까지 오는 짧은 두루마기를 입고, 머리를

삭발한 얼굴은 수물수물 읽은 얼굴이었다. 수염도 별로 없었고 눈은 자그마한데, 언제나 낮은 음성이었다.

젊어선 난봉도 피우고 술도 마셨으나, 회개한 후에는 진실한 기독교인이 되었다. 그는 또 웅변가였다. 조만식 선생의 "아니!"라는 한마디는 벼락보다 더 무서웠다.

소련은 그를 이용해 보려고 별 방법으로 달래 봤으나 조만식 선생은 꿈쩍도 안 했다. 그 조그마한 몸속에 그렇게 큰 정신과 얼이 꽉 차 있는 데는 놀라지 않을 수 없다. 주일날이면 일찍 교회 마당에 나와 짧은 두루마기를 입고 얼굴에는 미소를 띠우며 젊은이들을 영접하곤 했다.

# 82

## 방학성 목사

순교자 반열에 서게 됨을 감사하며,
박해를 감당한 사랑의 교역자

방학성(方學聖) 목사는 황해도 송화에서 5만 평의 과수원을 경영하면서 무초리교회를 시무하던 분이었다.

6.25전쟁 때 국군이 북진할 때 인민군과 좌익 빨치산들이 산으로 후퇴하면서 한 사람당 우익인사 20명씩 살해하라는 분담 책임을 맡았는데 그들이 제일 먼저 선택한 것은 기독교인이요, 다음으로 우익 요인들이었다.

모든 병원은 불 지르고, 의사들은 모조리 죽이는 판국에, 다른 교회 목사들끼리는 이 같은 두려운 계획을 사전에 알려 주는 이가 있어서 서로 연락하여 사전에 도피했으나, 그런 연락을 못 받은 이들은 그냥 집에 있다가 갑자기 납치당해서 어두운 밤중에 달구지로 실려가 산속 광산 구덩이에서 죽임을 당하기도 했다.

방학성 목사도 연락을 받지 못하여 그러한 사태를 모르고 있다가,

아침에 교회의 종을 치고 예배를 드리고 나자, 무장 인민군 50명가량이 몰려와서 교회를 포위하고 교인들을 닥치는 대로 살해 했는데, 그 폭도들을 인솔하고 와서 교인들을 일일이 지명해 죽이는 지휘를 하고 있던 자는 다름 아닌 그 교회 조 집사라는 자였다.

너무도 뜻밖의 일이어서 교회 부인들과 여 전도사가 "조 집사님, 이것이 어찌된 일이오?" 하고 물으니 그는 묻는 교인들을 무조건 총을 쏴서 18명을 죽였다. 교인들은 방학성 목사를 옷장에 들어가 숨게 하고 그 위에 다른 가구와 이불을 쌓아 놓아 막아 놓았다.

그때 방 목사 아들이 군인으로 끌려 나가지 않으려고 그 집에 일년 동안 숨어 있었는데, 그가 지붕으로 빠져나가 도망치려 하다가 폭도들이 쏜 총에 엉덩이를 맞아 굴러 떨어졌다.

그러나 방 목사는 찾아보아도 없으니 폭도들은 가택수색을 하면서 들고 있던 창으로 의심스러운 데를 찔러보고 다니니 방 목사는 할 수 없이 숨은 곳에서 뛰쳐나와 자진해서 붙잡혔다. 그때 66세 된 방 목사는 손을 새끼줄에 묶여 마을 인민재판 하는 데로 끌려 나갔다.

폭도들이 "이 놈을 죽여야 좋소, 나쁘오?" 물으니, 그때 구경꾼 속에 교회 다닌 지 얼마 안 되는 청년 하나가 일어서서 "목사야 무슨 죄가 있소." 했더니 그도 당장 잡혀 묶이었다. 군중들이 "죽여도 좋다!" 소리치니, 방 목사는 논두렁에 끌려가 그 교회의 장로 1인, 집사, 남자 전도사와 불신 청년 한 명을 한 자리에 모여 있게 하고, 수류탄 심지를 뽑아 놓고 군중은 도망쳤다.

방 목사는 마지막 기도를 "아버지 하나님! 저 같은 것도 순교자 반열에 참여케 해 주시니 감사합니다." 하는데 수류탄이 "꽝!" 터졌다. 방 목사는 정신은 멀쩡하여 계속 "순교자 반열에 들게 해 주셔서…" 를 외우고 있었다.

그후 폭도들은 그대로 도망치고, 교회 여신도들이 몰려와 보니 다른 시체들은 가족들이 찾아 가져갔는데, 방 목사 시체만은 그대로 있었다. 할 수 없이 부인들이 들것을 만들어 시체를 옮기려는데, 방 목사의 묶인 손이 움직이고 있었다.

"목사님이 아직 죽지 않았다!" 그들은 기뻐서 사택으로 모셔다가 상한 왼편 다리를 2개월 치료해 살려냈다. 의사들도 죽고 약도 없는 때였지만 교인들의 정성으로 방 목사는 구사일생으로 살아났다.

방 목사의 아들도 총 맞고 지붕에서 굴러 떨어져 죽은 줄 알았는데, 얼마 뒤에 폭도들이 확인하러 와 보니 아직 죽지 않고 있기에 목을 졸라 혀가 내미는 것을 보고 죽은 줄 짐작하고 그냥 갔는데, 그후 그도 죽지 않고 살아났다.

## 83

## 방애인 양 1909~1933

# 성녀와 같이 사랑과 순결의 삶을
# 살다가 간 신앙의 처녀

방애인(方愛人) 양은 황해도 황주 과수원 집 딸이었다. 그녀는 개성 호수돈 여학교에서 공부할 때 우수한 학생들만 모인 중에서도 특대생이었다. 그의 얼굴이 아름다웠던 것처럼, 그의 마음씨도 그렇게 고왔다.

그의 모교 호수돈 여학교에서는 교실마다 방애인 양의 초상화를 걸어 놓았고, 그의 졸업 사진과 그의 전기는 전교생들에게 깊은 감화를 주었다. 학생들은 의식적으로 모두 방애인 양의 정신을 본받아 여름에는 베적삼에 무명치마, 검은 댕기에 운동화 차림의 검소한 생활

을 했다. 누구도 모르는 사이에 방애인이란 이름 위에 '성'(聖) 자를
붙여서 불렀다.

호수돈 여학교를 졸업한 방애인 양은 전주 기전여학교 교사로 근
무하면서도 밤마다 강당에서 학생들 명단을 펴 놓고 이름 하나하나
를 불러가며 철야기도를 했다.

거리에 나가서 불쌍한 거지 아이를 보면 업어다 자기 하숙방에서
키웠는데, 아이들의 수가 늘어나니 전주 YMCA를 통해 고아원을 세
우는 운동을 했다. 길 가다가 헐벗은 거지를 만나면 자기 저고리와 바
꿔 입었다. 그리고는 거지 옷에서 이가 옮아 고생도 많이 했다.

학부형이 학교에 찾아와도 전도했고, 기차 타고 여행할 때도 곁에
앉은 이에게는 꼭꼭 전도했다. 여기저기서 결혼을 중매하는 이들이
있었으나 모두 거절하고, 오직 주님께 몸 바쳐 순결한 일생을 보냈
다. 그가 세상 떠난 뒤에 알아보니 그에게는 두벌 옷 밖에 없었다.

언젠가 전국에 큰 홍수가 나서 수재민이 생기니 방 양은 자기가 졸
업할 때 기념으로 받은 시계를 수재민 구제를 위해 내놓았다. 방학에
고향 갔다가 올 때 어머니가 인력거 타고 가라고 돈을 준 것도 아껴
모아서는 불쌍한 이들을 위해 썼다.

아버지가 첩을 얻어 사는 것을 고민하여, 일생동안 매일 아침을 금
식하며 아버지의 회개를 위해 기도했다. 방 양이 이렇게 아름답게 산
것은, 어느 때 기도하면서 주님께 특별한 은혜를 받았기 때문이다.

비록, 짧은 일생이었지만 순결한 백합화 같이 살다가 24세에 열병
으로 세상을 떠났다.

방애인 양의 시신은 전북 전주 공동묘지 구석에 고요히 누워있다.

# 84

**최용신 양** 1909~1935

## 농촌에 들어가 농민계몽 사업에
## 일생을 보낸 상록수

최용신(崔容信) 양은 함경도 원산에서 태어나 1928년 원산 루씨여고를 최우등으로 졸업했다. 위대한 인물들이 대부분 어려서는 극심한 가난 속에서 연단을 받듯, 최 양의 어린 시절도 점심을 먹어 본 일이 없을 정도로 집이 가난했다.

여고를 졸업할 때 담임선생이 졸업 후의 지망을 물으니, "저는 농촌에 들어가 농민 계몽 사업에 일생을 보내겠습니다."고 대답했다.

용신 양은 보기 드문 수재였지만, 얼굴이 마마로 몹시 얽었었다. 그에게는 김학준이라는 사랑하는 남자가 있었는데 나이가 동갑이었고, 함께 수원 샘골 야학당에서 농촌 계몽과 문맹 퇴치 운동을 하였다. 그 남자는 최 양에게 결혼할 것을 요구했으나, 최 양은 미소를 띨 뿐, 일반 여성들처럼 스위트 홈에 대한 단란한 꿈은 버렸다.

그 후에, 용신 양은 신학교에서 공부하다가 도중에 농촌에 들어갔고, 김학준 씨는 일본 유학을 떠났다. 수원 샘골에 들어간 최용신 양의 그곳에서의 헌신적 생활은 마치 사랑의 여왕 같았다.

무산아동들을 위해 학원을 세우고, 가르치며, 농촌지도를 하였는데, 심지어 가정불화 중재까지 최 양이 나서야 잘 화해가 됐다. 촌마을 사람들은 어려운 일만 있으면 최 양에게 달려왔다. 그러나 지나친 활동과 극단의 피곤 속에서 26세 때 장중첩증으로 세상을 떠나게 되었다.

병상에서도 최 양은 끊임없이 기도를 하였다. 그는 유언하기를, "제가 죽으면 제가 세운 학원이 잘 보이고 종소리가 잘 들리는 곳에 묻어 주세요." 하면서, 가르치던 아이들의 이름을 부르며 1935년 1월 23일에 세상을 떠났다.

그의 애인 김학준 씨는 최 양의 관머리를 잡고 "용신 씨, 안심하시오. 내가 죽는 날까지 당신이 못다 하고 간 일까지 두 몫을 하리다." 했다. 그는 한 대학의 교수로 있으면서 죽을 때까지 최 양의 무덤을 찾아 다녔다.

소설가 심훈은 최용신 양의 이야기를 『상록수』라는 소설로 썼다.

# 85

## 김교신 선생  1901~?

조국을 건지는 길은 기독교 정신뿐임을
깨닫고 문서로 외롭게 싸운 무교회주의자

　　김교신(金教臣) 선생은 1901년에 함남 함흥에서 출생했다. 18세 때 함흥 농업학교를 마치고, 이듬해 일본으로 건너가 동경 영어 정규학교에 입학하여 당시 일본의 저명한 영어 학자들에게 영어를 수학했으며, 22세에는 동경 고등사범학교에 입학하여 박물(博物) 지리과에 전과하여 공부하다가 27세에 졸업하고, 귀국하여서는 함흥 영생여고와 서울 양정, 경기 중학과 개성, 송도 등에서 1942년까지 교편생활을 했다.

　　근 15년간 교단에서 가르쳤는데 양정중학에서 10년간이나 있었고, 경기중학에선 태평양 전쟁 중 사상이 불온하다고 6개월 만에 쫓겨나기도 했다.

　　김교신 선생이 기독교에 입신하게 된 것은 일본 동경에서 유학하고 있을 무렵인데, 1920년 학생들의 노방전도 설교를 듣고 동경에 있

는 성결교회에 입교했다. 그해 6월
에 세례를 받고 얼마동안 다녔으나
양심적 관찰이 예민한 그는 기성교
회의 심한 부패와 교회간의 분쟁과
알력에 번민하다가, 당시 많은 영
향을 끼치고 있던 무교회주의자 우
찌무라 선생의 문하에 들어가 많은
감화를 받았다.

우찌무라의 사상적 영향을 젊은
가슴에 받고 순수한 기독교 정신만
이 조국을 건지는 유일한 길이라고
확신하게 된 김교신 선생은 기독교
정신을 한국 민족의 가슴속에 깊이 심어 주고자 하는 갈망으로 1927
년에 『성서 조선』이라는 잡지를 창간했다.

처음에는 동인지 형식으로 출판하여 함석헌, 송두용, 정상훈, 양인
성, 유석동 씨들과 함께 계속 출판에 애썼으나, 그 후는 거의 김교신
선생 단독으로 15년간이나 출간을 계속했고, 출판비는 물론, 집필·
검열·교정과 심지어는 배달하는 일까지 김 선생 혼자서 감당했다.

잡지 출판을 계속해 가는 한편, 주일성서집회, 동계성서집회도 가
지고 지도했다. 『성서 조선』은 불과 20페이지 내외의 변변치 않은 작
은 잡지였고, 독자도 겨우 3백 명 정도 밖에 안 되었지만, 일제 말기
소위 대동아전쟁 속에서 한국민족의 정신적 바탕이 송두리째 뽑히려
던 시기에 이 잡지가 발행되었다는 것은 어두운 밤을 비치는 하나의
작은 불빛이었다.

158호 권두언 '조와' (弔蛙)는, 어떠한 수난 속에서도 이 민족은 망

하지 않는다는 신념을 암시하는 것이라 해서, 일본 경찰은 『성서조선』이 민족 정신을 고취하고 독립 정신을 앙양시키는 악질적인 잡지라 단정하고 관계자들을 검속했는데 이것이 '성서조선사건'의 직접적인 동기가 되었다.

경찰은 창간호부터 전국적으로 수색 압수하고, 거의 전국의 독자들을 검거하였는데, 김교신 선생을 비롯해서 함석헌, 송두용, 유달영 등 12명을 서대문 형무소에 수감했다.

김교신 선생은 단순히 이론으로만 그치는 위인이 아니요, 몸소 자기의 주장을 실천 실행하는 분이었다. 김 선생의 성서집회에 모이는 수는 매 주일 일이십 명을 넘지 못했으나, 그래도 그는 숫자에 조금도 구애받지 않고 꾸준히 가르치며, 우리 민족의 살 길은 오직 기독교 신앙에 귀의하는 길 밖에 없다고 역설했다.

한국의 무교회주의자의 시조격이긴 하지만, 눈물이 많았던 그는 가난한 이웃을 보고 늘 울었으며, 그들을 돕는 일을 멈추지 않았다. 감옥에서 일 년간 옥고를 치르고 나온 후, 고향 흥남 비료공장에 들어가 3천여 명 징용동포 노동자들을 위로하며 희망을 넣어 주다가 발진티프스로 세상을 떠났다.

## 86

## 최흥종 목사 1880~?

나병환자 구령 사업에 일생을 보낸
나병환자의 아버지

오방 최흥종(崔興琮) 목사는 1880년 전남 광주시 불노동에서 출생하였다.

기독교를 믿기 전에는 구한국 말기에 순경으로 지내다가 예수를 믿고는 그만두었다. 순경으로 있을 때 의병을 살려준 일 때문에 일본 헌병대에 연행되어 하마터면 죽을 뻔한 일도 있었다.

최흥종 목사는 특별히 나환자를 위한 구나사업에 평생 힘써서 '나환자의 아버지' 라는 이름을 듣는데, 그렇게 된 동기에는 감격스러운 이야기가 있다.

1908년, 그가 광주 양림동에 있는 선교부에서 선교사 웰슨 의사에게 한국말을 가르치고 있을 무렵이었다. 그때, 그는 교회의 집사였다. 광주 선교부에서 의사이며 목사였던 오웬 선교사가 열병에 걸려 죽어 가고 있어서, 마침 목포에서 의사로 활동하던 포사잇 선교사를 급히 불렀다.

교통이 불편할 때라 포사잇은 목포에서 영산포까지는 배를 타고, 다시 영산포에서 광주까지는 당나귀를 타고 가고 있었는데, 나주를 막 지나려 할 때 길가에 쓰러져 신음하며 죽어가고 있는 여자가 있어 급히 당나귀에서 내려서 일으켜 보니 그 여자는 나병환자였다.

포사잇은 여자를 안아 당나귀에 태우고 자기는 착한 사마리아인처럼 당나귀를 끌고 광주까지 40리 이상 되는 길을 걸어 왔다. 그럭저럭 광주에 늦게 도착하니 구원을 기다리던 오웬 의사는 이미 숨을 거두고 말았다.

포사잇은 나병환자 여자를 제중병원 앞에까지 데리고 와서 당나귀에서 안아 내리는데, 나환자의 지팡이가 땅에 굴러 떨어졌다. 때마침 그 옆을 지나가던 최흥종 집사를 보고 포사잇은, "여보시오, 미안하지만 저 지팡이 좀 집어 줄 수 있겠소?" 했다.

나병환자의 진물이 묻어 얼룩진 지팡이기에 최흥종 집사는 당황하여 한참 망설이다가 죽을힘을 다하듯 용기를 내어 지팡이를 집어 주었다. 최흥종은 그 길로 집에 가서 깊이 자기를 반성했다. '포사잇은 외국 선교사로 낯선 나라에 와서 나병환자를 안아 살려주려 애쓰는데 자기는 자기 동족도 제대로 사랑하지 못하고 있지 않은가?'

포사잇은 빈민들이 있는 곳엔 어디나 찾아가서 전도하고 집 없는 거지는 병원에 데리고 가 치료하고 의식까지 정해 주고, 목매여 끌려가는 개가 있으면 따라가서 돈을 치르고 놔 주었고, 닭이나 물고기조차 그렇게 했다.

사람들은 포사잇을 '작은 예수' 라 불렀다. 최흥종은 포사잇의 희생적 사랑에 감동이 되어 자기 토지를 그의 사업에 기증하고 자기도 일생동안 나병환자의 벗이 되어서 살았다.

그는 광주 중앙교회에 장로로 있으면서 평양 신학교를 졸업했고, 광주만세사건 때는 6개월간 감옥에서 고생도 했다. 1922년에 광주 중앙교회 목사로 취임하였고, 광주에 YMCA를 창설하고 초대 회장이 되었다.

1923년에 장로교 총회에서 시베리아에 사는 교포들을 위한 선교사를 구할 때 최 목사는 자진해서 목숨 걸고 갔다. 한국 독립군 7백여 명이 러시아군에게 학살당할 때, 최 목사는 당국에 찾아가 항의도 하고 인권운동에 앞장섰다.

그러나 1년 후에 러시아 정부는 최 목사를 추방해 버렸다. 그 후 1927년에 다시 시베리아로 들어가다가 체포되어 스파이로 몰려 사형장까지 끌려갔으나, 기지를 써서 기적적으로 살아났다. 그는 고향에 돌아와서는 다시 나병환자 구제사업에 열중했다.

최 목사가 나병환자를 업어서 광주 나병원에 입원시키면, 함께 활동하던 쉐팅 선교사는 그들에게 옷을 갈아 입혀 주고 먹을 것을 주었다. 나병환자 근절협회 회장으로 있을 때는 일제시대 전국 나병환자 450명을 인솔하고 우가끼 총독을 찾아가 시위를 벌이고 요구조건을 허락 받기도 했다.

광주 중앙교회를 목회할 때는 교인들에게 겨울부터 보릿고개까지 나병환자들의 식사를 책임지게 했다. 나병환자와 걸인들은 어디를 가든지 최 목사만 보면 '아버지'라 불렀다. 생전에 그는 나병환자를 위한 시설로 삼애원, 호혜원과 결핵환자 수용을 위해 송정원 등을 창설했다.

# 87

**이세종** 1880~1942

## 금수, 곤충, 초목까지 사랑하며
## 철저하게 말씀대로 살아간 분

이세종(李世鍾) 선생은 전남 화순군 도암면 등광리에 살던 한국의 성인이다.

예수 믿기 전에 그는 나이 40세 되기까지 남의 집 머슴살이로 살면서 푼푼이 모은 재산으로 논밭을 사서 부자가 되었다. 나이 40세에 예수를 믿게 되면서 너무도 기뻐서 매일 밤낮으로 성경연구와 암송으로 세월을 보내고 집집에 전도하는 일을 힘썼다.

그가 제자들과 함께 성경공부를 하고 있을 때는 아무리 반가운 손님이 찾아와도 인사도 받지 않았다. 성경공부를 다 마친 뒤에야 인사를 했다. 식사도 공부가 끝난 다음에야 들었다. "성경공부는 공사요, 음식 먹는 일은 사사니, 이제 공사가 끝났으니 사사로 돌아갑시다." 했다.

예수를 믿고는 모든 일을 성경 말씀대로 실천했다. 자기에게 빚을

진 마을 사람들을 불러다 모조리 탕감해 주고는 그들이 보는 앞에서 빚 문서를 불 질러 버렸다. 또, 자기 재산을 가난한 사람들에게 모조리 나눠 주고 선생 부부는 깊은 산중에 들어가 쑥을 뜯어 밀가루에 반죽해 먹으면서 여생을 보냈다.

이 선생의 부인은 무식하고 교양이 없는 여자였는데, 이 선생이 가정에서 부부로 거처를 함께 하지 않고 남매처럼 살며 순결생활을 하는 것에 불만을 품고 이웃 마을 다른 남자에게 시집을 가버렸다. 아내가 딴 남자에게 시집가는 날, 이세종 선생은 아내의 살림살이 일체를 꾸려 지게에 져서 주었다.

그리고 아내를 보고 예수 잘 믿고 언제든지 회개하고 돌아오고 싶을 때는 곧 오라고 타일렀다. 그 아내는 두 번이나 이렇게 딴 남자를 따라 갔다가 결국은 이 선생에게 되돌아 왔다.

이 선생의 자비심은 금수, 곤충, 초목에까지 미쳐 산길을 걸어 가다가 길에 칡넝쿨이 뻗어나 사람에게 짓밟히는 것을 보면 반드시 옮겨 놓고 지나갔고, 자기 발밑에 개미가 밟혀 죽는 것을 보고는 서서 눈물을 흘렸다.

마을 아이들이 냇가에서 물고기 잡는 것을 보면 돈을 주고 사서 다시 물에 놓아 주었다. 한 번은 부엌 구정물통에 쥐가 빠졌는데 나뭇가지로 사다리를 놔 주어 쥐가 살아 도망치게 했다. 그런가 하면 부엌에 들어온 독사를 죽이지 않고 슬슬 몰아내 쫓으면서, "큰일 날 뻔 했다. 내가 아니었으면 너는 잡혀 죽을 뻔했다."면서 살려 주었다.

고사리를 꺾으러 가서 두세 개 꺾고는 피 나오는 것 같아서 더 꺾지 못했고, 아이들이 장난으로 그의 가는 길을 막아도 지나가지 못했다.

선생의 말년에는 산중에 움막집을 지었는데, 겨우 사람 하나 누울 정도의 것이었다. 문은 성경대로 아주 기어들어 갈 정도로 좁은 문을 만들었다. "예수 믿는 일은 좁은 문으로 지나가는 일이다. 좁은 문도 그냥 말고 십자가를 지고 들어가는 일이다."라고 그는 말했다.

　세상 떠날 때는 제자들에게 사다리를 만들게 하여 그 위에 누워 그대로 묻어 달라고 유언했다. 곁에서 울고 있는 아내에게는, "울음을 그치시오. 내가 예수님을 따라 가는데 울어서야 되겠소!" 하면서 "올라간다. 올라간다. 올라간다." 세 마디 소리를 크게 질렀다.

# 88

## 이현필 선생 1913~?

거지 옷에 맨발로 다니며 순결생활을
강조하던 한국의 프란체스코

이현필(李鉉弼) 선생은 1913년 1월 28일 전남 화순군 도암면에서
태어났다.

젊어서 영산포에서 일본인 목사에게
서 전도 받고 예수 믿기 시작했고, 그
에게 평생에 감화와 영향을 준 스승은
'도암의 성자'라 불리는 기인 이세종
이었다.

청년시절 이현필은 자기 집 고개 넘
어 천태산 자락에 산당을 짓고 성경을
가르치며 도인 생활하던 이세종 선생
에게 매일같이 찾아가 성경과 특히 순
결사상을 배웠다. 처음에는 결혼했으

나 스승의 사상을 따라 얼마 후에는 부부 생활을 끊고 부인을 누님이라 불렀다.

예수 잘 믿으려면 오장치를 짊어지고 나서야 한다면서, 스스로 자기 이름을 '헌신짝'이라고 불렀다. 양복과 구두를 벗어던지고, 떨어지고 낡은 옷에 겨울에는 맨발로 다녔다. 머리는 삭발을 하고 콧물은 손잔등으로 닦으면서도, 철저히 자신을 부인함으로 그리스도를 본받아 자기 완성을 이루려고 노력했는데, 그런 생활을 세상 떠나는 순간까지 정진했다.

그의 감화력은 대단하여 그가 한번 남원지방을 지나가면 집집에서 남녀들이 그를 따라 나섰다. 부인들은 자기네 본 교회를 버리고 그를 따랐고, 처녀들은 부모 집을 가출하여 이 선생의 집회소에서 살았다.

이 선생은 나이 어린 처녀 총각들을 선별하여 깊은 산 화전민이 사는 남원 수지면 갈보리 동산과 서리내 산에서 쑥을 뜯어 먹으며 그들을 훈련시켜 그의 운동의 기본 엘리트로 삼았다.

한동안 그를 따르는 이는 수백 명에 이르렀다. 탁발(托鉢)을 하며 전도하고 겨울에도 맨발로 집집에 구걸 다니는 훈련을 시켰다. 이 선생이 세상을 떠난 후인 지금도 그의 제자들은 엄격히 독신 생활을 하며 순결을 지키고 살며, 광주, 함평, 진도, 곡성, 벽제 등지에서 농사를 지으며 수도생활을 하고 있다.

이현필 선생의 전도방법은 요즘 매스컴에만 의존하는 방법과는 전혀 달랐다. 이 선생은 자기 누님댁에 전도하러 가서도 예수 믿으란 말은 한마디도 안 했다. 밤새 그 집 방구석에 앉아 기도만 했다. 전도하러 다닐 때 한 사람의 영혼을 건지기 위해서는 섬진강을 건너고 깊은 산 넘어 30리나 50리 길을 터벅터벅 걸어서 찾아다니며 전도했다.

그러므로 그의 전도 받은 사람은 믿어도 진짜로 믿었다. 애국심과 농촌 부흥과 절제 생활에 관심이 컸던 이 선생은 비누도 안 쓰고 잿물로 빨래를 하고, 고무신이나 짚신도 도시에서나 신고 다녔지 그 밖에선 늘 벗어 들고 다녔다. 돌이나 초목이나 어떤 물건이라도 천히 여기면 자기도 천해진다고 가르쳤다. 사랑과 생명은 하나요, 사랑과 빛도 하나요, 십자가의 보혈은 사랑이요 생명이라 했다.

폐병으로 각혈을 자주 하며 남의 부축을 받아가면서도 아침부터 저녁까지 생명을 걸고 설교를 했다. 그는 각혈을 할 때면 무릎을 꿇고 합장을 하고 앉아서 깡통이나 빈봉지에 피를 토했는데 주위에서 자리에 누으시라 해도 눕지 않았다. "이 시간은 내 신랑을 맞는 시간이다. 내 더러운 피는 다 빠지고 예수의 피를 받아야 한다."면서 제자들에게 "2천년 전 갈보리에서 죽은 그 예수의 십자가로는 나를 구원할 수 없다. 어쩔 수 없는 내 죄 위에 지금 뚝뚝 떨어져 오는 그 피가 되어야 한다."고 했다. 경기도 벽제 개명산 수도처에서 임종하면서 "기쁘다, 아! 기뻐 못 견디겠다."면서 눈을 감았다.

## 이현필 선생의 기도

"믿음이 아니고서는 주님을 기쁘시게 할 수는 없습니다. 복음에 대한 저의 태도가 밝아져야만 되겠습니다. 저에게 가장 긴급히 소용되는 분은 주님이십니다.
저에게 꼭 계셔 주셔야만 하겠습니다. 돈이나 물질이나 건강이나 지혜보다도 주님께서 저의 주장자가 되어 주셔야만 하겠나이다.
주님! 제게 있는 것 모두와 주님과 바꾸어 주소서. 다 가져가시고, 다 없애 주시고, 주님께옵서만 제게 계셔 주시사 제가 알든 모르든 저만

주관하사 영광 받으시옵소서.

주님의 자비하심을 뚜렷이 드러내 주소서.

제게 있는 모든 것과 '참' 과 바꾸어 주시옵소서.

주의 부르심을 알아야겠습니다. 부르신 그 사랑에 감격해야 되겠습니다. 부르심의 상이 얼마나 귀함을 알아야겠습니다. 그 상을 받도록 부르심에 순응해야만 되겠습니다. 그 상의 크심에 놀라야만 하겠나이다. 주님만이 제 맘에 계신다면, 다른 건 아무 것도 필요하지 않습니다. 영원히 예수님만 필요로 요구하는 자식이 되어지기 심히 원하옵나이다."


"주여! 저로 하여금 항상 죄인됨을 기억케 하시옵소서. 죄인된 것을 깨닫는 시간, 제게는 가장 행복된 것은 구주가 제게 가까워지는 까닭이로소이다.

주여! 항상 저의 약함을 깨닫게 하옵소서. 저의 약함을 깨닫는 시간이 가장 제게 복된 것은, 크신 권능 물밀듯이 찾아주시는 까닭이로소이다. 이 험악한 세대에 이 두 가지 큰 위로가 저의 자랑이 되나이다. 성령의 역사로 이 사람들이 다 주님 권능만 믿고 바라게 하옵소서. 이 사람들만 아니고, 참으로 주를 우러러 보는 자들은 다 주님의 은사만 알게 하소서. 주님의 이름으로 들으소서."


"아버지!

주님의 명령을 못 받을 터이면, 이 땅 위에 더 오래 살아 무엇하겠습니까? 진정으로 형제자매를 사랑치 못한다면 참으로 쓸데없는 인생이로소이다.

주님!

주님만 사랑케 하소서.

제 마음을 빼앗아 가소서. 온전히 빼앗으시사 주님 수중에 두소서."


"주님!

저에게 빈 마음을 주시사, 주님을 간절히 사랑하게 해 주옵소서.

빈 마음에 주님 오시옵소서.

언제나 언짢은 일을 좋아하게 하소서.

궂은 것을 즐겨하게 하소서. 쓴 것을 달게 여기게 하소서."


"남의 대접받는 것을 중심으로 싫어하고, 그 대신 핍박과 수치와 천대를 꿀처럼 달게 여기고, 악평과 훼방을 금싸래기 같이 여기도록 그런 마음을 주옵소서.

주여, 비나이다.

제가 이때까지 주님 권능을 받지 못한 것은 믿지를 않은 탓이었습니다. 주님의 자비도 믿지만은 권능 주실 것도 믿어야 할 것이었나이다.

믿어야 되겠습니다. 주님, 믿음 주옵소서."


"죽기로 결정된 몸 죽는다고 서러울 것 무엇이며, 죽기로 된 몸 고통이 싫을 까닭이 없습니다. 핑계인지는 몰라도 주님 뜻대로 못 산 것이 항상 원통하고, 한번 주님 뜻대로 살아보기가 소원일 뿐이었지만, 그도 주님전에 맡길 뿐입니다.

다만, 주님 뜻을 단 일 분간이라도 더 거스르고 사는 일이 겁이 나서입니다.

초자연적 은혜로 구원 받아 온 이것이 제 자랑 될까보아서, 주님 능력과 사랑을 뚜렷이 못 전한 것도 자복됩니다. 저와 같이 미천한 것이 증거하므로 도리어 영광을 가릴까 두려워했습니다.

고통은 주님 십자가 앞에 눈 녹듯 합니다. 그리고 조금이라도 고통이 느껴지면, 주님 고통이 극히 적게나마 저 위해 받으신 고통임을 알게 되는 것이 한없이 기뻐집니다.

주님은 사랑이시기 때문입니다.

천지를 붙드신 주님께옵서 제 목숨 붙들고 계시므로, 병이 제 목숨 못 끊을 줄 믿습니다. 괴로운 것은, 육체보다 주님 뜻 몰라 진 고통이 클 뿐입니다.

'엘리 엘리 라마사박다니' 의 고통을 몇 억 분지 일이나 맛보여 주시는 주님 사랑이시라면, 그도 감사합니다.

제가 병 시중 받기가 괴롭다는 이유는, 시중하는 이들 중에 감염될 염려가 크기 때문입니다. 회개해야 된다고 주님 답을 기다립니다. 저는 한번 죽어도 합당한 줄 알기 때문에, 저 죽는 것은 문제 아닙니다. 살아야 할 분들, 젊은이들이 저 때문에 병이 들지나 않을까 해서 우려하는 것입니다."


"아버지 저의 주시여! 나의 생의 근본이 되시오며 생의 의의가 되시는 주시여! 당신이 아니오면 저에게는 생의 목적이 없사오며 의의도, 미도, 낙도, 광명도 없사옵니다. 당신 안에 생의 목표가 있사옵고, 당신이 생의 미가 되시옵니다.

주가 제 안에 계심으로 제가 살았나이다. 제가 주께로 가는 것이 저의 목적이옵고, 주와 같이 되는 것이 저의 희망과 즐거움이옵니다. 지혜 있고 훌륭한 자로 사람들에게 알려지기 보다는, 차라리 미련한 자가 되어 주 안에 있어지기를 바라나이다.

죄를 깨닫고 자복하는 자가 될까요, 주의 사유하심을 증거하는 자가 될까요. 주님의 깊은 뜻을 조금도 모르는 제가 아닙니까? 아시다시피 사람과 가까이 함으로는 얻어질 것도 없고, 도리어 신앙의 동요 때문에 손상이 있을지언정 도움은 조금도 없습니다.

단지 아버지께만 가까이 나아갈 때 담대함과 용기와 능력과 지혜와 덕과 완전과 영생을 얻나이다.

주님! 저에게 회개를 주시옵소서. 생명 얻는 회개를 주시옵소서.

주여! 제 가슴에 탄식을 주시옵소서. 회개를 못해 탄식케 합소서. 부끄러워할 줄 알게 하소서.

제 죄를 진정으로, 저의 어리석음을 내놓게 합소서. 제 지혜를 버리게 하소서. 오직 주님 생각만 받아들이게 해 주시옵소서. 주님만 모셔 들이게 해 주시옵소서.

주님의 주장으로 제 주장을 삼게 하옵시고, 주님의 의사를 받들어 저의 의사가 되게 하옵시고, 주님의 지혜가 저의 지혜가 되게 하시옵소서. 주님의 애통이 저의 애통이 되어지이다. 아멘"

# 89

## 유영모 선생 1890~1981

## 한국의 공자요, 대석학이요, 현자요,
## 한글학자인 작대 철학자

한국의 공자(孔子)라 불리는 유영모(柳永模) 선생은 '삼각산 작대 철학자' 라면 모르는 이 별로 없었던 유명한 분이다.

정주 오산학교 교장이었고, 그의 제자로는 함석헌 씨가 유명하다. 유영모 선생은 천문, 지리, 철학에다 불경과 공자, 맹자, 사서 삼경, 주역, 성경 등을 모조리 능통한 대 석학이요 현자였다. 그리고 한글 학자로도 유명했다.

그의 철학은 점과 선을 그어 놓고 강의를 시작하므로 별명이 작대 철학자였다. 26세 때 23세 되는 처녀와 결혼하여, 80여 세 장수하면서도 병 한 번 앓지 않고 건강하였으며, 잇몸으로도 무를 넉넉히 먹을 수 있었다.

하루 한 끼밖에(저녁 때) 안 먹는 1식주의자요(1952년 2월 14일부터 1식 시작) 겨울에도 불 때지 않는 찬 마루방에서 자며 머리맡의 물그릇

이 얼어붙어도 그것을 인내하였다. 자기가 창
안한 보건체조를 하느라고 날마다 앉아서 열
심으로 팔다리를 놀렸다.

　유영모 선생에게는 기행이 많은데 그 중에
한 가지는 기계문명에 반항하여 수십 년간 기
차든지 버스든지 차를 안 타는 고집이었다.
삼각산 자택에서 서울 종로까지 YMCA 강의
를 맡고는 늘 걸어다녔다.

　새벽마다 지구를 사타구니 밑에 깔고 우주
를 한 바퀴씩 산책한다고 수십 년 동안 명상
속에 우주산책을 한다면서 세계의 산이란 산, 바다란 바다의 이름과
높이와 깊이를 모조리 기억하고 있었다.

　또 한 가지 기행은 8세 때 호열자를 앓고 20세 전까지 병약했으나,
80여년 장수하면서 연세를 햇수로 계수하지 않고 날짜로 하루하루
계수했다. 자기는 83세까지 살고 50일을 더 살면 날 수로 3만 일을
살고 영원한 생명에 들어간다고, 이 세상에 나서 3만 일 세상 구경하
기란 끔찍히 어려운 일이라 했으나, 실제 그는 3만 일 이상인 90여
세까지 생존했다.

　하나님 앞에서는 우리가 어린애처럼 놀아야 된다며 자주 손짓도
하고 노래도 불렀다. 유영모 선생이 기독교에 대한 신앙을 고백한 것
은, 그가 불경경전과 사서 삼경을 모조리 탐독하고 난 후에 성경을 읽
어보고 감격하여 무릎을 치며, "주님이야 말로 하나님!"이라고 하며
믿었던 것이다.

　16세 때 산 신약전서를 82세 때까지 책장 한 장 뜯지 않고 들고 다
니셨다. 신학교에 들어가 보지도 못했으나 불경과 공맹을 읽고 나서

성경을 보니 공맹이 더 확실히 알아진다고 했다. 그는 성경과 주역을 함께 봐야 한다고 주장하면서 성경이 겸손을 가르치는 책인데 그것을 구체적으로 가르치는 것이 주역이라고 했다.

공맹 속에도 진리가 많으니 구약같이 대접해야 한다면서 동양에 공맹이 없었다면 하나님 말씀을 깨달을 수 없다고 했다. 한동안은 기도할 때, "아버지! 아버지!"만 몇 시간이고 불러 본 시절도 있었다는 이야기가 있다.

세종대왕과 이순신은 비록 예수는 몰랐으나 성인에 가까운 분들이라면서, 특히 한글의 기본은 '·' '_' 'ㅣ' 세 자를 기간으로 해서 되었는데, '·'는 하늘, '_'는 땅, 'ㅣ'는 사람, 즉 하늘, 땅, 사람(천지인)이란 사상 속에서 시작된 것이라 설명했다.

# 현동완 선생 1899~1963

## 가장 귀한 가문에서 태어나
## 가장 천한 이들의 벗이 되어 준 평화주의자

현동완(玄東完) 선생은 서울 중앙 YMCA 총무였고 애국자요, 청빈하며 평화주의자로도 유명한 분이다.

어떤 이는 현 선생을 '현대판 프란치스코' 라고도 부른다. 그의 생애는 가장 귀한 가문에 태어나서 가장 천한 인생의 벗이 되어 주었다.

세계일주를 하면서도 수도원만은 꼭 찾아다녔고, 우리나라 맨발의 성자 이현필 선생이나, 삼각산 작대 철학자 유영모 선생하고도 일맥상통하는 데가 있어서 서로 교제가 두터웠다. 사생활은 하루 한 끼를 굶어 고아를 먹였고, 육식을 하지 않았으며, 노인을 위로 했고, 그가 좋아하는 과일인 사과를 먹지 않으면서 그것으로 병자를 위문했다.

그의 주장은 우리가 흰 밥에 김치를 먹는데 어찌 또 사과로 입가심을 하겠느냐는 것이었다. 사과는 병석에서 신음하는 형제들에게 보내야 한다는 것이었다. 옷차림과 모습은 흰 반다지 두루마기에 장총

바지를 입고, 언제나 숱이 많은 검은 머리에 유난히 빛나고 큰 눈을 가지신 인자한 분이었다.

현 선생은 '세계평화기도회'(PMC)라는 것을 만들었고, 그 정신의 구체적 실천을 위해 자기는 평화주의자가 되어 육식은 하지 않고, 가죽 제품을 몸에 지니지 않았으니, 구두도 신지 않았다. 자기 한 손은 평화의 의로운 손으로 남기기 위해 아낀다면서 많은 사람에게 '괴인'이니 '기인'이니 하는 평가를 들었다. 따라서, 그의 일생은 모든 사람들이 가는 길로 가지 않고, 남이 다 좋아하지 않는 괴롭고, 고독하고, 불쌍한 겨레들만 골라 찾아 다녔다. 그의 지론은 "우리 백성은 쌀농사에 있어서는 세계에서 가장 우수한 민족이므로 이 기술로 넓은 땅만 개척한다면 능히 전 세계 굶주린 사람들을 구호할 수 있다."는 것이었다.

아직 정부나 남들이 이민이란 것을 생각하지 못하던 그 시절에 현 선생은 이민을 위한 구체적 계획을 세우고 자기의 한 채 밖에 없는 집을 팔아 여비로 쓰면서 브라질 여행을 떠나기도 했다. 그래서 그는 일생 집 한 채도 없이 지냈다.

해방 후 미군 군정장관 하던 모 중장은 현동완 선생을 절대 신임하여 자기 방 열쇠까지 맡기고 자유로이 드나들게 할 정도였고, 무엇이나 원하는 대로 요구하라고 했었다. 참으로 그때 군정장관의 세력 같아서는 나라 절반이라도 얻을 수 있는 때였는데도 현 선생은 별로 요구한 것이 없었고, 다만, 한번 미군들이 먹고 버린 빈 깡통을 자신에게 불하해 달래서 북한에서 월남한 피난민들이 밀어닥쳐 밥 그릇이 없을 때 그것을 나누어 주었을 뿐이다. 그런데, 한번은 군에서 나온 깡통들 속에 먹지 않은 새것이 실려 나온 일이 있어서 현 선생은 도로 실어 보냈다. 그런가하면, 밀가루 불하를 허락 받아 피난민들을 위해

급식소를 전국에 세우기도 했다.

이승만 대통령 때 두 번이나 내각에 입각하도록 권유를 받기도 했지만, 그리스도의 정신으로 불쌍한 사람들을 위한 자기 사명 때문에 거절했다. 시간만 있으면 여행을 즐겼고, 젊은이들과 어울려 등산하기를 즐겨 유명한 산들을 차례로 정복했다.

이렇게 살면서 늘 감사하는 생활을 했는데, 그의 자작시 가운데 다음과 같은 시들이 있다.

"오며 감사
가며 감사 있어
감사하는 동안
믿음으로 찾는 빛 비취는 날 있으리"

또 여행 중 어느 정글에서 잠못 이루면서 지은 시도 있다.

"천리 정글 수해 위에
외로운 잔나비 슬피운다
이 밤에 전재(戰災) 동포의 슬픈 넋은
누가 대신 울어주리"

## 91

## 강순명 목사 1898~1959

# 손수 똥통을 메고 돈을 벌어
# 가난한 자를 도왔던 사랑의 실천자

강순명(姜順命) 목사는 전남 태생이다. 전남 나주군 남평읍 교회를 시무했고, 해방 직후는 서울 용산에서 적산가옥을 얻어 '연경원'이라는 신학교 운영도 했으나, 나쁜 사람들의 모함으로 실패했다.

한 때는 전남 광주 YMCA 안에서 '독신 전도단'이란 것을 조직하여 특별한 이상 밑에서 청년들을 훈련시켰는데, 그때 강 목사의 지도받은 분으로 이준묵 목사, 차남진 목사, 박철웅 총장 등과 이현필 선생도 끼어 있었다. 강 목사는 전남 화순군 도암의 성인으로 알려진 이세종 선생을 따라 다니며, 그에게서 성경을 배우기도 했다.

강 목사는 천성이 착한 분이었고, 또 바로 살아 보려는 이상이 높은 분이어서 성자 타입의 인물이었다. 길을 가다가도 헐벗은 사람을 만나면 자기가 입고 있던 양복저고리를 벗어 주기를 자주 했고, 어떤 때는 와이셔츠도 벗어 주고 집에 돌아오니 그 때문에 아내와 싸우기도 했다.

추운 겨울에는 다리 밑에 찾아가 불쌍한 거지 고아들을 안고 밤을 새우며, "내 아들들아! 내가 너희와 함께 살아야겠는데 이러고 있구나!" 하며 함께 자고, 이튿날 아침 집에 돌아오면 아내는 남편의 몸에 고아들의 이가 옮았다고 가까이 오지 못하게 했다.

어떤 날은 아내가 외출하고 없는 사이에 여자 거지가 구걸 오니, 강 목사는 아내의 옷장을 뒤져 세루치마를 꺼내 거지를 주면서 가지고 빨리 가라고 했다. 어리둥절해서 치마를 들고 대문 밖으로 나가던 거지는 공교롭게도 때마침 집에 돌아오던 강 목사 부인을 만나 좀도둑으로 붙잡혔다.

결국 남편이 한 짓임을 안 아내는 크게 노하여 싸움을 걸면 강 목사는 이불을 뒤집어쓰고 누워 죽은 듯 아무 대꾸도 하지 않았다. 그러면서도 그는 사람들에게 말하기를, "사람들이 예수 잘 믿지 못하는 이유는 몇 가지가 있지! 그것은 신학교 때문이고, 박사 때문이고, 가정 때문이야!"라고 했다. 여수 애양원에 가서는 나병환자들을 가슴에 얼싸안고 위로해 주기도 했다.

1939년부터 1942년까지 몇 년 간 강 목사는 정진철(후에 목사)과 여자 두 명으로 구성된 5, 6명의 '칼 갈이대'란 것을 조직하여 전국으로 돌아다니며, "면도칼 가시오!" 소리치며 칼 갈아 번 돈으로 구제하고 전도 순례를 하면서 거리 청소도 하고 남의 집 변소도 쳐 주며 다녔다.

말년에는 서울 신촌에서 제자들과 같이 똥통 인부가 되어 남보다 더 큰 똥통을 메고 다니며, "똥 쳐요! 똥 쳐요!" 해서 얼마씩 모은 돈으로 불쌍한 사람들에게 구제 사업을 했다. 그러다가 평소에 병약한 강 목사는 병들어 세브란스 병원에 입원하였다가 세상을 떠나면서,

임종 때 머리 맡에서 우는 전처 소생의 딸을 보고, "나를 위해 울지 말고 너를 위해 울라." 말하면서 고요히 눈을 감았다.

강순명 목사가 세상을 떠난 뒤에 그 아내는 회개하고 생전에 따르지 못했던 남편의 뜻을 따라 남편이 경영하던 양로원을 맡아보면서 노인들의 대소변을 손수 받아내며 강 목사의 정신을 따랐다. 부인은 노인들이 세상 떠나면 딸처럼 상복을 입고 상여 뒤를 따랐다고 한다.

## 92

## 김천자 수녀 ?~1979

불쌍한 거지와 결핵환자의 천사요,
어머니였던 수녀

김천자 수녀는 본래 전남 광주시의 어느 고등학교 교감의 부인이었다. 가톨릭 신자였고, 남편과의 사이에 자녀들을 낳고 행복하게 살던 여성도였다.

언니 김은자 수녀가 동광원에 들어가 전혀 딴 사람으로 변모한 것을 보고 감동했다. 옛날에 집에서 그토록 멋부리던 언니가 거지꼴이 되어서 광주 거리로 똥통 리어카를 끌고 다니며 등에는 헌 배낭을 짊어졌는데, 그 속에는 쓰레기통에서 주운 먹다 버린 사과, 주먹밥, 헌 걸레조각, 나무 조각 등이 가득 차 있었다.

언니는 탁발수도 하느라고 그렇게 다녔던 것이다. 동생 되는 김천자는 언니가 그렇게 감화 받은 동광원의 이현필 선생을 찾아가 만나보고 과연 놀라운 그의 인격에 그만 굴복하고 말았다. 그래서 자기도 이현필 선생의 제자가 되고 수녀가 되어 새 생활을 하고 싶은 생각이 일어났다.

그녀는, "나는 이미 가정을 가졌고 남편과 자녀들이 있는 가정 주부가 아닌가?" 하며 불가능하다고 낙망하다가도, 그의 가슴에 새 생활에 대한 불타는 갈망은 억제할 수 없었다. 그래서 동광원 모임에 열심으로 따라 다니면서부터 성당에는 못 가게 되니, 가톨릭 교회에서도 이단자라고 파문하겠다고 위협을 하다가 우선은 '레지오' 단 멤버에서 제명해 버렸다.

순결하게 살고 싶어서 남편과의 부부생활을 끊으려고 남편의 요구를 거절하기 시작하니, 남편은 아내를 책망하고, 달래 보기도 하고, 여러 가지 방법으로 그의 결심을 돌이켜 보려고 애쓰다가, 끝내 안 들으니 나중에는 아내의 목을 조르며 협박을 하다가 실신한 아내를 방바닥에 차 버렸다.

이리하여 김천자는 집을 나와 버리고 남편은 다른 여자에게 장가들었다. 어머니를 잃은 자녀들은 동광원에 찾아와 마루 바닥을 치며 어머니를 내놓으라고 대성통곡했다. "쓰리고 아픈 십자가를 내 주님은 날 위해 지셨다. 나도 져야 한다." 이것이 이때 그녀의 심정이었다.

그는 이현필 선생을 찾아갔다. 선생은, "죽을 각오를 하면 됩니다. 십자가를 져야 합니다."고 격려해 주었다. 김천자는 이렇게 어려운 환경을 돌파하고 수녀가 되어 무등산 기슭에 있는 골뫼의 폐결핵 여자 중환자 요양소에서 일생을 봉사했다.

그의 꾸준한 자기 희생적 정신과 봉사는 죽어가는 환자들의 천사요 어머니였다. 그리고 그 속에서 그는 점점 성화되어 갔다.

이현필 선생의 정신은 불쌍한 이웃을 도우려는 것이긴 해도, 김은자 김천자 자매가 거리에 나가기만 하면 불쌍한 거지와 폐병환자들을 업어 오고 리어카에 실어오고 하니 이 선생도 걱정이 생겼다. 수용할 데가 없고, 부양할 책임을 생각하면서 해야 할 것인데, 그 자매들은 길 가다가도 불쌍한 이만 보면 그냥 보고 지나치질 못했다.

사람들은 김천자 수녀를 보면서 성모마리아 같다고 했다. 그 후 그의 큰 아들은 성장하여 서독에 광부로 가서 번 돈을 어머니에게 보내주었다. 김 수녀는 그 돈으로 무등산에 조그마한 수도 처소를 아담하게 지었다.

몇몇 수녀들이 거기서 농사하면서 청빈과 순결의 삶을 살아갔다. 그러나 과로에 지친 그녀는 어느 날 병들어 의식을 잃고 병원에 입원하여 치료하다가 세상을 떠났다.

# 93

## 노병재 집사 1904~1950

"천사 날 부르니…" 찬송 부르며
스스로 물에 빠진 순교자

1950년 한국의 6·25전쟁 때, 전남 영광군의 피해는 매우 막심했다. 군 내 전체 인구 10만 명가량 중에서 공산주의자들에게 피살된 수는 39,960명이나 됐다. 특별히 기독교인의 피해가 컸다.

인민군 패잔병과 빨치산이 서해안으로 탈주하면서 피해는 더욱 커져 영광군 내에서 살아남은 목사는 1인 밖에 없었다. 6·25전쟁이 일어나기 얼마 전 법성포 교회 종각의 종은 사람이 치지도 않았는데 여러 날 계속 해서 울렸다. 마을 먼 데서도 들을 수 있을 정도였다. 이상해서 사다리를 놓고 올라가 보아도 별 이상이 없었다. 그것은 6·25가 나고 영광군 일대와 교회가 전멸할 흉조였다.

결국, 영광읍교회는 불에 타 전소되고 교인 32명이 순교했다. 법성포 교회는 김종인 목사와 교인 24명이 순교했다. 염상교회는 건물이 전소했고 김방호 목사 일가족과 허 장로 부부와 교인 73명이 순교했다.

김방호 목사는 어느 교인 집에 숨어 있다가 발각되어 끌려가서 논두렁에서 폭도들에게 몽둥이와 대창에 찔려 순교했다. 그의 아들 8형제는 신학 공부하던 김익만 남고 모조리 순교했고, 김익은 가족의 참화에 충격을 받고 맹인이 됐다. 염상교회 허 장로도 끌려가는데 부인은 따라오지 말라는 데도 한사코 남편을 따라가 함께 순교했다.

김종인 목사는 낚시질하며 숨어 지내다가 붙잡혀 끌려가 무밭머리에서 맞아 순교했는데, 폭도들이 양잿물을 먹여서 그의 입술은 부르터 있었다.

백수교회는 53명이 순교했고, 야월리교회는 어린아이들까지 교인 64명이 전멸했다. 원창권 목사는 11세 아들의 손목을 잡고 피난 가다가 잡혀 아들과 함께 순교했는데, 시체도 찾지 못하고 말았다. 목사님의 부인은 임신 9개월이었는데 배를 갈라 죽이고, 군인으로 나간 아들 하나만 남고 가족이 전멸했다.

염상교회의 노병재(盧炳在) 집사는 함께 붙잡힌 교우들과 같이 어두운 밤중에 서해 바닷가 수문으로 끌려 나갔다. 교인들은 폭도들에 의해 한 사람씩 가슴에 큰 돌을 안겨 줄로 매고 수문에 물이 가득 찼을 때 바다에 던져 넣어 죽임을 당했다.

노병재 집사의 차례가 되어 끌려 나가 수문 위에 서니 폭도들은 그의 가슴에도 돌을 묶으려 하므로, "나는 돌을 묶지 않아도 된다. 나 스스로 물에 뛰어들어 죽을 테니 걱정마라."면서 수문 위에 비장히 서서 마지막 찬송을 불렀다. "천당에 가는 길 험하여도 생명길 되나니 은혜로다. 천사 날 부르니 늘 찬송하면서 주께 더 나가기 원합니다." 그는 마지막절 "야곱이 잠깨어…" 까지 부르고 스스로 바다에 뛰어 들어 찬란한 순교를 했다.

그가 물속에 뛰어 들어간 뒤에도 한참 동안은 찬송 소리가 계속 들렸다고 한다. 폭도들은 여자들을 끌어내어 바닷가에 꿇어 앉혀 놓고 한 사람은 머리채를 잡아끌고 또 한 사람은 일본도 큰 칼로 목을 쳐서 죽였고, 칼에 묻은 피를 폭도는 입으로 빨아 먹었다고 한다.

한 젊은 여자는 집에 젖 먹는 아기를 두고 끌려왔는데 젖이 퉁퉁부어 올라 아기를 못 잊으며 원한에 차서 맞아 죽는 모양은 눈 뜨고 볼 수 없는 장면이었다. 밤이면 으스름달밤에 사람들을 끌고 나와 방망이로 머리를 쳐 죽이는 소리가 멀리서 듣기에 "퍽! 퍽!" 하며 떡치는 소리 같았다고 한다.

지금도 염상교회 앞 바닷가에는 순교자들의 무덤이 가지런히 길게 뻗어 있다. 6 · 25때 한동안 너무 많은 사람이 죽어서 바닷가 물마저 피에 젖어 붉었다고 한다.

## 94

## 김용기 장로 1912~1988

## 가나안 농군학교를 창설하고
## 국민 정신교육에 앞장선 이상촌 실현자

'농군왕' 이라고 불리는 김용기 장로는, 1944년 봉안에 이상촌을 세우고, 지상낙원을 꿈꾸기 시작하던 때부터 그 일생을 고스란히 이상농촌 운동에 헌신한 분이다.

50년간 농촌운동을 위해 근로, 봉사, 희생 정신을 실천해 왔다. 그의 주장과 신념은 "한 나라에는 3군이 있다. 육군과 해군과 공군이 그것이다. 그러나 나는 한 나라에는 반드시 4군이 있어야 한다고 주장한다. 3군에다가 농군(農軍)을 더해야 4군이다."라고 강조했다.

그리하여 김 장로는 '가나안 농군학교' 라는 농군사관학교격인 농군지도자를 훈련하는 기관을 세웠다. 창설 이후 지금까지 수십만 청장년들이 그곳에서 국가와 농촌을 위해 정신무장을 하고 일터로 나갔다.

김 장로는 그들에게 '농군의 사명' '사람이 사람답게 사는 길' '실패하지 않는 길'을 철저히 가르쳤다. 그는 자기 하는 일에 대하여 하나님께서 자기와 함께 하신다는 굳은 신념과 사명의식이 강철같이 투철했다.

김 장로에 대한 여러 가지 에피소드가 많은 중에, 그가 전쟁 중에 피난가면서 다른 것은 다 버리고 가면서도 곡식 종자만은 보물처럼 귀중하게 꾸려 지고 다녔다는 이야기는, 그가 얼마나 자기 하는 농촌운동에 집념을 가진 분인가를 증명해 주는 이야기다.

그만한 분이니 오늘날 그의 농촌운동은 성공을 거두고 이제는 국가와 사회가 그의 공과 업적을 인정해 주게 된 것이다.

박정희 대통령은 친히 농군학교에 찾아가서 김 장로에게 훈장을 수여했다. 그는 인촌문화상을 받았을 뿐만 아니라, 필리핀 막사이사이 사회 공익상도 받았고, 세이버 대학에서는 명예박사 학위도 수여했다.

김용기 장로는 농촌운동을 하는 데 있어서 강철같은 의지만이 아니라, 일을 전개해 가는데 실패가 없도록 배수의 진을 치며 진행하는 용의주도한 지혜가 있었다.

아무리 좋은 이상이요 뜻을 같이한 동지일지라도 남남끼리는 일해 가다가 어려움을 겪게 되면 서로 의견 충돌과 분열이 있게 마련인 것이 우리 사회의 생리이다. 그래서 김 장로는 가나안 농군학교 직원들을 거의 자기 아들, 딸, 사위 등 8명 자녀로 철저히 훈련시켜 책임을 맡겼기 때문에 자녀들이 아버지를 모반할 수는 없는 일이다.

천호동에 있는 제1농군학교 교장은 맏아들에게 맡겼다. 그는 아버지 뜻을 이해하고 성심으로 자기 일에 주력했다. 그는 또한 가나안 교회의 담임 목사이기도 하다. 맏며느리도 신학교를 졸업한 여자인데, 농군학교에서 생활개선에 관한 강의를 담당하고 있다.

강원도 신림에 15만평 부지에 세운 제2농군학교에는 둘째 아들을 교장으로 세웠다. 그는 처음에는 아버지 노선을 따르지 않았지만, 후에는 아버지 정신을 받들어 농촌사업에 정진하게 되었다. 그도 신학교를 나온 분이어서 학교에서 복민운동 강의도 하고 있다. 둘째 며느리는 여자 대학을 졸업한 여자로서 역시 농군학교에서 식생활 개선에 대한 강의를 하고 있다.

막내아들은 제1농군학교의 총무과장이요, 가나안 개척사를 강의한다. 막내며느리는 이화여자대학교를 나온 여자로서 여권운동사를 강의한다. 맏사위는 제1농군학교 교감이요, 인간 사회성 개발 강의를 맡았고, 맏딸은 식생활 개선을 강의한다.

이렇게 빈틈없게 짜놨으니 가나안 농군학교 운영이 든든할 수밖에 없다. 물론 아버지 정신을 이렇게 따르는 자녀들도 훌륭하지만, 가족과 자녀들을 이렇게 철저하게 정신을 넣어주고 훈련한다는 일은 김용기 장로 아니고는 못 해낼 결실이다.

온 가족이 아버지 이상에 참여하여 일가가 조용한 절규의 복민운동을 하며, 땀의 복음을 실천하고 있다. 맨 처음에 천막을 치고 시작한 일이, 지금은 대강당, 숙사, 과수나무밭, 축산장, 농산물 가공 공장 등이 즐비하게 있다. 김 장로는 자기의 성공한 사례를 근거삼아 전국에 153개소 가족 농군학교를 세우자고 제안한다.

한국 교회가 양적으로만 발전하는데 대하여 김 장로의 의견은 균형을 갖추지 못한 기형아 같다고 평한다. 농군학교에서 그런 허점을 보충해서 내실을 다지는 훈련을 해 보려는 것이다. 그의 농군학교에는 군장교들도 와서 훈련받고, 수녀들도 와서 훈련받고 나간다.

누가 '하라' 하기 전에 내가 먼저 '하는 것'이 잘 사는 길이라고 가르치고, 누워서 먹는 버릇만 남긴 우리 조상의 죄를 씻고, 근본적 체질개선 하자고 그는 앞장선다. 흙은 우리의 모체요, 원천이다. 혼에 묻혀 사는 기독교 교리를 그는 몸소 실천하였다.

필리핀에 막사이사이상을 타러 갈 때도 김 장로는 삼베옷에 고무신을 신은 민족 고유의 옷차림이었다. 그 투철한 정신력, 강철같은 의지, 그 집념이 그의 운동을 오늘의 성공으로 이끈 것이다.

김 장로는 근로노동은 오히려 쾌락이라 했다. 앞으로 한국 인구가 1억으로 증가하더라도 이렇게 확고한 신념만 있으면 안 될 일이 없고 넉넉히 살아간다고 주장했다. 김용기 장로는 자기 신념을 책으로 엮으면서 "진실로 잘 사는 길이 여기 있다"고 부르짖었다.

15만평 부지의 최고 산 위에 십자가 기도실을 짓고, 새벽 4시 기도하는 일을 1년 365일 빠지는 일이 없었다. 지금도 농군학교는 새벽 4시 반 종소리를 신호로 그날의 일과가 시작된다. 그동안 깨진 종만 해도 3개나 된다고 한다.

김 장로가 세운 업적의 기본되는 힘은 그의 철저한 기독교 신앙이었다는 사실은 더 말할 필요조차 없다. 우리나라로부터 새마을 훈장(협동장), 국민훈장(무궁화장) 등을 수상했다. 1988년 8월 1일에 세상을 떠났다.

# 95

**주리아** ?~1651

일본 궁중에서 위협과 유혹 앞에서도
신앙을 지키다가 귀양지에서 생을 마친 처녀

1597년 임진왜란 때, 일본 군인들은 한국을 침략하여 가는 곳마다 닥치는 대로 불 지르고, 사람들을 죽이고, 아이들은 납치하고, 그 부모는 칼로 쳐 죽이고 포로로 잡은 남녀는 새끼줄로 목을 줄줄이 묶어 끌고 갔다.

이렇게 포로가 되어 일본에 끌려간 한국 사람의 수는 약 5만 명가량 되었는데, 그 중의 5천 명은 포르투갈 노예 상인들에게 팔려 동남아와 인도 등 노예시장으로 끌려가 그후 영영 소식 없이 사라졌다.

임진왜란 때 한국 귀족의 어린 딸이, 당시 천주교 신자인 일본 선봉장 고니시 유끼나가에게 잡혀갔다. 그때 나이 3세 내지 5세였는데, 이 아이가 고니시의 부인 주스타의 양녀로 귀염을 받으면서 자라났다. 이 아이는 어려서부터 천주교를 믿고 세례명을 '주리아' 라 불렀다.

그러나 주인 고니시 장군은 1600년 참수형을 받아 죽고 주리아의 양가는 몰락되고 말았다. 그후 어떤 경위를 거쳐서 주리아는 당시 일본 천하를 지배하던 도꾸가와의 시녀로 들어갔다. 아마 처음에는 이에야스 부인의 시녀로 음식상을 시중하는 역할을 한 것 같다.

일본 궁중생활의 무법하고 부박한 음란 속에서도 주리아는 부인의 시녀역을 했기 때문에 정절을 지킬 수 있었다. 주리아는 포로로 끌려온 한국 사람이요, 천주교의 독실한 신자였으나, 얼굴이 매우 아름답고 마음씨가 너그럽고 천성이 원만하고 궁중에서 몸가짐이 단정하니 주위 사람들에게 덕의 향기가 풍겼고, 그러면서 아무나 함부로 범할 수 없는 위엄이 있었다.

주리아는 신앙에 대단한 열심이어서 낮에는 궁중의 맡은 일에 종사했지만, 이교도들 틈에서도 밤이면 성서를 읽고 기도를 하고 성당의 미사에 부지런히 참예했다. 한편으로는 궁중에 살면서 여러 사람에게 전도하여 예수를 믿게 했다. 그 중에는 루치아, 즈라라 등 잘 믿는 여성도 있었다.

도꾸가와 이에야스는 당시 70세 노인이요, 호색가였지만 많은 여자들 중에서도 주리아가 천하의 미인이요 천성이 빼어났기 때문에 그녀를 자기의 일곱째 첩으로 맞아들이려고 애썼으나 주리아는 듣지 않았다.

이에야스는 궁중에서 천주교를 믿지 못하게 금지령을 내리고 궁중에 천주교인들을 잡아 가혹한 고문과 추방과 학살을 시켰는데, 주리아가 만일 자기 첩이 된다면 천주교 금지령을 해제하고 바로 궁성 아래에다 천주교당을 지어 주겠노라고 하며 50가지의 방법으로 주리아를 개심시키고 그의 사랑을 받아들이라고 강요했으나, 주리아는 끝내 거절했다.

주리아는 박해 받을 것을 알게 되자, 성당에 와서 고해를 하고 성체(성찬)를 받고, 유서를 쓰고, 은과 쌀과 여러 가지 물건을 가난한 교인들에게 나누어 주며 마음을 준비했다. 그러면서 자기 결심을 신부 앞에 표명하기를, "나는 이에야스 장군의 요구를 듣느니 차라리 사형을 받겠습니다." 했다.

천하를 지배하는 자기 세도가 주리아 한 여자를 굴복시키지 못하자 이에야스는 대노하여 그를 사형은 못 시키고, 귀양 보내라고 명령했다.

1612년 4월 주리아는 귀양을 갔는데, 어명을 거절하고 가는 죄수에게 이에야스는 특별히 선심을 써서 가마를 태워 보내려 했으나 거절하고, 70km 떨어진 아미시로 항구까지, 그리스도께서 십자가 메고 골고다 언덕 오르신 것처럼 자신도 맨발로 험한 길을 걸어갔다.

전송 나온 교인들과 눈물의 작별을 하고, 오오시마에 가서 30일 있다 거기서 다시 니이시라란 섬에 옮겨 15일, 그리고 마지막엔 고쯔시마란 섬에 가서 거기서 40년을 살다가 죽었다. 그녀는 매일 해변가에 서서 멀리 고국을 그리워하며, 고독과 고통 속에서도 끝까지 신앙을 지켰다.

1651년 세상을 떠났는데, 그후 3백 80년이 지나 그의 무덤의 흙을 한국 서울 한강변 절두산에 옮겨다 묻었다.

# 96

## 마리 마들렌 수녀 ?~1979

포로로 팔려가 모진 고생을 하고도
다시 한국 땅에 와서 수녀원을 창설한 수녀

마리 마들렌 수녀는 프랑스 태생으로 1940년 한국 서울에 와서 수유리에 깔멜 수녀원을 창설한 분이다.

그녀는 6·25 전쟁 때, 깔멜수도회 다른 5명의 수녀와 함께 공산군에게 체포되었는데, 다른 계통의 수도회 신부와 수녀들과 함께 38이북으로 납북되어, 죽음의 행진을 하며 끌려가는 일반 민간인들과 미군 포로 등과 함께, 평양·초산·만포·중강진 등지로 추운 겨울 동안 끌려 다녔다. 그 중에 많은 신부 수녀들이 중도에서 죽었으며, 함께 끌려 다니던 깔멜수녀 2명도 중도에서 죽었다.

동란이 지난 뒤 3년이 지나 마리 마들렌 수녀는 용케 살아 석방되어 모스크바를 경유하여 프랑스 본국에 돌아갔다가 다시 서울에 되돌아와 『귀향의 애가』라는 그동안의 겪은 일을 책으로 출판했다.

그녀는 시력을 잃었으나, 암흑 속에서도 그 어려운 납치 생활을 견디고 이겨냈다. 그녀의 일생은 많은 사람을 감동케 하였고 40년 동안 한국에서 수도원 안에서 봉사생활을 하다가 1979년 12월 5일에 세상을 떠났다.

6·25 전쟁 때 1950년 10월 31일부터 11월 17일까지 납북된 포로들이 북한땅 중강진까지 가는 죽음의 행진은 참으로 인류의 비극이었다. 7백 명의 미군 포로가 선두에 서고 그 뒤로 신부 수녀들이 둘씩 짝을 지어 묵묵히 행진해 가는 중에 추운 밤에는 옥수수 밭에서 추수하고 남은 옥수수 마른 잎사귀를 주워 모아다가 깔고 자고나면 아침에 남자들 수염에는 하얗게 서리가 붙어 있었다.

밭 구석에는 밤새 지쳐서 얼어 죽은 미군 포로들의 시체가 여기저기에 버려져 있었다. 그들을 인솔하고 가는 '호랑이' 란 별명을 듣던 공산군 사령관은 포로 일행을 위협하면서, "행진 대열에서 낙오되지 말라. 병자뿐만 아니라, 시체까지도 끌고 가야 한다."고 소리 질렀다. 도중에서 죽는 자가 늘어가니 할 수 없이 시체를 길가에 그냥 버리고 갔다.

수녀들은 서울에서 수녀원 안에서 신던 여름용 샌들을 그냥 신은 채 끌려갔고, 어떤 수녀는 철사로 꿰맨 신을 신고 가면서 걸을 때마다 찔렸고, 어떤 이는 나막신을 신고 있어 얼어붙은 땅의 험한 산 고개를 넘다 미끄러졌다. 숨이 차서 헐떡거려 빨리 걷지 못하면 감시병이 총대로 등을 쿡 쿡 찔러 짐승떼 몰고 가듯 했고, 사소한 명령이라도 반항하는 이는 즉석에서 총살했다.

77세 된 병든 수녀원장이 죽어가니 어느 민가에 들려 따스한 물 한 잔을 구걸했으나 거절당하고 실컷 욕만 먹었다. 너무나 지친 수녀들은 허리에 달고 있는 생명같이 소중한 묵주와 십자가도 무거워서 여러 수녀들의 것을 모아다 길가에 묻고 갔다.

그러면서도 길가에 버리고 가는 미군 포로의 시체 앞을 지날 때는 신부는 기도해 주고 지나갔다. 깔멜수녀원장 베아뜨릭스 수녀는 손발이 붓고 심장병 증세가 심해서 길가에 주저앉았다. 감시병이 일어나라고 재촉하니 평소의 온화한 태도 그대로, "나는 더 이상 못가겠습니다. 정말 못가겠습니다." 했다.

그의 온유한 미소를 뒤에 두고 일행은 떠났는데 그녀는 감시병에게 총살당했다. 우 신부는 영하 30도 속에서 죽으면서 기쁜 얼굴로, "오! 하나님, 당신께 가기 위해서는 얼마나 고통을 겪어야 하겠습니까?" 했다. 그의 임종을 지켜보던 신부도 그 다음 날 별세했다.

참으로 이 민족이 영원히 잊어서는 안 될 비극이요 참극이었다.

# 97

## 최희천 목사

### 청년들을 모아 공산주의에 대항하다가
### 후에 목사가 된 열혈청년

최희천(崔熙天) 목사는 함경도 함흥 태생이다. 8.15해방이 되자, 고향 함흥에서 각 교회 청년들과 함께 모의하여 신탁통치 반대운동을 하다가 공산당과 소련군의 포위를 받고 체포되어 함흥 감옥에서 옥살이를 했다.

그때 주동은 김성원 장로(후에 건국대학 농과대학장)요, 함께 붙잡혀 옥고를 겪은 이로는 오약백, 전영영 등 피 끓는 관북 청년들인데, 한창 나이에 물불을 가리지 않고 펄펄 뛰는 애국신앙 청년들이었다.

그 후 감옥에서 풀려난 뒤에도 교회 청년들은 공산주의에 대항하여 애국활동을 계속하면서 북녘에 남아 있다가 전쟁이 터지면서 사태가 악화되었는데, 그 와중에 최희천 등은 공산당에게 잡혀 사형장으로 수레에 실려 끌려갔으나, 용감한 최희천은 손목이 묶인 채 수레에서 뛰어내려 도망을 쳤다. 호송하는 인민군이 쫓아오려 해도 함께 탄 다른 사람들이 소동을 일으키는 바람에 최희천을 뒤쫓지 못해 간신히 살아났다.

최희천은 일단 38선을 넘어 남하하였다가, 6 · 25때 국군이 북진하면서 함흥이 해방되었다는 소식을 듣고는 친구 오약백 등 피끓는 관북 애국청년 80명과 함께 도보로 함흥까지 북진해 갔다.

그 때 청년들은 수류탄 두 개씩 차고 떠났는데, 도중에서 적을 만나면 하나는 적에게 던지고 하나로는 자폭할 결사 각오를 하였던 것이다. 그들 일행이 북진해 가다가 국군 낙오병 30여 명을 만났다. 한 사람의 소령 지휘 하에 그들도 북진하고 있었다.

키가 작고 당차게 생긴 소령은 수색 작전에는 자기가 언제나 솔선 선두에 나섰다. 도중에서 어떤 옹기점을 수색하는데, 그 안에서 미처 도망 못 치고 숨어 있던 인민군 하나를 발견했다. 그는 살려달라고 애걸하며 다가왔는데, 소령은 그의 궁둥이를 쳐서 휘청거리고 있는 것을 쐈다. 그는 맴을 돌다가 쓰러졌다. 그의 주머니를 뒤지니 어머니 편지와 당원증이 나왔다. 참으로 같은 겨레끼리의 전쟁은 냉혹했다.

함흥에 이르러서는 유엔군에 협조하며 치안유지와 행방불명이 된 애국 인사들을 찾는데, 차마 인간으로서 볼 수 없는 참혹한 광경들을 보았다.

국군 북진으로 겁을 먹고 도망치던 공산당은 함흥 감옥에 불을 질러 놓고 갇혀 있던 애국 인사들을 태워 죽였는데, 감방에 갇혀 있던 애국자들은 문이 잠겨 나오지 못한 채 불타는 속에서 감방 창살을 붙잡고 타 죽어 있었다.

함흥 감옥 뒷마당에 가보니 우물 속에 공산당이 후퇴하면서 애국 인사 남녀 70여 명을 무더기로 넣어 죽인 것을 발견했다. 마치 고등어 절이듯 우물 속에 차근차근 포개 넣고는 그 위를 돌로 눌러 놓았었다. 그들 시체는 총탄을 아끼느라고 쓰지 않고 도끼나 쇠뭉치로 뒤통수를 때려 죽여서 두개골이 깨지고 모두 눈과 혀가 빠져나와 있었다. 이 인간 세계에서 다시 볼 수 없는 참혹함이었다.

그 시체 속에는 함흥교회 여성지도자 김경순도 함께 죽어 있었다. 함흥서 덕산으로 가는 니켈 광산 구덩이 속에도 애국청년들을 무더기로 끌어다 넣어 죽였는데, 시체를 건져내니 그 사이 시체는 손댈 수 없이 부패하여 앙상한 해골들만이 옷을 입은 채로 실려 나왔다.

그들을 묶었던 쇠사슬은 죽은 해골 손목에 그냥 감겨 있었다. 코를 들 수 없는 시체의 부패로 인한 냄새로 시체 발굴작업은 도망친 공산주의자들의 유가족들을 동원해 하였는데, 그들도 이 참혹한 모양을 보고는 치를 떨면서 자기네 자식들은 죽어 마땅하다고 말했다.

그러나 최희천 등 애국청년들의 희망에 찬 이런 활동도 잠깐이었다. 또다시 인해전술로 위협하며 밀려온 중공군의 한국전 참전으로, 유엔군은 장진까지 전진했다가 후퇴하기 시작하면서 함흥도 철수하기로 계획을 세웠다. 또 다시 피난민은 함흥과 흥남 항구를 메웠다.

그때 유엔군 사령관 아몬드 소장의 통역이요, 민사 고문이었던 현봉학 의사(현항국 목사 둘째 아들)의 노력으로 공산당의 위협을 받는 기독교인만이라도 후송시켜 달라고 수차 부탁하여 5천 명 기독교인 후송이 가능하게 됐다.

이런 사정을 모른 함흥의 기독교인들은 유엔군 후퇴와 중공군 참전에 절망하여 함흥 남부교회에서는 채종묵 등 청년들이 최후로 죽을 각오를 하며 기도하고 있었고, 북진했던 오약백, 최희천 등 애국청년단은 행렬을 지어 함흥 황금정으로 통해 흥남항으로 배타러 내려가려 했으나 헌병들이 길을 막고 후퇴하는 군 차량이 길을 메워서 일반 민간인은 도저히 빠져 나갈 수 없었다.

한때 기뻐서 일선에 나서 활동하다가 갑자기 절망한 많은 청년들은 길이 막히고 중공군은 밀려오니 잡히면 죽을 것이 뻔하므로 함흥 남쪽으로 흐르는 호련천 모래 바닥에서 자살하기도 하였다.

다른 피난민은 흥남 부두에 5만 명이나 집결하여, 부두에 산더미같이 쌓아놓은 구호미를 마음껏 가져다 밥 지어 먹으며 기다리다가 미군 수송함을 타고 거제도로 철수할 수 있었다.

그후, 유엔군은 함포사격으로 함흥을 쑥밭으로 만들었고, 흥남 비료공장도 폭파시켰는데, 굴뚝들이 허공에 솟구쳐 올랐다가 산산조각이 되었다.

순진하고 씩씩한 청년 최희천은 서울에 와서 신학교를 졸업하고 목사가 되어 천호동 가무나리교회를 목회하다가 위암에 걸려 세상을 떠났다. 그는 유언하면서 자기는 괴로운 세상 버리고 천국으로 가는 것이니 장례식이라 부르지 말고 환송식으로 예배 드려 달라고 하여, 그의 유언대로 그의 장례식은 크게 '최희천 목사 환송식'이라 써 붙이고 많은 조객이 모여 예배를 드렸다.

## 98

## 우찌무라 간조 1861~1930

일본의 예언자라 불리는
타협을 모르는 독립정신의 무교회주의자

일본의 예언자요, 무교회주의자로 알려진 우찌무라 간조는 1861년 3월 23일 일본 죠슈(上州)에서 우찌무라 긴노죠 노부유끼의 장남으로 태어났다.

부친은 무사로서 유식한 분이었고, 아들에게 무사정신과 함께 유교 윤리를 가르쳤다. 이런 영향 때문인지 우찌무라의 기독교 신앙에는 그의 무사도 정신과 청교도적 윤리가 얽혀서 그의 성격과 행동 속에 보다 구체적으로 반영되어 있었다.

　젊은 시절의 그에게 결정적 영향을 준 것은 북해도 삿뽀로 농업학교 시절이었다. 이 학교는 메이지시대 정부가 서양의 근대 과학을 도입하여 북해도 개척자 양성을 위해 세운 학교인데, 이 학교에 미국인 어학교사로 초청되어 온 이가 있었는데, '윌리엄 클락'이라는 크리스천이었다.

　클락은 본국에서 떠날 때 가방 속에 영어 성경책을 잔뜩 넣어 들고 왔다. 그는 일본 학생들에게 영어를 가르치면서 기독교 정신을 넣어 주기에 노력했다. 그는 학생들을 향하여 정신적 기상을 강조하면서 "젊은이들아! 대망을 품으라"(Boys be Ambitious)라고 고취했다.

　그의 인격과 신앙과 이같은 정신적 격려 속에서 그때 그의 밑에서 배운 학생들은 큰 감명을 받고 기독교를 신봉하게 됐고, 또 모두가 출세하여 근대의 큰 인물들이 됐다.

　우찌무라도 그 중의 한 사람이다. 학교를 수석으로 졸업한 그는 북해도 어렵과의 관리로 취직하여 근무하다가 동경에 돌아와 열성적인 신앙의 여성 '아사다'라는 여자를 알게 되어 결혼했다. 그러나 우찌무라의 젊은 시절의 꿈이었던 직업과 결혼은 그의 내면에 어두운 그늘만 던져 주었다.

　1884년 11월, 우찌무라는 미국으로 건너가서 1888년 3월까지 미국 생활을 하면서 공부했다. 도미한 처음에는 필라델피아 백치원(白痴院)에서 일했는데, 그는 기독교를 믿고는 자선사업에 대하여 관심을 가지고 있었기 때문이다.

　그는 감상적 신앙보다는 그리스도 정신을 실질적으로 실천해 보려는 것이 소원이었다. 미국에서 우찌무라는 일본 교육계의 거물이요 진실한 크리스천인 니이시마를 만나 그의 권유로 아모스트대학에 입학했다.

이 학교 학장 쥬리우스 시리는 독일의 경건파의 영향을 받은 분으로 뉴잉글랜드 퓨리탄적 정통신학을 지키는 학자였다. 그의 온화하고 겸손한 인격과 견식은, 미국인을 싫어하고 목사를 싫어하던 우찌무라였지만, 이 학장만은 존경하여 그에게 감화와 복음적 신앙을 받아, 우찌무라 제2의 회심이라 할 수 있는 계기가 되었다.

미국에서 귀국한 후 우찌무라는 동경의 제일고등학교(지금의 동경대학교 양학부)의 촉탁교원으로서 영문과 일본 헌법과 세계사 등을 가르쳤다. 이 학교에서 우찌무라는 1891년 일본 천황의 교육칙어(敎育勅語) 읽는 시간에 허리 굽혀 예를 하지 않았다고 하여 소위 '불경(不敬)사건'에 걸렸다.

그는 크리스천으로서 자기 양심은 인간 천황에 대해 예배할 수 없다고 굽히지 않아 결국 학교에 있지 못하고 쫓겨나, 이 사건 있은 후 10년 동안 계속 어려운 시련을 겪었다. 신문과 국민들은 그를 국적이라고까지 욕했고, 사회적 지위 상실과 함께 심한 폐렴으로 고통을 받았고, 이어 2년 전에 결혼한 사랑하는 아내 가즈꼬의 죽음 등이 잇따랐다. 그래서 그는 "큰 타격을 받았으며, 옛날과 같이 조국을 사랑할 수 없게 되었다."고 고백했다.

이런 속에서 일본은 청일전쟁, 노일전쟁을 치르고 유럽에선 제1차 세계대전이 일어났다. 전쟁의 참혹성 속에 세계에 대한 희망을 잃었는데, 그런 가운데 우찌무라는 재림신앙 운동을 전개했다.

한편으로는 『성서연구지』를 발간하여 문서전도 운동을 하면서 관동대지진과 사랑하는 딸의 죽음과 가중되는 모든 고통 속에서 "나는 지금 이 세상에 살고 싶은 마음이 없다. 다만 하나님의 노동원으로서 이 세상에 살고 있을 뿐이다." 했다.

사랑하는 딸이 죽었을 때는 하관식을 하면서 딸의 시신에 흙을 뿌리며 두 손을 들고 "루쓰꼬 만세!"를 불렀다. 그녀의 임종시의 언행은 아버지 우찌무라를 놀라게 했다. "영혼불멸은 신조가 아니라, 사실이라고 확신하게 되었다."고 그는 말했다.

우찌무라는 기성교회의 성례전이나 직책을 반대했다. "교회 안에 감독이 있고, 장로가 있고, 신학자가 있고, 헌법이 있고, 신앙조문이 있고, 일종의 정부나 정당같은 교세확장을 계획하는 이런 것을 오늘날 교회라고 부르기는 하지만, 그것은 그리스도가 세운 교회는 아니다. 우리들은 그러한 교회에 대항해서 공공연하게 무교회주의를 주장하노라."고 부르짖으며, 끝까지 무교회주의를 주장했다.

그의 무교회주의 모임에는 기성교파 같은 교회조직은 없었지만, 그는 자기를 따르고 자기 사상에 공명하는 많은 유능한 학자들과 제자들을 거느리고 '성서연구회'를 조직하고 '하계간담회', '가시와기 형제단' 등이 있었고, 정기적으로 계속 강연회로 모임을 가졌다.

1930년 3월 2일 그는 세상 떠났다. 그의 유해는 해부됐는데, 두뇌 중량이 보통 사람보다 100g이나 더했다. 묘비에는 영어로, "I for Japan; Japan for the World; The World for Christ; And All for God"이라고 새겼다.

# 99

## 가가와 도요히꼬 1888~1960

그리스도 정신에 따라 한 알의 밀알이 되고자
빈민굴에 들어가 생을 보낸 사랑의 실천자

20세기 3대 성인의 한 사람으로 불리기도 하는 가가와 도요히꼬는 1888년 일본 고베에서 원로원 서기관의 첩이며 기생인 오가메의 둘째 아들로 태어났다.

어려서 모친을 여의고 부친도 가가와 15세 때 파산해 버렸다. 그때 얼마나 가난했던지 35전짜리 성경책 한 권 살 돈도 없었다. 자기 운명과 사회 고통에 비관하고 몇 번이나 자살을 계획했으나, 못하고 말았다. 그 자신의 고백에 따르면, 자기의 기구한 운명에 얼마나 눈물을 많이 흘렸는지 항아리에 가득 넘칠 만큼 쉴 새 없이 울었다고 하였다.

메이지학원 신학부 예과 2학년에 다니다가 폐결핵에 걸려 고베신학교로 옮겼다. 19세 때 40일 동안 노방전도하다가 심한 각혈을 하고 살 소망이 없어져 임종이 가까운 줄 알고 서쪽을 향해 누워 있었는데, 석양이 선생의 얼굴을 비칠 때 순간 황홀한 경지에 들어가 하나님과 자기가 한 몸이 되는 느낌을 받았다.

기적적으로 혈담이 나오고 열이 내려 사선을 넘겼다. 그러나 의사는 3년 밖에 더 못 산다고 선언하니 가가와 선생은 3년 동안 그리스도 정신에 따라 한 알의 밀이 되어 좋은 일하다가 죽자고 결심하고, 고베 신가와에 있는 빈민굴에서 남은 생명을 헌신하려 했다.

1909년 12월 24일 신학생의 몸으로 낡은 리어카에 이불, 헌옷 몇 가지, 약간의 책들을 싣고, 손에는 디킨스의 『크리스마스 캐롤』한 권을 들고, 기침을 해가며 몸소 리어카를 끌고 빈민굴에 들어갔다. 사글세방을 월 2원, 매일 7전씩 얻어 그 방에 자리를 잡았다.

그 방은 며칠 전 깡패 사내들끼리 싸움하다가 칼에 찔려 죽은 살인 사건이 나서 귀신이 나온다는 방이었다. 다다미 겨우 두 장 넓이의 좁은 방이 그에게는 예배당이요, 서재요, 침실이었다. 여기서 그는 예수의 정신대로 한 알의 밀알이 되고자 하였다.

이 빈민굴은 일본서도 유명한 곳이어서 빈민, 병자, 전과자, 도둑, 깡패, 소매치기, 창녀 등 일본의 쓰레기요 인간 폐물들이 모여 매일 같이 사고가 꼬리 물고 일어나는 무시무시한 지대였다.

그가 개척한 교회에 출석하는 교인들이란, 대부분 젊은 창녀들이었다. 할 일 없는 때는 교회 자리에 나와 앉았지만, 저녁 무렵이 되면 골목길에 나서서 손님을 유인해서 매음하는 일을 했다.

때때로, 가가와 선생이 골목에 나갈 일이 있어 지나가다 그녀들과 마주치면 그들은 아직도 양심은 남은 데가 있어서 부끄러워 전신주 그늘에 숨으면서 "선생님, 빨리빨리 지나가십시오. 부끄러워요." 했다.

그의 교회 어린이 주일 학교에서 길러낸 소녀들이 믿지 않는 부모 때문에 나이 들면 창녀로 팔려 낯선 먼 지방으로 떠나갔다. 그럴 때면 가가와 선생은, "나의 비둘기들을 돌려 달라."고 울며, 예레미야같이 빈민굴 거리로 헤맸다. 그는 "눈물을 이등분(二等分)하자."면서 우는 자와 함께 울었다.

깡패들은 매일같이 칼을 들고 가가와 선생을 위협하며 돈을 내라고 달려들어, 돈이 없을 때는 입고 있던 옷을 모두 벗겨갔다. 옷이 없어서 여자 옷을 입고서 밖에는 나가지 못하고 갇혀있을 때도 있었다.

어떤 때는 매 맞고 이빨이 부러져 병원에 입원해 있기도 했다. 친구 목사가 문병 와서는 흥분하며 "자네는 그 나쁜 깡패를 왜 그냥 두나? 경찰에 고발하여 혼내주지 않고 …" 하면, 가가와 선생은 벌떡 일어나 정색하며 "자네는 성경을 어떻게 보았나?" 하곤 했다.

한번은 길가에서 노방전도 하다가 각혈하여 정신을 잃고 쓰러져 있다가 얼마 뒤에 정신이 들어 눈을 떠 보니 봄비가 내리는 길가에 그대로 누워있었다. 아무도 일으켜 주는 사람도 없었다.

그는 예수의 정신을 한층 더 깊이 실천하고자 남의 밑까지 닦아주는 자기 비하의 정신을 실천했다.

그는 남의 슬픈 눈물을 둘로 나눠 함께 울어주자고 했다. 그의 체험기록인 『사선을 넘어서』를 출판했고, 그밖에 많은 문서를 펴냈다.

가가와 선생은 여러 가지 병이 있었다. 눈은 몇 번이나 실명했고, 축농증, 폐결핵으로 각혈이 심했고, 심장 간장도 나빴지만, 고난 속에서 하나님 은혜를 느끼고, 내가 약할 때에 곧 강하다는 사도 바울같이 살았다.

가가와 선생에게 가장 큰 인격적 영향을 끼친 인물은 선교사 마야스 부부였다. 마야스 선교사는 15세 때부터 그에게 영어공부를 시켜주고, 가가와 선생이 병들 때 40일이나 품에 안고 자기도 했다.

19세 때 폐병으로 쓰러졌을 때도 마야스 선교사는 가가와의 목구멍에 손을 넣어 엉겨 붙은 핏덩이를 긁어내주어 살렸다. 어느 어부집 돗자리도 없는 방에서 여러 날 밤을 지새우며 간호해 준 것도 마야스 선교사의 사랑이었다. 젊은 시절, 가가와가 처음 교회에 두 번 출석해 보고 세 번째 주일에 당장 세례 받은 것도 마야스 선교사의 인격에서 받은 감화가 컸기 때문이었다. 진정한 인격적 사랑만이 참 영혼을 낳는 법이다.

훗날 가가와 선생은 고백하기를, "마야스 선교사는 내 신앙의 아버지다. 내가 가난할 때 언제나 돈을 얻으러 간 곳은 마야스 선생댁이었다. 내가 폐병 앓을 때 입원시켜 준 분도 마야스 선교사였다. 젊은 날의 나의 성격에 가장 큰 영향을 끼친 분도 바로 마야스 선교사이다. 내가 인생을 비관할 때면 마야스 선교사는 손으로 내 얼굴을 치켜 들어 태양이 뜬 쪽으로 향하게 하고, 그날 석양 사이에 내 눈에 눈물이 마르게 하는 방법을 가르쳐 주신 분 역시 그 선교사였다. 나의 최초의 설교와 전도여행과 기도도 나는 마야스 선교사와 함께 했다. 그분이야말로 복음적 사도였다."고 말했다.

가가와 선생은 빈민들과 일생을 함께 살며 그들의 권리와 이익을 위해서 싸우고, 여러 번 감옥에 갇히고, 전국 주요 도시의 공장지대나 빈민굴의 가난한 사람들과 노동자를 위해, 산업조합, 소비조합, 영양식 배급소, 예수단을 조직하고, 신국신문(神國新聞)을 발행하면서 활동했고, 그밖에도 잠시도 쉴 새 없이 순회강연을 다니고 많은 저서를 남겼다. 빈민굴에서는 '거지대회'란 것도 모았다.

사람들은 평하기를, 인도의 간디, 독일의 슈바이처, 그리고 일본의 가가와 선생, 세 분을 20세기 3대 성자라고 부른다.

선생은 예수님의 청빈주의를 자기도 따라 살면서 말하기를, "나로 하여금 청빈을 찬미하게 해 주시오. 다다미 두 장짜리 방에 살면서 10년 동안 문에다 열쇠 한번 잠가 본 일이 없는 나는 얼마나 행복합니까? 가난하다는 일이 얼마나 고마운 생활이란 사실을 나는 체험하고 느끼고 있습니다. 아무것도 소유한 것이 없는 몸이니 따라서 아무것도 빼앗길 두려움도 없습니다. 나는 여름에도 겨울에도 입은 옷 단벌 그대로 돌아다니니 옷차림에 신경을 쓸 걱정도 없는 생활입니다. 얼마나 유쾌한 일입니까? 이 차림 이대로 길 가다가 청소인부의 똥차 뒤를 밀어 줄 수도 있고, 청소부와 함께 어울린다 해도 거릴낄 것이 없습니다. 그러나 내가 양복을 차려입고 강단에 나서서 예의라는 미술적 도덕에 얽매이게 된 뒤로부터는 나는 청소부와의 친교가 멀어지는 것 같아 서러웠습니다."고 했다.

그는 기성종교를 통렬히 공격하여 말하기를, "현대의 종교들은 자본가 집의 아가씨들이나 대기업주 댁의 호강한 도련님들 따위로 한가히 모여 오는 노리갯감 노릇을 하는 꼴이 가련할 뿐이다. 예수의 종교는 본래 돈의 힘으로 세워진 눈에 보이는 교회들을 때려 부수고, 돈으로는 세울 수 없는 심령의 왕국을 세우는 운동이었다. 돈, 돈, 돈 모으는데, 기부금 모집에 분주한 종교에는 나는 정 떨어졌다…"고 탄식했다.

"하나님 아버지시여! 가벼운 몸가짐으로 우리는 떠나렵니다. 몸부림 치는 괴로움에 영혼은 타오릅니다. 이제 우리는 인류의 구원을 위하여 일어나야 할 때인 줄 압니다. 원하옵기는, 하나님 나라의 마음을 우리들에게 밝히 내리시옵소서.

우리들의 생애가 가령 십자가의 길일지라도, 또는 목숨을 버려야 할 길이라도, 굳건한 믿음으로 피하지 않겠나이다. 고난이나 폭풍 앞에도 담대히 전진하렵니다. 각각 각자에게 필요 없는 것은 버릴 수 있는 길을 가르쳐 주시옵소서. 간편하고 침착하고 여유만만하게 하늘나라의 사명 다하기 위해 죽음도 두려움 없이 전진할 수 있는 힘을 주시옵소서.

우리들의 사명을 밝히 내리시사 병자나 나병자나, 또는 악귀들린 자에게도 손을 얹고 가르침을 줄 수 있는 능력을 주시옵소서.

당신의 제자들은 지금 출발하렵니다. 비록 소수이긴 하지만 모두가 한결같이 결사의 용사들입니다. 사나운 늑대굴에도 용감히 돌진하렵니다. 세계는 지금 뿔을 돋우고 기다리고 있나이다. 그러나 우리는 무저항의 태세로 출발하렵니다.

아버지시여! 우리들은 다만 그릇일 뿐입니다. 당신이 친히 역사하여 주시옵소서. 주님의 이름으로 기도하옵니다."


"은혜로우신 하나님 아버지시여!

비록 태평양의 파도가 그 해안을 씻는다 해도 은혜의 파도가 이곳을 씻겨 주시지 않는다면 어찌되오리까?

저 검푸른 바다 물결 따라 무한한 정결의 피를 소생시켜 주옵소서. 이

나라의 마지막 단 한 사람의 창녀도 남기지 말고 퇴폐한 더러움을 씻겨 주옵소서.

아가씨들의 목엔 순결한 정조의 구슬을 걸게 하시고, 아이들의 가슴 속엔 온순함을 담게 해 주시며, 겨레들은 영원히 스스로를 바치며 번영하는 발명의 겨레가 되게 하옵소서.

의에 바르고, 사랑이 넘치며, 온 세계에 빛을 비취는 겨레가 되게 하옵소서. 빛되신 주님, 우리 아버지시여……."

# 100

## 김현봉 목사 1884~1965

### 물량비대와 팽창주의 앞에 반기를 든 교회갱신의 선각자

김현봉(金顯鳳) 목사는 모든 면에 있어 기인(奇人)이었다. 작은 키에 땅땅한 몸매, 언제나 검정 무명 두루마기에 고무신 신고 다니고, 머리는 중처럼 빡빡 삭발하고 다녀 별명이 '중 목사'였다. 한국교회 인물사에 있어 그런 기이한 인물도 별로 없을 것이다. 그러나 그는 많은 사람들에게 깊은 감화와 영향력을 끼쳤다.

필자는 김현봉 목사를 따라 다닌 사람은 아니지만, 내 목회생활이 어려움을 겪을 때마다 그 어른 생각이 났고, 그 모습이 떠올랐다. 그 분의 목회방법을 본받아 보려고 경솔하게 덤비다가 실패도 했다. 그 어른은 필자가 사숙한 필자의 위대한 스승이다.

김현봉 목사는 23세 때 기독교를 믿기 시작하여 한동안 러시아령 해삼위(海蔘威)에 가서 살다가 귀국하여 평양신학교에 신학도로 입학했다. 그때는 일제시대였다.

졸업 후 경기도 과천(果川) 부림교회를 맡아 농촌교회 일을 보기도

했다. 그후 서울 공덕동에 와서 교회 일을 보다가 장로들 등살 때문에 목회 실패하고, 염리동 굴레방다리 근처 고개에 자기 손수 처음 교회를 개척할 때에 닭장을 헐어 예배 처소로 만들고 소금장사 해 가면서 교회 일을 보았다. 나이 40세가 되어서 세브란스병원 간호사(간호과장?)로 있던 비혼인 자매와 결혼했으나 자녀를 낳지는 못했다.

김현봉 목사의 정신은 기독교의 형식주의, 교권주의를 배격하는 동시에, 교회 건물을 크게 화려하게 짓는 일에 대해서 못마땅하게 여겼다. 교인이 늘어 가면 자기 손수 교회 벽을 헐고 교회를 넓히고 지붕도 벽도 손수 쌓아올렸다. 건물의 미관엔 관심이 없었고, 창문을 많이 내어 다만 위생적으로 태양광선이 잘 들고, 예배에 편리하기만 하면 되었다. 건물을 크게 하든가 장식은 하지 않았다.

주일날이면 예배드리고 흩어져 나오는 교인들을 보면 어느 피난민 수용소나 거지떼들이 흩어져 나오는 광경 같았고, 서울 복판에 이런 교회가 있을 수 있는가 의심할 정도로 놀라운 광경이었다. 교회 이름은 '아현교회'라 했지만, 그 교회는 없는 것이 너무도 많았다. 교회 간판도 없고, 종도 종탑도 없고, 십자가도 없고 의자도 강대상도 없고, 성가대란 것도 없고, 장로도 없었다(교회에 조직을 두지 않다가 한 번은 장로 1인을 세웠더니, 얼마 후 교인 12명을 이끌고 나가버렸다. 그후로 다시는 장로를 세우지 않았다).

예배드릴 때는 모두 무릎 꿇고, 좌우로 정렬해 정좌해 앉아 드리는데, 보통 두 시간 이상의 설교를 필기해야 했다. 이런 특수한 교회이기 때문에 교회를 개척하여 5백 명 교인이 되기까지는 24년이 걸렸고, 그후 교인이 날로 증가하여 10년 후에는 1,200명이나 되었다.

"믿음 쓸 줄 알고 양심 쓸 줄 알라."

"자기를 만들어 가라."

"일심정력(一心精力)을 다하라."

이것은 김현봉 목사가 끊임없이 제자들을 가르친 교훈이었다.

김현봉 목사가 일생동안 주장한 것은 '자기를 만드는 일' 자기완성(自己完成)이었다. 그는 만나는 제자들에게 이것을 강조했다. 김 목사는 물질적으로나 신앙적으로 자립정신(自立精神)을 길러 주려고 자기 따르는 젊은 청년들을 약간의 밑천을 대어주어 소금장사도 시키고 목수 일도 배우게 하고 리어커도 끌게 했다.

김현봉 목사의 검소한 생활은 유명하다.

교인이 천 명이나 모이는 큰 교회요, 또 거의 모든 교인들이 십일조 생활을 하여 교회재정이 풍부하고 목사의 이름으로 염리동 일대에 수십 동의 집을 가지고 있었으면서도 그는 철저히 검소하게 살았고, 또 남들에게 검소한 정신을 강조했다.

그가 거느린 아현교회 교인들은 목사를 닮아 남자들은 바지저고리에 삭발한 이가 많았고, 여자들은 화려한 색깔이나 좋은 옷은 못 입고, 검정 치마 저고리에 검정 고무신을 신고 다녔다. 머리는 파머를 못하고 옛날 누구집 식모머리처럼 머리끝을 땋아 얹었다.

어디로 사경회 인도하러 가서도 사례금을 받는 일이 없고, 집회를 인도한 교회에서 선물을 드리면 은혜 못 받아서 그런 짓을 한다고 나무라고, 사경회 강사라 해서 음식상을 지나치게 잘 차린 것을 보면 책망하면서 은혜 못 받아서 그런다고 하였다.

결혼하는 청년에게는 새 양복을 입지 못하게 하고 보통 입던 평상복을 입고 식을 올리도록 하든지, 아니면 광목 바지저고리에 두루마기 차림으로 하게 했고, 약혼식은 폐지시켰다.

결혼식 때는 청첩장도 조촐히 몇 사람이 모인 중에서 신부측 담임 목사께 알려 남자 손님 단 2명만 오게 하고 도합 20명도 못되게 모이게 하고는 김 목사는 기도실에서 기도하다가 나와서 결혼하는 남녀를 앞에 앉혀 놓고 위해 기도해 주고는 "잘 살아라."는 한 마디로 끝냈다. 너울이고 드레스고 그런 건 절대 못쓴다. 다만, 신부에게 옷 두 벌만 허락했다. 결혼 시간은 정각에 시작하고 5분 전에 도착하여 간단히 끝낸다. 결혼식 마치고 집에 가기까지 전체 30분 이내였다.

신자가 세상 떠났을 때 장례하는 방법은 다음과 같았다.

운명하고 24시간 지난 뒤에 시신을 놓고 예배드리고 나서는 김 목사가 손수 시신에 수의를 입혔다. 수의는 돈을 드려 새로 할 것 없이 평소 즐겨 입던 옷 중에서나, 혹은 수의나, 옷을 갈아입히지 않고 그대로도 무방했다. 비싼 관(棺)을 쓸 것 없이 송판만(칠성판) 하나 깔고 김 목사가 손수 묶었고, 처음엔 교인집 어린애가 죽으면 시신을 김 목사가 친히 지고 가서 염리동 산에 묻었다. 후에는 리어카를 크게 개조해서 거기다 손수 실어 김 목사 자기가 친히 상여 리어카를 끌고 장지로 갔다. 아현동에서 서대문 지나 화장터까지 15리나 되는 길을 끌고 갔다. 남들이 도저히 본받기 어려운 분이었다. 장의사는 쓰지 못하게 하고, 그 비용을 교회에 연보하게 하고, 상가집의 밤새는 것은 남전도회에서 두 차례로 나눠 초저녁과 새벽을 담당케 했다. 상가집의 봉사는 여전도회에서 맡아 하게 했다.

김현봉 목사 자신이 세상 떠났을 때는, 장례식 방법에 대하여 제자들 중에 의견 대립이 생겼다. 김 목사의 시신을 관을 사다 입관하게 되니 일부 제자들 주장은 관에 넣는 것은 김현봉 목사 평소의 정신에 위반되는 일이라고 불평했다. 그만큼 그를 따르는 교인들은 김현봉 목사 말이라면 철칙으로 여겼다. 김 목사 시신도 리어카에 모시고 위에 포장을 쳐서 화장터로 끌고 가서 화장하고 말았다. 1,200명의 대교회의 목사였지만…….

돈 문제에 대하여 그의 주장은 참된 목자는 돈이 아무리 생긴다 해도 하나님 뜻에 합치하게 쓰는 것이라면서 교회는 교역자에게 돈(물질)을 드릴 수 있는 데까지 풍부히 드려야 한다고 했다.

김현봉 목사는 교회 회계 관리를 자기가 직접 맡아서 했다. 아현교회 교인들은, 목사님께 돈이 들어가도 사사로이 쓰는 것이 없다는 점을 전교인들이 공통으로 인식하고 있었다. 실제로 김 목사는 그 돈 가지고 가난한 교인들이 거처할 허술한 집들을 수십 채나 사서 교인들이 살게 했다. 바른 일 하고 있으니 목사께 수십만 원 돈이 들어가도 의심하지 않았다.

김현봉 목사가 언제나 강조하고 몸소 주력한 것은, '똑바른 교훈' '구제하는 일에 위주하는 것' '복음 전도 돈을 쓰는 일'이었다. 그가 다루는 많은 돈은 특히 구제와 전도에만 많이 썼다. 가난한 교인이 있으면 자금을 대어 주어 고무신 장사, 소금 장사, 생선 장사를 시켰고, 염리동 일대의 값싼 판잣집이 나면 사서 집 없는 교인들에게 거저 주어 살게 하다가도, 저희들끼리 싸움하는 경우는 내쫓아 버렸다.

예배드리는 형식도 전혀 달랐다.

김현봉 목사의 아현교회 예배는 주일 오전 예배는 3시간이나 길게 드렸다. 80고령에도 부목사나 전도사도 두지 않고, 원고도 없이 하는 설교를 좌담식으로 하는데, 설교가 그렇게 길었다. 예배드리다가 중도에 30분 쉬었다가 다시 계속하기도 했다. 오전 예배 본 후 점심은 교회에서 대접했는데, 간단한 밀국수를 모두 먹었다.

김현봉 목사는 자기 강단에 다른 목사를 세워 설교시키는 일이 없었다. 교회에서 부흥회를 한다든지, 자기가 부흥회를 인도하는 일은 절대 없었다. 해마다 여름에 관악산 벧엘기도원에서 자기 교인들을 총동원 시켜 특별사경회할 때도 그가 세상 떠나기 바로 전 해까지 자기가 혼자서 맡아 했다.

김 목사의 설교는 제목 설교는 없었다. 대지 소지로 조직해서 하는 일도 없었다. 언제나 성경 본문을 가지고 해석하면서 차근차근 아이들 훈계하듯 해 내려가면서 어려운 문제를 질문하는 이가 있을 때는 그 자리에서 즉답하기보다 좀더 생각해 보고 대답하겠다고 했다.

김현봉 목사는 교회재정을 자기가 관리하면서 아현교회가 있는 염리동과 연세대학 뒤 골짜기에 거의 200채나 되는 판자집들을 사 가지고 있었다 한다. 교인이 와서 어디에 집 팔려고 내 놓은 것이 있다고 하면 "얼마나 되나?" 묻고는 곧 사도록 하고, 교인 목수를 시켜 수리하게 하고 큰 방은 중간에 칸을 막아서 두어 세대가 살 수 있도록 했다. 그리고는 집 없는 교인들을 입주시켰다. 그들은 의무적으로 아현교회에 출석할 수밖에 없었다. 그런 교인 수가 400명은 되었다 한다.

김현봉 목사 세상 떠난 후, 아현교회는 분열하면서 이런 판자집 입주 교인들도 거의 반반으로 갈렸다. 이런 많은 수효의 교회 집이 김 목사 세상 떠난 뒤에 교회가 분열하면서 재산 싸움의 화근이 되고 말았다.

김현봉 목사의 일과는 시계 바늘같이 규칙적이었다. 매일 오전 중은 사사로운 기도와 독경생활 위주로 보내고, 오후는 교회 일에 보냈다.

초저녁 일찍이 5시에 잠자리에 들고 한밤중 12시에 일어나 명상하다가 새벽 통행금지 해제와 함께 집을 나서 아현교회에서 도보로 연세대학교 뒷산까지 가서 자기 기도실에서 오전 중을 보냈다.

김 목사는 그 산 기도실에 앉아 정좌하고 깊은 명상에 들어갔다. 길고 긴 명상이었다. 충분히 자기 내적 생활을 충실히 다지고 자기완성을 위하여 애쓰는 시간이었다. 김 목사는 그들의 명상을 지도하며, 소리 내서 기도하는 것을 금하고 절대 정적하도록 했다. 김 목사는 정오까지 하고 하산해도 남아 있는 이들이 많았다.

낮 12시가 지나면 하산하여 교인들 집집을 심방했다. 그 심방은 문전(門前) 심방이다. 교인 집집의 방문을 열어 보고 가난한 교인집 방바닥이 따스한가 손으로 짚어보고 부엌에 들어가도 보고 어려운 사정이 없는가 묻고 별일이 없으면 그냥 지나갔다.

주일날은 아침 일찍이 주일학교로부터 공부와 대예배 인도, 그리고 오후 2시 예배까지 무려 7시간 반이나 자신이 혼자서 감당했다.

1964년 12월에 김현봉 목사는 조금 감기 기운이 있은 채 아현동 집에서 목욕을 하다가 쓰러지면서 뒷머리를 땅에 부딪쳤다. 그때 마침 홍암교회로 사경회 인도 차 떠나려던 참이었는데, 곁에서 몸이 불편하니 집회를 연기하도록 전보를 치라고 해도, 아니라고 예정대로 간다고 고집하고 떠났다. 그때 홍암교회 내에는 교회 노선 대립으로 내분이 있었는데, 김현봉 목사는 그 교회 맡은 김 조사에게서 그 이야기를 다 들으시고 저녁 집회 후에 밤늦게까지 김 조사에게 훈계하고 어려워도 그 교회에 더 있으라 권면하며 함께 부둥켜안고 울었다.

이튿날 새벽 3시 반, 김 조사가 방문을 노크해 봤으나 숨소리는 들리는데 대답이 없었다. 문틈을 째고 손을 넣어 고리를 벗기고 김 목사를 보니 요 위에 앉아 베개를 의지하여 기도하시다가 베개에 의지한 채 쓰러졌는데, 코에서 피가 흐르고 있었다. 그 교회 문제를 걱정하며 철야기도 하다가 그렇게 된 듯 했다.

서울 아현동 사택에 돌아오니 문병객이 계속 찾아들었다. 도저히 안정할 수가 없어서 세브란스 병원에 입원시켰어도 김 목사를 아버지 같이 따르는 교인들은 거기도 계속 줄을 지어 찾아왔다. 할 수 없이 아무도 오지 못할 비밀 장소로 옮기고 면회사절을 시키고 비대한 몸의 살이 빠지도록 계속 치료하니 좀 회복이 되어 그 후 사람의 부축을 받으면서 강단에 올라가 앉아서 설교를 하게끔 됐다.

흥암교회 집회 후 3개월 지나, 1965년 3월 12일 오전 9시 50분, 김현봉 목사는 기어이 세상을 떠나고 말았다. 그 석 달 동안 그의 몸은 살이 다 빠져서 임종한 그의 시신은 얼굴도 몸도 작은 소년만큼 되어 버렸다.

장례식은 그를 따르던 이병구 목사 집례 하에 거행하고, 시신은 생전 김 목사 정신 따라 리어카에 실어 끌고 갔다. 김 목사는 평소에 교훈하기를 예수 믿는 사람은 장례 때 울지 말라고 가르쳤어도 1,200명의 교인들은 리어카 뒤를 따르며 통곡했다. 다시 누가 이런 지도자를 만나겠느냐는 아쉬움에서였다. 시신은 화장을 했다. 그것이 평소 김현봉 목사 정신이었기 때문이었다.


생전에 김현봉 목사는 자기 건강에 대해 지나친 자신을 가졌었다. 그는 아마 자기가 그렇게 빨리 세상 떠나리라 짐작 못했을 것이다. 그래서 그는 나이 80세가 되었어도 자기 후계자를 전혀 생각지 않고 있다가 뜻밖의 죽음이었기 때문에 교회 수습이 혼란해지고 말았다.

평생 심혈을 다해서 애써 그렇게 특별한 교회로 길러 놓은 아현교회는 사실상 4분 5열이 되고 말았다. 세상 떠날 때가 가까워졌을 때 김 목사는 자기 정신을 바로 이해하는 이가 없는 일과 교회 앞날을 염려하여 탄식하면서 "하나님, 나를 불러 가옵소서." 하며 기도하신 일이 있었다고 한다.

그는 후배를 기르는 일에 무척 애썼다. 그의 감화를 받고 그를 따른 이는 많았다. 김 목사의 정신이 특별했기 때문에 그를 추종하는 목사들도 많았고 김 목사는 젊은 목사들이나 청년들을 일꾼으로 기르기 위해 자신의 온갖 정력을 다 썼다.

김 목사 살아있는 동안은 제자들이나 교인들은 목사님을 신(神)같이 여기고 그의 말은 신의 말씀같이 여겨 절대 순종했다. 그럴 수밖에 없는 것이 사실 김현봉 목사는 지혜 있고 엄격한 분이었기 때문이다. 김 목사 스스로가 자기를 그렇게 우상화 시키려고 노력한 것은 아니지만, 교인들이 그렇게 여겼다. 그러나 한 번 김현봉 목사가 세상 떠나자, 즉시 교회는 분열하고야 말았다. 그가 평생 애써 가꾸어 놓은 교회는 네 조각으로 갈리고 말았다.